移动互联网时代
新闻传播发展趋势研究

梁智勇　朱春阳　等著

复旦大學 出版社

本书为国家社会科学基金一般项目"移动互联网条件下新闻传播发展新趋势研究"（编号：14BXW037）成果

前　言

当今世界传媒格局正处在大变革、大整合、大重组的进程中。第四次科技革命突飞猛进，数字化浪潮奔涌而至，移动通信技术加速迭代。智能手机全面普及，移动互联网用户数量暴增，新的商业模式已经确立，宣告移动互联网时代加速到来。网络巨头寡头垄断愈演愈烈，中国传统媒体与其差距还在拉大。为了确保新媒体环境下传统主流媒体的议程设置能力和舆论引导能力，推动传统媒体和新兴媒体融合发展，实施移动优先的发展战略，打造一批形态多样、手段先进、具有竞争力的新型主流媒体，成为中国传媒业变革迫在眉睫的时代命题。

在新一代移动通信技术、大数据、云计算、物联网、区块链、人工智能等的驱动下，传媒业的生态环境和竞争格局正经历深刻变革。传统媒体的传播权力逐渐被自媒体侵蚀削弱，社交媒体影响力直逼传统媒体，移动终端成为网民获取资讯的第一通道，以报刊、广电和通讯社等为代表的传统媒体面临巨大的生存压力。诸多新情况、新问题，给我国意识形态安全乃至国家安全带来巨大挑战。主流媒体作为国家治理体系和治理能力的重要组成部分，必须因势而谋、应势而动、顺势而为。

在移动互联网时代，新闻传播业的最新发展趋势如何？新闻内容生产机制，传播效果评价机制，移动互联网时代的商业模式、政府规制、产品形态、组织架构等发生了哪些变化？这是本书研究的核心问题。围绕这些问题，本书从宏观、中观和微观三个层面展开探讨。

在宏观层面，本书在"国家-媒介-社会"的总体框架下关注"技术-规制"这组关系,研究移动互联网的技术演进与发展趋势,以此厘清媒介变革的技术动因、内在逻辑、发展脉络和未来大势。新的技术环境下,新闻传播的政府规制必须做出调整。

第一章全面梳理了移动互联网的发展历程、技术特征、产业链条、入口争夺战及未来趋势。在信息革命的驱动下,PC互联网、移动互联网、物联网被称为互联网发展的1.0、2.0和3.0阶段。移动互联网的普及与3G和4G技术的推广应用休戚相关,这是移动传播在技术维度的原生动力。移动互联网可以保持随时在线、更加开放,它呈现出移动化、智能化、社交化、平台化的特征,加速了去中心化的趋势。其产业链包括:移动芯片、智能终端、电信运营商、软件层面、应用和服务提供商等。此时,入口的价值更加凸显,科技公司针对社交入口、电商入口、应用程序入口、WiFi入口、视频入口、移动支付入口等的争夺异常激烈。当前,移动互联网正在从争夺粉丝与流量的存量博弈阶段,步入"to C到to B(产业互联网)"的下半场竞争阶段。下一步,随着5G和6G的到来、人工智能(AI)的赋能,"万物皆媒"的物联网阶段来到,媒体应用场景将极大丰富。

第六章重点阐述了移动互联网时代传媒业的政府规制。当前,政府规制面临新的难题:网络巨头垄断行业导致信任危机(垄断数据导致数据孤岛、收集用户数据侵犯隐私、逐利罔顾社会责任等);传播门槛降低,自媒体行业乱象丛生(如谣言泛滥、抄袭剽窃、网络水军、数据造假、隐私泄露等);西方国家技术垄断带来网络安全问题(技术封锁、"断网"行动、网络窃听、网络战争等)。在全新的语境下,政府规制要遵循媒体融合发展管理取向的价值变革,强化"对话沟通"的传播治理机制,规制目标是均衡竞争、垄断、合作之间的关系。既要强化制度创新,重视体制机制的改革,也要紧随数字化浪潮,不断更新技术手段。本章着重探讨了移动互联网时代政府规制的演变趋势:第一,监管体制改革方面,成立网信办,避免多头管理;第二,通过不定期的清网行动,整顿微博、直播与自媒体乱象;第三,互联网立法不断完善,突击整顿与日常监管相结合;第四,技术创新与制度保障并重,针对海量实时的数据,推动人工智能与传统审核方式相结合。此外,本书还探讨了网民翻墙的管理,以及网络实名制的利与弊。

　　在中观层面,本书立足融合创新的新时代要求,以现代传播体系的打造为愿景,研究"传统媒体-互联网"这组共生主体各自的创新实践,以及它们之间的相互关联。

　　第二章聚焦于移动互联网时代新闻内容生产机制的发展趋势。首先,新闻生产方式已从专业生产过渡为"专业生产内容(PGC)+用户生产内容(UGC)+机器生产内容(MGC)",主要表现在三个方面。第一,专业生产开始从文本、语态到渠道的数字化转型。新闻文本广泛运用可视化技术和数据新闻;媒体语态更注重平民视角、亲切表达、互动体验;传统媒体开始渠道再造,重塑呼号或栏目,重建内容分发渠道。第二,社会化生产与专业化生产并驾齐驱。政府部门建立官方社群账号;自媒体平台强势崛起,KOL(关键意见领袖)与"新闻游侠"活跃在自媒体平台上;短视频与音频平台成为市场化新生力量;直播平台纷纷涌现,催生海量网红(网络红人)主播与全民创作者。第三,机器生产由人工智能和5G技术推动,逐渐成为媒体生产的常态。其次,算法驱动下的议程设置,使得过去的流水线生产过渡为个性化生产。人工智能技术使用户画像更清晰,可为受众量身定做内容并进行场景化适配,媒体内容和传播方式更趋社交化。再次,媒体内容生产运作方式由"内容为王"过渡为"内容+技术+渠道+市场+人才"的全产业链运作模式。人工智能不可能彻底取代人工,新闻专业主义精神也不会消亡。人工智能推动下的议程设置权力让渡给社交关系和算法生成也可能带来隐患:受众陷入过往经验的狭隘境地,内容生产与传播可能引发系统性风险等。

　　第三章研究了移动互联网时代新型主流媒体的建设,这是媒体融合发展的核心任务。当前我国媒体融合发展的目标集中于"新型主流媒体"和"现代传播体系"两个关键词。本书关注我国传统媒体如何响应媒体融合的顶层设计,聚焦建设具有"传播力、引导力、影响力、公信力"的,适应现代传播体系的新型主流媒体。这其中既有作为大型传媒集团的融媒体建设,也有作为"最后一公里"的县级融媒体中心的打造。新型主流媒体建设的传播生态坐标中,既有现代传播体系,也有传统传播体系。"全程媒体、全息媒体、全员媒体、全效媒体"的建设,是全媒体传播的终极目标,也是移动传播优先发展的必然结果。

第四章分析了移动互联网时代新闻传播效果评价体系的重构问题。一方面,以发行量、收听/收视率为代表的传统评价体系已经失真;另一方面,PC互联网时代的传播效果评价体系被外资主导。不管是PV/UV,还是CPC/CPM/CPP,尽管它们使广告转化效率有了衡量依据,相应的弊端也不容忽视(如数据作弊、水军泛滥等问题)。在移动互联网时代,传播效果评价走向精准画像,催生出全新的数据指标。例如,针对App,有下载量、DAU、MAU、访问时间、访问深度等;针对微博、微信、第三方平台,有粉丝数、阅读量、转发量、评论量等;针对视频网站,有观看完成率、拖拽指数、广告转化率等各类指标。总体来看,传播效果评价体系的内涵及功能得到了极大延伸,受众数据获取正朝着双向化、多元化、精细化、全量化的方向迈进。未来,基于大数据、云计算和人工智能的新型评价体系亟待重构。尽管技术不断进步,用户隐私泄露、平台垄断数据等问题日益严峻,对于"多屏多端"的数据采集与效果评价仍是难点,数据真实性、客观性等问题并未得到根本解决。基于此,传媒行业呼唤更为科学、权威、中立、"价值无涉"的新型评价体系。

第五章剖析移动互联网时代传媒商业模式的创新。首先,从资本市场角度分析中国新媒体上市公司的商业模式,对新闻类、门户类、搜索引擎类、视频类、金融信息服务类等各类公司的商业模式都做了详细探讨。其次,从全行业角度剖析新闻传播商业模式的创新:其一,开放平台,布局生态,依靠算法助推"流量广告"快速增长;其二,推行内容付费,线上线下联动拓展收入来源;其三,尝试电商模式,推动用户数据直接变现;其四,开展定制化、个性化的增值服务。这些经验给传统媒体带来了诸多启示。

在微观层面,本书着眼于案例研究,深入调研国内外传统媒体的数字化转型之路。

在中央媒体方面,本书选择最具代表性的《人民日报》、新华社、中央广播电视总台三家媒体。三大中央媒体积极拥抱移动互联网,利用新兴科技不断提高新闻生产和传播效率,做好主力军、主渠道、主阵地,致力于建成拥有强大实力和传播力、公信力、影响力的新型传媒集团,开展了积极有益的探索。传媒"国家队"既造船出海，主动布局移动端，掌握阵地主动权，推动媒体的平台化；也借船出海，通过"两微一端一抖"等第三方平台拓展阵地。此外，提升中国国际传播力，在Facebook（脸书）、Twitter（推特）、YouTube（优兔）等海外社交平台打造媒体矩阵。另外，依靠"科技赋能＋资本运作"，提升主流媒体综合实力。例如，《人民日报》自主研发推出"中央厨房"；新华社组建新闻无人机队，推出AI合成主播，建设创新工场，创建智能编辑部；中央广播电视总台发展"5G＋4K"直播常态化等。三家中央媒体在各大平台的下载量、粉丝数，在资本市场的业绩表现等，均通过第一手数据收集整理。

中共十八大以后，上海在全国率先启动文化体制改革。上海媒体的融合发展领全国风气之先。笔者实地走访并重点调研了上海三大媒体机构，特别是它们在体制机制方面的创新，取得了翔实的第一手资料。为了打造新型主流传媒集团，上海三大媒体勇于开展自我革命，积极推进融合创新。上海报业集团积极打造自主可控的新媒体矩阵，旗下的澎湃新闻、上观新闻、界面-财联社等在全国媒体融合实践中具有标杆意义。上海广播电视台主动出击，旗下的看看新闻、第一财经、阿基米德等在移动互联网领域各具特色。东方明珠新媒体公司的改革曾轰动一时，在广电行业具有广泛影响。东方网依靠"资本＋技术"驱动融合创新，旗下的东方头条等在新一轮市场竞争中崭露头角。三大媒体对于如何做好事业单位企业化管理，在体制机制上都有一些经验性的探索。

面对移动互联网技术的冲击，西方传统主流媒体一度面临与国内同行类似的发展难题：观众老化、受众流失、客户减少、收视下滑、影响力削弱……它们既要与同行在传统领地里残酷竞争，也要面对跨越市场边界的科技巨头，如Google（谷歌）、Facebook、Netflix（奈飞）等。在案例研究方面，本书选取报业转型的代表《纽约时报》和《华盛顿邮报》，广播电视业的代表BBC和CNN，以及在移动互联网时代有着卓越表现的路透社和美联社。其中，《纽约时报》的技术创新、产品创新和营销创新收获良好效果，其"付费墙"模式成为全球媒体效仿的榜样；《华盛顿邮报》则将重心置于融媒体取向的创新，在数据新闻、播客和内容的全平台分发方面做了表率;BBC 和 CNN 均从广播电视业的属性出发,向全媒体公司转型,强调移动优先,BBC 的智能化生产和 CNN 的参与式新闻皆为特色;在通讯社方面,技术都成为移动互联网时代媒体转型的"先行军",路透社利用人工智能技术进行资讯生产和分发,美联社则抓住视频的风口,将视觉化的内容视为未来。

移动互联网阶段不是传媒业发展的终点与归宿。本书还对中国传媒产业的发展前景进行预测和展望。未来媒体行业进化的方向,可能循着几条路线演进。一是深耕传媒产业,做大存量市场。在"移动优先"的前提下,既做好内容生产,也做好内容分发;既做好传统业务,也做好智库和信息服务;既做好线上传播,也做好线下活动。二是进军文化创意产业,整合创意、设计、展览、培训、公关、广告、咨询、第三方评估等产业链上下游资源。三是跨界融合,在新科学技术驱动下,开拓蓝海市场,以适应TMT(Technology-Media-Telecom,科技-媒体-通信)、ICT(Information and Communication Technology,信息和通信技术)融合的大趋势。

目 录
CONTENTS

>>> **绪　论**

一、研究缘起

回顾我国近年来的传媒变革,2014 年拉开帷幕的媒体融合成为从中央高层到区县基层的重要议题。无论是以百度、阿里巴巴、腾讯(BAT)为首的互联网公司,还是以报业、广电等为主体的传统媒体,都在用各种形式参与我国传统媒体和新兴媒体融合发展的实践。

在推动媒体融合发展的进程中,党中央把"移动优先"置于非常重要的位置。2019 年 1 月,中共中央政治局就全媒体时代和媒体融合发展举行第十二次集体学习。习近平强调:"要坚持移动优先策略,让主流媒体借助移动传播,牢牢占据舆论引导、思想引领、文化传承、服务人民的传播制高点。"2017 年 1 月,中央宣传部时任部长刘奇葆在推进媒体深度融合工作座谈会上提出,要坚定不移推进媒体深度融合,确立移动媒体优先的发展战略。

党中央的这一判断是有确凿依据的。2012 年,手机上网以 74.5% 的使用率超过台式电脑,成为中国网民上网的第一通道。中国互联网络信息中心(CNNIC)发布的第 45 次《中国互联网络发展状况统计报告》显示,截至 2020 年 3 月,我国网民规模达 9.04 亿,互联网普及率达 64.5%。其中,我国手机网民规模达 8.97 亿,较 2018 年年底增长 7 992 万,网民使用手机上网的比例达99.3％。手机成为网民阅读新闻的重要渠道。截至 2020 年 3 月,我国网络新闻用户规模达 7.31 亿,占网民整体的 80.9％;手机网络新闻用户规模达 7.26 亿,占手机网民的 81.0％。相较之下,以电视和报纸为主的传统渠道则继续下行。2018 年上半年,全国平均每人每天收看电视 132 分钟,与 2014 年上半年相比,降幅达 19.02％①。2018 年,42 家报纸停休刊,比 2017 年增长一倍多。2019 年元旦,又有 17 家报纸与读者告别②。这些数据表明,移动互联网已成为媒体融合不容置疑的主战场。正如习近平所言:"移动互联网已经成为信息传播主渠道。随着 5G、大数据、云计算、物联网、人工智能等技术不断发展,移动媒体将进入加速发展新阶段。"在党中央关于媒体融合的最新思想中,我们可以看到,移动互联网的重要性被进一步强调。

2019 年 1 月,在习近平发表的重要讲话《加快推动媒体融合发展　构建全媒体传播格局》中,他首次提出,"全媒体不断发展,出现了全程媒体、全息媒体、全员媒体、全效媒体","要形成资源集约、结构合理、差异发展、协同高效的全媒体传播体系"。基于这一论断,全媒体传播将成为我国媒体融合创新的新任务。相关理论体系的提出,为媒体融合的全面发展描绘出清晰蓝图。

我们认为,需要顺应新时代的演化趋势来转换对全媒体传播考察的视角。1998 年前后,中国经济已结束短缺经济时期,进入过剩经济时期,市场重心也从以生产者为中心转向以消费者为中心。同时,伴随中国社会传播实践的演进,传播学研究框架从以传者为中心的研究框架主导转向以受众(用户)为中心的研究框架主导。在此趋势下,对全媒体的探讨也应该立足以用户为中心的研究框架。与此相关联的是"用户使用场景"这一概念。通常,用户使用场景可以分为在办公室、在路上和在家三个空

---

①　娜布琪.2018 上半年全国收视时长 132 分钟,为五年来下降幅度最大的一年[EB/OL]. http://www.sohu.com/a/253520267_351788,20190605,2018-09-12.
②　墨林.17 家纸媒将在 2019 年元旦与读者告别[EB/OL]. https://new.qq.com/omn/20181228/20181228B0SMV7.html,2018-12-28.

间。我们认为,所谓全媒体传播就是能够全面覆盖上述三个使用场景的媒体布局结果。如果一家传媒集团的业务布局仅覆盖一个或两个场景,只能称为多媒体集团。

就当前用户"使用-满足"的场景传播实践来看,能够有效贯通三个使用场景的媒体通常聚合于移动互联网平台。依托这一平台,用户可以顺畅穿梭三个场景而毫无阻隔,媒体也能有效实现对用户需求满足的"永远在线"。由此来看,移动优先的媒体融合发展策略是非常关键的战略判断。没有移动优先,就不可能实现全媒体传播效果。全媒体传播理念正是基于移动优先的媒体融合发展策略发展而来。

移动互联网是以移动通信和互联网的融合为技术基础,旨在满足人们在任何时间、任何地点、以任何方式获取并处理信息需求的一种新兴业态[1]。作为第四次工业革命的重要组成部分,移动互联网不仅是传统互联网(PC 互联网)的延伸,而且在某种程度上实现了对传统互联网的颠覆。当前,国内外各大互联网公司都把原有 PC 端业务向移动端延伸。除了将 PC 互联网的内容和服务向微博、微信平移外,App 和 HTML5 技术的应用也正在铺开。在新闻传播行业,传统媒体进军移动互联网市场往往分为两种方式。一种是依托热门商业平台,如"两微一抖"和当前传统媒体入驻率最高的"头条号"。另一种是自建移动客户端。这种方式对资金和技术要求较高,优点在于功能的丰富性、技术的自主性,以及升级迭代的主动性。正是由于有这些优势,新闻客户端已成为传统媒体在移动互联网环境下的重要实践之一。据 CNNIC 统计,截至 2018 年年底,经各级网信部门审批的互联网新闻信息服务单位总计 761 家,其中所开发的客户端就有 563 个。《2018 全国党报融合传播指数报告》显示,在 377 家党报中,有 279 家自办了新闻客户端[2]。随着县级融媒体中心建设在中国 2 800 多个区县全面铺开,可以预见,又会出现数量极为可观的区县级媒体客户端。

---

①　路博.移动互联网核心应用的发展趋势研究[J].现代电信科技,2013(6).

②　人民网.人民网副总裁宋丽云发布《2018 全国党报融合传播指数报告》[EB/OL].http://media.people.com.cn/n1/2018/0620/c40606-30067763.html,2018-6-20.

移动互联网的高度普及,赋予网络用户更多的传播权力,也给我国新闻传播既有格局带来新的挑战:用户对网络平台的黏着程度、参与网络新闻传播的便利性进一步提升,用户对新闻传播内容的自主选择性、参与新闻信息生产的能动性进一步增强。在用户进一步成为新闻传播主导性力量的信息流动背景下,既有新闻传播格局面临进一步的分化。

习近平在2013年全国宣传思想工作会议上强调:"如果我们党过不了互联网和新兴媒体这一关,可能就过不了长期执政这一关。"传媒格局的变化,可能带来整个社会信息流动和思想舆论格局的变迁。党中央多次强调"网上网下同心圆"的重要性,以避免新媒体技术的发展带来的舆论撕裂。我国作为全球最大的发展中国家,经济的发展和社会的稳定成为相辅相成的发展目标,技术的进步为我国的发展提供了契机,也带来了诸多挑战。

在移动互联网飞速发展的今天,我国自上而下的媒体融合实践正在重新定位传统媒体和互联网的连接点,突飞猛进的技术革新和多元创新的互联网商业模式为移动互联网的发展提供了强劲动力。本书着眼于"移动互联网"和"新闻传播行业"这组关键概念,试图从发展传播学"国家-媒介-社会"关系结构出发,在微观、中观和宏观三个层面对移动互联网时代新闻传播行业的现状和发展趋势进行分析,力图把握技术对新闻传播行业颠覆性影响的背后机制,为新闻传播行业的发展提供参照。

二、垄断、创新与融合:改革开放以来我国传媒业变革的基本路径

如何才能让传媒业更好地服务于社会发展?这是每一个时代都需要回应的问题。改革开放以来,行政、市场、技术三种力量轮番上场,都试图给出以自身利益为主导的方案,但三种力量盘根错节、相互制衡,终成今天传媒业之模样。自2012年以来,传统媒体的营收突然出现断崖式下滑,尤其是早期的市场创新领袖都市报的营收下滑甚至连续数年超过30%。但也有传统媒体,如机关报出现爆发式增长,广告发行收入甚至创下历史新高。如何评价这些差异如此巨大的媒体表现?其背后的逻辑何

在？回应上述问题的相关研究多是将传统媒体的衰退原因归结为新媒体的冲击。这当然是正确的。只是新媒体的冲击是以何种特别的方式作用于中国传统媒体的运行机制？遭受冲击的传统媒体运行机制为何会表现出截然不同的后果？对于传媒业整体而言，新媒体在中国传媒制度演进中究竟扮演破坏性角色，还是建设性角色？要厘清这些问题，需要回到中国传媒业改革开放后的起点，才能知道今天的问题从何而来，又因何而变。

（一）"业余选手"也能盈利：基于垄断的传媒业利益保障机制的确立

我国能有今天的传媒业格局，肇始于 1978 年对中华人民共和国成立初期党报"事业单位企业化管理"传统的恢复。1949 年，党报实行"开源节流"政策。所谓开源，是指党报可以开展广告、发行等经营性业务；所谓节流，是指党报内部实行企业化管理，以提高党报运行的效率。1978 年这一政策的恢复，是建立在如何办事业没有问题，但我们缺的是办事业所需要的财政支持的逻辑原则上。但在 1978 年这个时间节点上，国家百废待兴，缺乏足够的财力支持传媒业发展，所以引入企业化管理来替代财政支付，为传媒业发展提供所需的财力支持。但这个逻辑隐含着一个更为深层的冲突却鲜为人追问。这就是：事业单位企业化管理，还能挣到钱，凭什么？事业单位意味着传媒业属于市场竞争中的"业余选手"。什么样的制度安排能够保证"业余选手"都能挣到钱呢？其实很简单，制度设计的就是赋予传媒业特许经营权，即通过区域和行业的垄断来保证传媒业获取垄断租金，以此代替政府财政所要支付给事业单位的经费。垄断有一个本质的特点，即通过提供质次而价高的产品来获取垄断租金。垄断的保障机制在于清晰的区域和行业边界，使得各个区域和行业市场的垄断者井水不犯河水，各有一片"自留地"。这也是后来跨地域整合和全国性市场开拓异常艰难的主要原因，因为既有机制并不鼓励跨越区域和行业边界的整合。从近年来的跨地域整合的成效来看，基本上都是失败的案例，正是这一机制所具有的"天然的"排异功能所导致的。

这一机制得以顺利运行的另一个重要原因，就是这一时期传媒业尚不发达,在一个信息严重短缺且供不应求的市场格局下,传媒业处于快速发展期,强大的需求牵引着传媒业向前发展,媒体想不发展都难。如果要对改革开放 40 年划一个分水岭的话,1998 年可以算是一个区分前后 20 年的时间节点。按照陈淮的研究观点,以 1998 年为分水岭,中国经济结束了短缺经济时期,正式转向过剩经济时期①。处于短缺经济格局中的传媒业也因此获得快速成长的机遇。基于短缺经济以生产者为中心的基本特征,这一时期的传媒业明显表现为以采编这一新闻生产环节为中心的特征。尽管以受众和用户需求为中心来办媒体的提议不少,但基本上很难落实到新闻生产的实践中。短缺经济还有一个基本特征,即通常面对的是一个无差异的大众化市场。因此,发行量和收视率成为衡量传媒业成功与否的核心指标。传媒经济被称为"注意力经济"和"眼球经济",都是基于这样的市场格局而来。

正是在上述背景下,2000 年前后,传媒业被称为"中国最后一个暴利行业",大量资本蜂拥而至,期望分一杯羹。这其实是对当时传媒业获利模式的误读。真实的情况是:暴利是有的,但不全是来自市场竞争,还有来自排斥竞争的垄断。

（二）激励与保护：市场力量支配下的传媒创新如何有效存续

2000 年前后,陆学艺研究认为,中国社会正日益分化为十大阶层②。结合陈淮认为中国已经进入过剩经济时期的研究结论,这标志着中国媒体面对的单一大众化市场主导的时代正式结束,中国经济从此转向以细分市场为主导的时代。这一转换推动了传媒业从之前的垄断主导开始转向尝试通过创新进入新的细分市场空间,获取更多的收益。

以 1995 年《华西都市报》的创办为起点,中国传媒业开始进入都市报作为创新旗手的一个黄金十年。"都市报"这个名字的出现不是偶然,而是市场演化有意推动而形成的价值取向。以都市为目标发行空间,分为都市和非都市两个空间。都市空间通常是某一区域人财物聚合的高地,

---

① 陈淮.过剩经济! 过剩经济? ——形势与对策[M].北京:经济科学出版社,1998:2.
② 陆学艺.当代中国社会阶层研究报告[M].北京:社会科学文献出版社,2002:4,9.

也是财富群体聚合的高地。以都市报为起点,到后来财经类周报和日报的兴起,以及以北京广播为代表的交通广播频率的崛起,标志着媒体在不断聚焦于满足财富群体的传播需求。

这样的一个正常的市场演化对于其他行业来说是再自然不过的事情,但对于传媒业来说,则意味着事业单位企业化管理这一制度框架下事业与产业两种身份、两种属性合作的蜜月期结束。从事业的性质来看,传媒业应该服务于尽可能多的社会公众,即通过一个尽可能大的发行量或者尽可能高的收视率来覆盖社会的各类力量,进而达到协同社会各方力量形成更高程度共识的诉求。但产业的属性却因为受到市场细分的影响,不断将传播资源聚合于社会财富群体。在资本"嫌贫爱富"的本性主导下,市场化媒体逐步偏离事业性组织服务全体公众的轨道,进入一个日益细分、日益精确的市场竞争格局。

李良荣教授曾经评价:中国的传媒业是事业单位,却没有财政经费支持;是企业单位,却没有独立的市场主体地位。正是这样的"非专业选手"的身份,让传媒业在实践中常常处于一种撕裂的状态。这种撕裂在传媒集团内部形成了党报-都市报的分工合作:偏向事业性质的党报主要"管导向",偏向产业性质的都市报主要"走市场",形成传媒集团内部自我调适的结果,其实也是事业单位企业化管理这一政策在传媒集团内部的角色分化。更接近市场一侧的都市报受到市场不断细分的牵引,进而不断进入新的市场空间,成为这一时期创新的榜样。但我们同时看到,一种反常现象发生了。通常经济学的结论认为,集团化因为有交叉补贴而表现出比单兵作战更有优势,但《北京青年报》、《潇湘晨报》等都市报却在单打独斗中独领风骚、异军突起。为什么呢? 原因让人叹息。集团化中的都市报因为要为集团内其他事业机构提供财政支持,大量的收益被循环到体外,很多都市报甚至只能实行简单重复再生产而无法扩大再生产;而单一的都市报因为没有集团的负担,所得收益能够全部用于自身的发展,包括扩大再生产和对创新者的有效激励等。这一制度的差异为都市报后来的发展埋下了隐患,导致大部分都市报没能够抓住机遇迅速扩张,进而丧失了新媒体转型的先机。

　　同时,在事业单位企业化管理的大框架下,都市报本质上还是事业单位。当市场对资源配置起到强力主导作用的时候,行政之手很难袖手旁观且不去争夺传播资源配置的主导权。我们经常看到,当市场竞争加剧的时候,组织部门出手把身处竞争关系的几家媒体的负责人直接互换,进而以组织的力量主导资源配置的方向,而把市场机制置于附属层次。通常而言,市场机制能够发挥作用往往是通过"经理人市场"来实现对媒体组织领军者的制约,即市场中存在一个经理人市场,这个市场通常是通过对经理人市场业绩的评估来对经理人的薪酬定价,进而在传媒经理人之间形成竞争性关系网络,因此也约束了经理人市场策略的选择。

　　在2000年前后,以谭军波、崔斌等人为代表的传媒职业经理人曾经一度希望努力建立起这样一种机制,很可惜都没有成功,倒是在新媒体领域出现了相对成熟的以曹国伟、吴晨光、陈彤等为职业经理人的运行机制。以被称为"中国报业发行第一人"的谭军波为例,他先后在《南方都市报》、《京华时报》、《重庆商报》、《上海证券报》、《三湘都市报》任职,最后还是回到体制内的《东莞时报》工作。1996年10月他被提为《南方都市报》副主编,享受副处级待遇,直到2017年离开东莞报业也没有变化。他最新的岗位为腾讯大粤网东莞站总编辑,最终还是从传统媒体转向了新媒体。成熟的经理人市场既是对创新者的约束,也是对创新者的保护。但很可惜,"报业川军"、"电视湘军"、"南方系"等群体的努力和尝试都未能在传统媒体领域构建起这一市场化机制。反过来看,因为缺乏必要的约束机制和保护机制,一些传统媒体的创新群体缺乏足够的创新风险防范机制,尤其是对新媒体技术的采用风险和成本控制的规范化缺乏应有的约束,这直接导致部分传统媒体在新传播技术上更倾向于使用最为前沿的技术,而对市场风险视而不见。这一情况在随后启动的自上而下的媒体融合实践中表现得更为明显。

　　创新因为风险高,所以必须通过相应的保护机制鼓励创新者前仆后继,这样才能保证创新连续出现,并且形成原创的率先优势。关于这一点,在省级卫视综艺类电视节目发展中出现了反面案例。2005年,由湖南卫视《超级女声》的巨大成功而引爆的真人秀节目类型被各省级卫视广泛模仿复制,然而这类节目迅速兴起后也迅速衰落。湖南卫视《超级女声》本身就是对海外节目的模仿,在各省级卫视疯狂模仿真人秀节目的同时,没有一家卫视站出来要求通过版权保护来遏制如此竭泽而渔式的节目发展模式。一方面,在事业单位企业化管理框架下的电视业普遍缺乏版权的自我保护意识;另一方面,多家卫视原本就是依靠模仿复制来完成原始资本积累,模仿被当作发展的常规道路,而非不归路。在这样的情况下,我们看到一种非常恐怖的创新环境形成了:大家都不创新,都在壁上观察和寻找创新者,一旦创新者出现,大家一拥而上把创新者的领地撕成碎片。如果一个行业中大多数企业都扮演着类似"创新者猎手"的角色,创新者成为被模仿复制者疯狂围猎、残酷杀戮的对象,这个行业的创新就无以为继,整个行业就陷入高度同质化、低效率的困境。

对于聪明而实际的中国传媒业来说,这个问题的解决方案有些让人啼笑皆非。其中的一个方案是从海外引进节目版权,通过中外版权保护的落差来保证自己在中国的独占性。最多的时候,韩国电视节目占中国引进电视节目版权的70%。奇怪的是,对国内创新者恶性围猎的电视台在面对海外版权的时候却能够做到循规蹈矩,不敢越版权的雷池半步。这一版权保护的落差进一步激发了电视台从海外引进节目版权的热情,而将节目研发的重要性置之脑后。另一个方案是制播分离催生的独立的制片商因为高度的市场化运作而不断启动版权保护机制维护自身利益,这个方案近年来有不小的进步。基于 IP 这一核心资源开展运营的市场演化模式,正是对创新者保护水准提高后而形成的新的内容开发模式。但在这一过程中,我们很少见到两个同是事业单位的电视台会因为版权问题对簿公堂。最终电视台对内容资源的独占收益不是来自自身,而是来自海外和国内的高度市场化的力量。

在传统媒体的创新举步维艰之时,新媒体却表现出截然不同的创新效率。新媒体通常采用单一的商业体制,效率成为新媒体发展追求的第一目标。这个阶段的新媒体公司的发展通常分为"三部曲":海外注册离岸公司,化身"洋旗资本"享受在华外资待遇;获得风险投资;到中国香港、美国上市。经过上述三道门槛成长起来的新媒体公司已经被国际化公司治理规则武装到牙齿,形成一整套的创新者激励和保护制度,进而对创新者形成良性激励效应,而它们面对的传统媒体竞争对手还在为自己是选择事业还是企业而苦苦纠结。一个进化成熟的行业的基本标识是有系统完备的行业公共数据提供给行业研究者,以形成行业与研究者之间的良性互动。但在传统媒体领域,报纸的发行量、电视的收视率、传统媒体的广告收入数据等都是秘而不宣的,一度希望建立起中国报刊发行量稽查体系的国新出版物发行数据调查中心也因为无法公布重点城市市场化程度最高的都市报的发行量而折戟沉沙、不知所终。这种面对研究者的傲慢只是垄断者的一个侧面而已。垄断一向是通过质次而价高的产品获利,而不需要通过创新来获利。这也解释了为何创新者在传统媒体领域无法得到有效保护。当人们看到传统媒体今日的落寞而深感同情的时候,很可能已经忘了它们当年身处垄断时是何等的傲慢且自得。没有昔日的傲慢,也就不会有今日的窘困,或许这就是轮回。

什么是创新?创新就是所有那些使资源能够从效率低的环节流向效率高的环节的行动。回顾 1998 年以来的 20 年,我们看到的是传媒业的人财物从传统媒体向新媒体领域的快速转移。这一转移和流动最终促成传媒业整体的快速发展。但因为垄断和对创新者保护乏力,传媒业的快速发展在新媒体产业中得以实现的同时,传统媒体也为自己的未来埋下了巨大的隐患。2016 年,中共中央、国务院印发《国家创新驱动发展战略纲要》。这标志着,创新(而不是垄断)将成为覆盖全部产业范围的国家战略核心方向。传媒业也必须发展自身的创新能力。

(三)融合发展:技术驱动下的传媒成长优势路径创新

新媒体的出现带来了意想不到的效应,即促进产业之间的融合。正是这个融合动摇了事业单位企业化管理得以有效实现的保障基础。事业单位企业化管理的制度设计原本是通过授予传媒集团区域和行业的垄断地位而获取垄断租金来替代本应该由财政支付的运营经费,因此,区域和行业的边界非常清晰是垄断得以实现的根本保证。但是,新媒体的发展推动了产业间的融合,原来按照传播形态分立的各个市场因为新媒体具有"富媒体"或者"融媒体"的特点而被融合为一个相互贯通的市场空间。同时,新媒体作为独立的市场主体,从一开始实行的就是全国化覆盖战略。这一战略进一步消解了各个区域市场之间的边界。伴随着行业和区域边界的消失,竞争,而不是垄断,成为传媒产业成长优势的主要来源。

2012 年是一个分水岭。这一年,手机超过台式机,成为中国人上网的第一通道。这标志着移动互联网时代的到来,也标志着全媒体传播的技术基础已经实现。什么是全媒体?全媒体是媒体融合的结果。以往关于全媒体的界定通常是以传播者为中心的界定,即因为拥有报纸、广电和互联网等覆盖全面的传播工具而被称为全媒体。全媒体最早其实是方正集团为推广自己的多媒体采编系统而提出的一个概念。我们认为,全媒体的概念应该从用户使用场景出发来界定才更具操作性,也更符合融合发展的大趋势。从接触点理论来看,用户接触媒体通常有三个场景:在家、在办公室、在路上。传媒集团的业务布局如果能够覆盖上述三个使用场景,我们就可以称之为全媒体集团。以用户为逻辑起点的界定使得全媒体传播布局具有可操作性。移动互联网的出现,构建了能够贯穿用户三个使用场景的接触平台,把原本独立存在的三个使用场景融合为一个统一的场景,即移动传播场景是当前传媒业最基本的运行场景,所有传媒业的创新必须基于这一融合平台才能实现有效创新。或许正是基于此,2017 年中宣部为之前已经启动三年的媒体融合战略确立了"移动优先"主导的策略,优先发展基于移动互联网平台的新型主流媒体成为适应现代传播体系的现实路径。2019 年 1 月 25 日,党中央提出全媒体传播策略。这其实是移动优先策略发展的必然结果。在一个人人都有麦克风的时代,在一个全民 24 小时与大众传播现场同在的时代,任何一家媒体都必须融入这个传播关系链中才能实现自身的价值,而试图依靠区域或行业垄断来获得成长优势注定是一条不归路。

2012 年之后,传统媒体出现了明显的分化。接近企业化管理一端的都市报营收出现断崖式下滑,而机关报却出现逆势增长。究其原因,都市报原来的优势在于与机关报相比更接近产业运行体制,但与被国际化公司治理方案改造后的商业新媒体公司相比,本质上还是"业余选手",其既有体制优势荡然无存,市场业绩下滑是必然结果。要想解决这一问题其实也很简单,就是沿着分类管理的既有思路为都市报群体提供产业化的一整套制度。唯有此,才能激活都市报群体内部蕴含的市场基因,以独立的市场主体地位走出一条新路。机关报异军突起的重要原因在于恢复了为地方政府提供形象宣传广告服务的传统业务。这一领域的业务曾经在20世纪90年代后期受到严格的管束,《人民日报》《光明日报》《经济日报》和新华社也曾一度宣称不再为地方政府提供形象宣传的广告服务①。但时隔20年,这一广告业务类型却成了决定机关报生死存亡的救命稻草。这一领域之所以能够为机关报所用,主要是因为它从一开始就是市场化力量无法进入的空间,即非市场化业务空间。因此,机关报营收的崛起本质上是事业体系内部的资金自救,而非市场竞争的结果,当然也不能算是竞争优势的体现。相比借道地方政府形象广告获得财政间接支持,我们更倾向于建议财政直接为事业单位的机关报提供支持,使机关报避免遭受市场与事业的夹缝之苦,安心做好政治宣传和公共传播服务。

还有一种情况需要特别注意,即在融合发展成为趋势的时候,如何看待近年来兴起的传媒业的合并风潮。例如,上海解放日报报业集团和文汇新民报业集团合并为上海报业集团(之后又与东方网合并重组),天津几乎所有的传媒集团合并为一个超级传媒集团——天津海河传媒集团,而在地市级媒体层面,报业集团与广电集团的合并似乎是大势所趋。对于这一趋势的评价,褒贬不一。我们认为,如果合并的目的是希望通过强化垄断来重回封闭,很显然是不切合实际的幻想。从上海报业集团的实践来看,两大报业集团合并后,迅速关停了一大批报刊,把优质资源集中配置给三个新传媒业务——上观新闻、澎湃新闻和界面新闻,进入一个更具竞争性的新媒体市场,而没有试图走向一个"深挖洞、高筑墙、广积粮"的垄断的、封闭的帝国。因此,我们认为,合并与否不是解决当前传媒业问题的关键,合并后是进入竞争性市场还是重返垄断才是关键。在一个融合发展已经深入人心的时刻,积极投身竞争性市场才是康庄大道,而试

---

① 李雪枫.形象广告何以重塑形象——对《人民日报》等四家国家级媒体取消形象广告的理论思考[J].兰州大学学报(社会科学版),2005(9).

图重回垄断则是一条不归之路。

（四）好的新闻业一定来自充分的竞争，而非垄断

总体来看，改革开放40年以来，我国传媒业沿着垄断、创新与融合的演化路径逐步从垄断获利转向竞争主导，传媒业与创新力量的关系也从天然排斥转向容纳保护。融合改变了传媒业的生存条件，也为传媒业进入一个更为宽广的空间打开了大门。未来传媒业将从区域和行业的碎片化发育逐步走向全国性统一市场的资源整合。

如何让传媒业更好地服务于社会发展？在短缺经济时期，行政力量主导的解题方案是事业单位企业化管理，通过垄断租金来替代财政补贴，解决了办好传媒业的启动资金的问题。伴随着短缺经济时期的终结，过剩经济时期的到来为传媒业创新提供了土壤与种子，市场力量主导的解题方案是通过创新来实现跨地域整合与区域市场细分，以扩张传媒业的版图。但是在市场力量给出发展机遇后，传统媒体和新媒体却走出了两条截然不同的道路。最终，技术力量主导的解题方案胜出，融合发展、走向竞争成为技术方案的核心主张，并且将传媒业推向新的发展阶段。其实，所谓融合，最重要的作用是消解传统媒体区域和行业垄断的现实基础，驱赶传统媒体从区域和行业垄断的窠臼中走出来，走到一个更为广阔的市场空间中，见证并收获时代赋予的伟大机遇。从这个意义上说，新媒体是这个时代中国传媒业从低到高快速发展的建设者，而不是破坏者。传媒业40年变革的演化路径再次证明，好的新闻业一定来自充分的竞争，而非垄断。技术在这一过程中扮演了破冰者的角色。没有新媒体技术，就没有产业融合，也就无法破除传媒业对垄断的深深依恋，传媒业也就无法摆脱依靠质次价高来谋生的宿命。

从发展传播学的视角来看，1970年以来，参与式传播逐渐成为传播推动社会发展的主流范式[①]。这一范式将传播看作一个参与者之间共享信息的过程，以期消除传者与受者的区别。参与式传播被定义为一个在人

---

① 韩鸿.参与式传播：发展传播学的范式转换及其中国价值[J].新闻与传播研究,2010(1).

们、集体与机构之间的动态、互动和变化的对话过程①。如果我们将参与式传播是否得以实现作为判别中国传媒业服务社会质量高下的一个基本指标,我们就会发现,无论是行政力量主导的解题方案,还是市场力量主导的解题方案,都强调专业媒体作为传播者居于中心位置的演化路径,而只有技术力量主导的解题方案,不仅在互联网层面解决了参与式传播的平台支持问题,还顺带解决了区域和行业垄断问题,通过技术赋权实现了用户与传播者之间的分权,为最终实现发展传播学所构想的传播推动社会发展的理想目标提供了现实基础。

在技术力量的驱动下,中国传媒业终将告别垄断,走向推动社会发展的创新之路。

三、国内外研究述评

移动互联网研究正在从互联网研究的边缘进入核心地带。现有研究基本立足于对既有媒体融合研究的延伸。最早的相关研究是 2010 年艾瑞咨询发布的《2009—2010 年中国移动互联网行业发展报告》;随后,百度、CNNIC、人民网研究院等纷纷推出中国移动互联网发展报告。在已有研究中,基于技术和商业模式的研究较多,而且多笼统地将移动互联网归于新媒体大类中,专门探讨移动互联网对新闻传播发展影响的研究相对较少。

(一) 移动互联网时代新闻传播方式变迁研究
从媒介进化的历史来看,互联网不是第一个作为新技术对新闻传播带来变革的,也不是突然而至的。殷晓蓉在对最早的电波媒介——电报——的研究中指出,电报揭示了传播媒介领域的许多划时代理念,通过一条线路或多条线路,每个人、每台电脑原则上都可以与所有其他人、其

---

① Singhal, A.. Facilitating *community participation through communication* [M]. New York: UNICEF, 2001: 13.

他电脑相联结①。这何尝不是如今互联网的技术基因？同样,麦克卢汉将媒介比喻为"人的延伸",人的感官从身体"出走",通过媒介去接触更广泛的世界。印刷媒介和电波媒介让这种"出走"成为现实,并且进一步孕育着互联网时代的"不必出走",因为人和网络媒介已经紧密地融合在一起。正如彭兰提出来的"智媒化"概念:万物皆媒、人机合一、自我进化②。人不再是"使用"媒介,而是彻底地"扑入"作为媒介的互联网中,与媒介"融合一体"。

从互联网发展历程来看,方兴东等人指出,在 1994 年之后,中国互联网的发展经历了分别以媒体属性、社交属性、即时属性为主的互联网 1.0阶段、2.0 阶段和 3.0 阶段。各阶段的产业规模和发展空间不同,互联网用户规模和基数骤增,产业领军企业格局也发生了巨变③。互联网带来的新的连接,使社会信息传播发生根本性变化。在传播模式上,信息流动结构从辐射形状转变为拓扑形状,协同、合作、众筹的扁平化信息运作模式打破了传统的封闭、垄断、单向、割裂的以控制为基础的层级化管理,过去点对面的大众化内容传播已蜕变为点对点的个性化、碎片化信息传播④。苏涛和彭兰回顾了近年来互联网及其相关技术的变迁,认为社会化媒体应用、移动互联网、大数据、云计算等技术的广泛应用构成了互联网泛在智能发展的基础,而人工智能、物联网、VR/AR 等技术的发展则成为驱动媒体智能化的直接技术动因,并且最终使"智媒"成为未来媒体发展的一种主要趋向⑤。

人民网舆情监测室常务副秘书长单学刚从中国网民数量的增长,论坛社区、即时通信、新闻客户端、垂直社交平台、网络音视频等平台的发展角度,阐释了移动互联网时代的现状,指出传统媒体的传播优势在移动互

---

① 殷晓蓉.从电报的两重世界看"传播"的神秘意蕴——对功能主义传播学研究趋向的思考[J].新闻大学,2012(2).

② 彭兰.智媒化:未来媒体浪潮——新媒体发展趋势报告(2016)[J].国际新闻界,2016,38(11).

③ 方兴东,潘可武,李志敏.中国互联网 20 年:三次浪潮和三大创新[J].新闻记者,2014(4).

④ 谢湖伟.中国互联网 20 年:"连接"改变媒体[J].传媒,2014(13).

⑤ 苏涛,彭兰."智媒"时代的消融与重塑——2017 年新媒体研究综述[J].国际新闻界,2018(01).

联网中得到扩展,形成了更鲜活、立体的传播空间。在此基础上,他分析了移动互联网时代的舆论生态,具体解释了热点事件舆情在媒体融合传播过程中呈现的溢出效应、媒介交叉传播、整合互动、显性传播与隐性传播交融等特点,指出当前存在着群体标签化传播、舆论圈层化、信息碎片化、键盘侠、文化重心下沉、网络观点失衡等现象①。

(二) 移动互联网时代新闻传播实践模式变革研究

克里斯汀·马特(Christian Matt)等认为,移动互联网将出现三个重要趋势:一是用户在价值创造中的重要性进一步提升;二是互联网中四类新型守门员——用户入口、传输网络、产业平台和导航页面——的作用越来越重要;三是媒体中介的职能正在发生转变②。路博认为,移动互联网"云"、"管"、"端"三大要素规模均以每年100%以上的速度增长。为此,移动互联网各领域领军厂商纷纷开放自身核心能力,吸引第三方开发者,以满足移动用户的长尾化需求③。在这一技术基础上,新闻传播的实践模式,无论是在新闻生产方面,还是在产业运营方面,都发生了显著的变革。

在新闻生产方面,互联网作为一种全新的技术性力量,对新闻生产的改造是最显而易见的。新技术从外部改变了传统新闻业,挑战了组织化新闻生产实践,以及与之相应的基于现代民主政治、市场经济、专业化分工和职业自主性的新闻专业主义理念及操作原则,并且引发了一系列有关新闻业危机的论述④。在此基础上,产生了一系列关于互联网或媒体融合背景下新闻生成的新机制与新概念。

贾维斯(Jarvis)将"聚集专业记者和公民记者而共同创造的新闻"称为"网络化的新闻"(networked journalism)。每一个记者变成了网络中的

---

① 参见张旭阳.新媒体视域下的传播变局:融合与转型——第七届新媒体与社会发展全球论坛会议综述[J].新媒体与社会,2018(1).
② Matt, C., Hess, T., & Benlian, A.. Digital transformation strategies [J]. Business & information systems engineering, 2015, 57(5):339-343.
③ 路博.移动互联网核心应用的发展趋势研究[J].现代电信科技,2013(6).
④ 陆晔,周睿鸣."液态"的新闻业:新传播形态与新闻专业主义再思考[J].新闻与传播研究,2016(7).

一个节点,这个网络是用来收集、处理和发布信息的[1]。胡泳指出,网络化的新闻结合了新闻报道中各方协作的特点:专业人士和业余爱好者共同揭露事件的真相。网络化的新闻体现了繁复关系中蕴藏着新闻的理念,将重点放在发掘新闻的过程上,而非结果上[2]。所以,贝克特(Beckett)和曼塞尔(Mansell)认为,这类网络化的新闻样式是在多种新媒体平台不断扩展的同时浮现出来的,而新闻记者在这种情景下更多地被塑造成新闻机构"线上与线下新闻产品"的协调者的角色[3]。

埃米达(Hermida)指出,移动互联网给新闻传媒业带来的改变——广泛的、非同期的、轻量级的全时信息系统——使得人们在他们周边能够形成一套信息收集、传播和发布的"周边新闻体系"[4]。韦斯特隆德(Westlund)提出了一个基于移动媒体的新闻生产模型,用来解释人和技术在个性化与多目的化进程中的作用。他认为,移动互联网彻底改变了新闻内容的生产模式和传播方式[5]。

陆晔和周睿鸣借用并延伸鲍曼在《流动的现代性》一书中使用的"流动的"或"液态的"(liquid)概念,通过对澎湃新闻的实证研究,用"液态的新闻业"(liquid journalism)来呈现当今新闻业形态变化的特征。他们认为,这种"液化"可界定为记者身份的"液化"、新闻职业共同体的"液化",以及新闻业身处"液态现代社会"当中的境况[6]。

在产业运营方面,中国互联网产业的发展经历了最初照搬国外商业模式、试水国内经营的探索期,对接本土需求、打造本土格局的快速成长期,已发展成为具有国家战略意义的传媒产业。除了在体量上日渐成为

---

① Jarvis,J.. Networked journalism[EB/OL]. http://www.buzzmachine.com/2006/07/05/networked-journalism,2006-07-05.

② 胡泳.报纸的未来[J].读书,2013(12).

③ Beckett, C.&Mansell, R.. Crossing boundaries: New media and networked journalism[J]. Communication,culture&critique, 2008, 1(1): 92-104.

④ Hermida, A.. Twittering the news: The emergence of ambient journalism [J]. Social science electronic publishing, 2010, 176(2): E50.

⑤ Westlund,Oscar. Mobile news: A review and model of journalism in an age of mobile media [J]. Digital journalism, 2013, 1(1): 6-26.

⑥ 陆晔,周睿鸣."液态"的新闻业:新传播形态与新闻专业主义再思考[J].新闻与传播研究,2016(7).

产业巨人之外,更彰显出庞大的产业扩延能力。随着移动时代、4G 时代、大数据时代的到来,未来互联网媒体将凭借强大的技术能力、用户基础及需求对接能力、业务创新能力,冲击既有国民经济体系,营造新的经济格局①。

(三) 移动互联网时代新闻传播规制研究

因为移动互联网新闻传播涉及三网融合,所以通常对于移动互联网新闻传播的规制研究,多包含在媒体融合规制的框架下。欧洲委员会在《电信业、传媒业和信息技术部门融合绿皮书》中提出了未来媒介融合规制的五项原则。喻国明和戴元初认为,媒介融合可以提升新闻产品和新闻服务的质量,政府规制的限制或放松是合作能否进行的关键性因素②。蔡雯和黄金提出,规制变革是媒介融合发展的必要前提③。蒋晓丽等认为,体制与传媒之间已开始构建一种双向互动关系。所谓双向,一方面指传媒对政府体制运作的监督、影响;另一方面,指政府要顺应传媒的发展潮流,依法依规进行宏观管理。这种管理绝非传统意义上的简单控制,而是建立在社会运行机理框架下的、以实现聚合为目的的管理④。

李良荣和方师师在总结过去 20 多年我国对互联网技术的管理和使用时指出,在法律规定、政策出台、业务操作和理论研究方面,都出现了"制度落后于技术"的情况。互联网像是一个麻烦制造者,不停地给国家和社会"提出新问题,带来新挑战"。国家和社会在应对的时候,几乎都是从原有的思维模式出发,采用分散的、零星的、救急的和"刺激-反应式"的应对,缺乏对整个互联技术、互联网产业、互联网思维、互联网逻辑的深刻反思。这样带来的后果是,零散的问题得不到根本解决,逐渐积累起来形成社会性问题,最终只能自下而上地倒逼顶层制度改革⑤。

---

① 宋红梅,杨行,夏吟.中国互联网产业 20 年发展轨迹研究[J].中国广播电视学刊,2014(9).
② 喻国明,戴元初.传媒规制的应然与实然——以美国 1996 电信法为标本的解读[J].新闻与写作,2008(3).
③ 蔡雯,黄金.规制变革:媒介融合发展的必要前提——对世界多国媒介管理现状的比较与思考[J].国际新闻界,2007(3).
④ 蒋晓丽,邹霞,叶茂.传媒"系统工程"再造——传媒体制"合并潮"的现状与未来[J].编辑之友,2013(10).
⑤ 李良荣,方师师.互联网与国家治理:对中国互联网 20 年发展的再思考[J].新闻记者,2014(4).

　　我国从 2005 年开始在法律法规层面对互联网新闻信息进行具体管理。彼时发布的《互联网新闻信息服务管理规定》旨在"规范互联网新闻信息服务,满足公众对互联网新闻信息的需求,维护国家安全和公共利益,保护互联网新闻信息服务单位的合法权益,促进互联网新闻信息服务健康、有序发展"。"新闻信息"被定义为"时政类新闻信息,包括有关政治、经济、军事、外交等社会公共事务的报道、评论,以及有关社会突发事件的报道、评论"。"互联网新闻信息服务"包括"通过互联网登载新闻信息、提供时政类电子公告服务和向公众发送时政类通讯信息"。

　　如今,在移动互联网时代,以微博、微信、客户端为代表的新型即时通信工具,以及抖音等短视频分享和直播软件风头正劲。在这一全新的媒介生态下,新闻信息的生产、发布和传播活动发生了根本性的改变。面对这些新涌现的互联网媒体,2017 年 6 月新版《互联网新闻信息服务管理规定》(简称《规定》)开始实施,明确了互联网新闻信息服务的许可、运行、监督检查、法律责任等,并且将各类新媒体纳入管理范畴。《规定》发布后,相关核心概念,即互联网新闻信息服务的许可制度的适用范围引发了广泛的争议。许可制度是只针对组织化、机构化的媒体组织,还是也针对利用互联网发布新闻信息和评论的个体? 王四新认为,互联网新闻信息许可制度的适用对象是互联网新闻信息服务机构,而不是个体[1]。不少学者认为,这是新形势下互联网新闻信息[2]和规范治理新技术新应用的创新尝试[3]。

　　自《规定》实施以来,国家互联网信息办公室及各省、自治区、直辖市互联网信息办公室依法组织开展了许可审批相关工作。截至 2018 年 4 月底,经各级网信部门审批的互联网新闻信息服务单位总计 304 家,共计 1 570 个服务项。值得一提的是,虽然已经放开商业新媒体申请牌照,但这些服务项中,绝大多数仍为国有新闻单位所有,显示出传统新闻媒体在

---

　　[1]　王四新.许可与自由:《互联网新闻信息服务管理规定》核心概念解读[J].现代传播(中国传媒大学学报),2017(09).
　　[2]　王军,朱珊珊.新形势下互联网新闻信息的规制创新——《互联网新闻信息服务管理规定》解读[J].新闻爱好者,2017(8).
　　[3]　吴沈括.规范治理新技术新应用的创新尝试——《互联网新闻信息服务新技术新应用安全评估管理规定》解读[J].网络传播,2018(1).

新闻生产方面的巨大优势。

（四）对已有研究的述评

关于移动互联网和新闻传播关系的研究,呈现出以下特点。

第一,关于专业传播机构的研究居多,关于用户新闻传播行为的研究偏少。

第二,关于产业和技术的研究取向居多,关于新闻传播政策规则与社会发展视角的偏少。

第三,移动互联网新闻传播线上研究居多,线上线下互动影响效果研究偏少。

第四,对新闻传播变动趋势表层现象描述居多,对新闻传播业所处的"国家-媒介-社会"关系结构的深层变迁研究偏少。

鉴于此,我们认为,研究移动互联网对新闻传播发展趋势的影响,要立足于我国新闻传播体系所处的既有社会关系体系结构。本书拟从"国家-媒介-社会"的三维框架出发,从宏观层面的技术发展趋势和政府规制变迁、中观层面的商业模式和新旧媒体融合,以及微观层面的内容生产和用户反馈,来考察移动互联网这一传播技术对新闻传播体系所处时代社会关系的结构产生的深层影响和外在演化表现。

四、研究设计

（一）核心问题

根据施拉姆和麦奎尔两位发展传播学学者的观点,信息传播可以给一个国家的经济和社会发展带来助益,可以促进社会变革;同时,媒体必须把国家的发展目标(经济、社会、文化和政治等方面)放在最重要的位置上。发展传播学的上述观点是基于"国家-媒介"的关系框架探讨信息传播的时代价值与历史使命,这是本书确立研究理论框架的考量起点。

正如之前文献综述中提到的,移动优先是我国媒体融合的题中之义,也是媒体融合战略下半场的重要落脚点之一。那么,在媒体融合战略实施五年之后,我国新闻传播业在移动优先的背景下发生了哪些变化? 移动互联网时代新闻传播的发展趋势与背后深层关系结构是怎样的?

围绕这些核心问题,本书将从技术变革、内容生产、用户关系、行业格局、商业模式、政府规制六个方面,在宏观、中观和微观三个层面上进行研判,为理顺媒介与社会的多维互动关系、推动社会发展提供决策依据。同时,本书还将重点探讨在移动互联网时代如何推进新闻传播业的转型升级,以提升主流媒体的核心竞争力和舆论引导力,确保我国意识形态安全。

由于有移动互联网平台的支撑,市民社会在中国逐步形成,同时,传播权力呈现去中心化趋势,技术与市民社会两大因素对于"国家-媒介"的关系结构的影响变得十分重要。因此,我们对发展传播学已有分析框架进行了修订,认为只有在"国家-媒介-社会"这样一个更具张力的框架内,探讨移动互联网时代新闻传播的发展趋势与特征才真正具有研究价值。

（二）内容框架

在研究框架方面,本书从宏观、中观和微观三个层面展开研究。

在宏观层面,本书在"国家-媒介-社会"的总体框架下关注"技术-规制"这组关系,研究移动互联网技术的演进和发展趋势,以及移动互联网时代新闻传播的政府规制演变趋势,作为移动互联网时代我国新闻传播业发展的宏观背景。

在中观层面,本书立足传统媒体和新兴媒体融合发展的新时代要求,以现代传播体系的打造为愿景,研究"传统媒体-互联网"这组共生主体各自的创新实践,以及它们之间的相互关联。首先,从传统媒体立场出发的新型主流媒体建设,关注在移动互联网时代我国传统媒体如何响应媒体融合的顶层设计,建设具有传播力、引导力、影响力、公信力的,适应现代传播体系的新型主流媒体。其中,既有大型传媒集团的融媒体建设,也有作为"最后一公里"的县级融媒体中心的打造。其次,本书还对与传统媒体相对的传媒类互联网公司的盈利模式进行分析。它们作为移动互联网时代效率领先者的重要创新经验,给传统媒体带来了诸多启示。

在微观层面,本书关注"传者-受者"这组新闻传播学中最重要的二元关系,研究移动互联网时代新闻内容生产机制的变迁和传播效果评价体系的重构。两者在共同的技术背景下发生了剧烈变化。在内容生产机制方面,呈现出面向"PGC+UGC+MGC"多元状态的整体性迁移。在传播效果评价体系方面,传统的以发行量和收视率为代表的评价体系逐渐失效,但是商业主导的传播效果评价体系也会漠视社会公共利益。因此,亟待重构基于"国家-媒介-社会"关系格局的全新的传播效果评价体系。这样的传受互动才能形成健康可持续的新闻传播业生态。

具体而言,本书将分为七个部分。

1. 移动互联网的演进及其在中国的发展趋势研究

在国际化的视野下,主要研究作为技术变量的移动互联网自身的发展、现状与未来趋势。本部分将集中探讨:

第一,移动互联网十多年间(向前连接 PC 互联网,向后连接物联网)的技术变迁,通过呈现互联网商业巨头的创新与竞争来展现这种技术的推动力量。

第二,移动互联网的产业链发展趋势分析。从电信运营商、智能终端、应用和服务提供商等入手,分析移动互联网的技术产业特征。

第三,移动互联网的特征与入口研究。移动互联网呈现出移动化、智能化、社交化、平台化特征。移动互联网争夺的焦点在于入口,入口是连接各种软件和硬件的接口,如社交、电商、服务、安全、WiFi、智能硬件等。

第四,移动互联网的未来趋势。移动互联网竞争步入下半场,将从1.0 阶段的争夺粉丝与流量,走向 2.0 阶段"to B"的产业互联网,再到 5G、人工智能支撑的物联网。

2. 移动互联网时代新闻内容生产机制的发展趋势研究

移动互联网时代的新闻生产,是一个用户与专业机构共同完成的过程,也是一个基于大数据的开发与运用的过程。移动互联网的普及,给新闻专业主义带来了巨大挑战。本部分通过对专业机构、意见领袖、自媒体用户、一般移动互联网用户参与新闻内容生产的方式与途径进行分析,比较不同的媒体传播平台上的内容生产机制,以及相互的影响机理,梳理出移动互联网时代新闻内容生产机制的特征与未来发展趋势。

（1）由 PGC 过渡为"PGC＋UGC＋MGC"

首先,在移动互联网社交化、视频化、场景化的技术背景下,讨论 PGC 生产方式在文本再造、语态改造和渠道再造方面的数字化转型;其次,分析去中心化的 UGC 在官方文本和自媒体方面的表现;最后,从人工智能的角度分析 MGC 的未来趋势。

（2）算法驱动下的议程设置

除了关注人在内容生产中的作用,本书还分析作为机器的算法,其将流水线式的内容生产发展为千人千面的个性化生产、对象化编辑和差异化推送。

（3）人工智能：全新的内容生产运作方式

人工智能技术将使传统媒体内容向移动化平台聚合,推动传统新闻媒体的改造。本部分分析机器人写作相比人工写作新闻的优点,并且对传统媒体的应对策略进行分析。

3. 移动互联网时代新型主流媒体的建设研究

自 2014 年习近平总书记的"8·18 讲话"开始,我国正式拉开了媒体融合的大幕。习近平指出,新型主流媒体、新型媒体集团和现代传播体系是媒体融合的最终目标。在传统媒体和新兴媒体融合发展的实践中,形成了诸多模式和实践样态,并且显著地划分为两个历史阶段。

第一阶段为媒体融合的上半场。以"中央厨房"为龙头工程的融媒体流程改造工程,在全国各级传统媒体中广泛铺开。各传媒集团在建设新型传媒集团和新型主流媒体方面进行了全方位的改革。

第二阶段为媒体融合的下半场。以县级融媒体中心建设为主要模式的融媒改革由中央直接推动,试图打通媒体融合工程和国家治理现代化的"最后一公里",在涌现出诸多样板的同时,也拥有了自下而上设定的时间表和路线图。

因此,在这一部分,本书将围绕"移动互联网时代如何建设新型主流媒体"这一问题展开讨论。由于商业媒体长期充当效率示范榜样,因此,在分析过程中会加入对商业互联网媒体发展经验的观照。

4. 移动互联网时代新闻传播效果评价体系的重构研究

移动互联网时代的新闻传播格局中,用户从新闻传播的起点与归宿进一步演化为新闻传播的重要参与者,而受众评价的终点在很大程度上决定了内容生产的起点。因此,本部分与第二部分内容生产端相呼应,研究在移动互联网时代传播效果评价体系发生了什么样的扭转,以及如何建构一套适合当下技术环境和媒介发展的评价体系。具体而言,本部分依照时代划分了三种评价体系。

第一,传统媒体时代,传播效果评价体系以发行量、收视率为指向。该体系在传统媒体逐渐失势、受众不断流失的当下,在数据不透明、数据造假严重的行业积弊面前,已逐渐丧失市场意义。

第二,PC互联网时代,互联网商业公司率先进入这一市场,导致受众的消费习惯和商业模式都因商业公司而形成。这种传播效果评价体系虽然在市场效率的维度上比较成功,但是在社会公共利益的角度却存在严重的缺陷。

第三,移动互联网时代,随着"人-机"关系日益紧密,传播效果评价体系亟待从以商业公司为主导的模式,转移到以用户为主导力量的模式。

5. 移动互联网时代传媒商业模式的创新研究

回顾中国互联网的发展历程,商业门户网站作为最早的市场开拓者,塑造了中国网络经济的最初样貌。进入移动互联网时代,在经济效益和传播效率上领先的依然是商业网络巨头。无论是百度、阿里巴巴、腾讯、京东(BATJ)还是今日头条、美团、滴滴(TMD),它们都成为移动互联网时代的领跑者。

从现实发展来看,有效率的新闻传播模式无一例外都是基于成功的商业模式和合理的产业格局。但是现有移动互联网产业格局使得原来国有传媒体系面临多重压力,事业与产业的双重属性严重束缚了传播生产力的发展。向新媒体学习、向新型企业学习,是传统传媒集团适应时代变革、保证持续竞争力的关键。因此,本部分将聚焦互联网媒体,用案例研究的方式对其商业模式的打造和创新进行分析、归纳。

本部分将互联网公司分成几大类,包括门户网站、搜索引擎、电商、新闻类公司、网络视频公司、金融信息服务公司、社交媒体、网络安全公司、智能硬件公司,围绕广告服务、内容付费、游戏模式、电商引流、增值服务等商业模式创新展开讨论。

本书认为,在移动互联网时代,新闻媒体亟待调整自身的战略定位,不应局限于以往单一的内容供应商角色,而应向综合信息服务商转化,打造平台化经济,构建全媒体战略,实现传媒商业模式创新。其中,最为核心的就是传媒公司如何紧跟时代潮流,不断寻求突破,适时调整自身的战略地位以适应快速变化时代所带来的颠覆与挑战,实现媒体融合的媒体基因改造,从而确保持续的创新能力和盈利能力。

6. 移动互联网时代传媒业的政府规制演变趋势研究

新的传播格局需要对应新的规制方案。现在的新闻传播业资本构成日益丰富,海外上市的新媒体公司股权结构日益复杂,民营资本所占比例也越来越大。原有"国家-媒介"之间的单一归属关系被打破,市场正在要求行政力量重新定位。2017年新出台的一系列互联网管理有关规定,预示着我国对移动互联网的规制进入新的历史阶段。不断更新的科技拓宽了实践的边界,也挑战了传媒规制的适用边界。

本部分将首先聚焦移动互联网时代政府规制面临的新难题。一方面,网络巨头带来数据垄断和信任危机;另一方面,野蛮生长的自媒体引发各种乱象,如侵犯隐私、数据造假、低俗之风、造谣盛行,以及威胁国家安全与意识形态安全。

此外,在中美贸易摩擦的大背景下,本书针对西方国家试图垄断移动互联网产业链,对中国移动互联网安全和监管带来的挑战做了详细探讨。

在移动互联网时代政府规制的演变方面,本部分将关注监管体制的改革、不定期的清网行动和定期的网监行动、互联网立法与执法、网民翻墙的管理、网络实名制的国际经验,以及在宏观规制方面技术创新与制度保障之间的有机关系等。

7. 移动互联网时代新闻传播创新案例研究

这一部分将选取在移动互联网时代表现突出的中央媒体和地方媒体,以及具有代表性的国际媒体,对它们在移动互联网领域的创新性实践进行剖析,进而归纳出可供参考的成功经验。

在中央媒体方面,本书以"拥抱移动互联网时代,做好主力军、主渠道、主阵地"为主题,选取人民日报社、新华社、中央广播电视总台三家国家级权威媒体作为分析对象。为了拥抱移动互联网时代,三家中央媒体作为传媒"国家队"、中国新闻舆论工作重镇,守正创新、主动作为、抢抓机遇,利用先进技术手段,化变量为增量,变压力为动力,弘扬主旋律、传播正能量,为继续做好新闻舆论工作的主力军、主渠道、主阵地,加快构建新型主流媒体,打造全媒体集团,开展了积极而有益的实践。三家中央媒体在"两微一端"、海外社交媒体上的粉丝状况,以及它们旗下上市公司的业绩,均根据一手资料整理而来。

在地方媒体方面,鉴于上海的文化体制改革走在全国前列,笔者专程深度调研了上海报业集团、上海广播电视台、东方网,取得一手资料。在推动媒体融合的进程中,地方媒体相比中央媒体承受着更大的压力,也有着更强的改革动力。在新兴技术的驱动下,在互联网巨头的挤压下,地方媒体被迫数字化转型,寻找新的出路。上海作为中国改革开放排头兵、创新发展先行者,媒体融合转型一直走在全国前列。为了打造新型主流媒体集团,实现信息交互的"全程、全息、全员、全效",上海三大媒体机构勇于自我革命,积极推进融合创新,在新一轮竞争中迅速崭露头角。本书对这三大媒体机构进行总体分析,重点选取其旗下的一些创新型产品进行深入剖析,如澎湃新闻、界面-财联社、上观新闻、看看新闻、阿基米德、第一财经、东方头条等。

事业单位企业化管理如何落地? 存量和增量关系如何平衡? 体制机制和考核制度如何突破? 这些一直是传统媒体转型、创新的痛点和难点。针对这些问题,笔者做了深入调研并取得翔实的资料,在书中均有阐述。

在西方主流媒体方面,面对移动互联网技术的冲击,西方传统主流媒体一度面临与国内同行类似的发展难题:观众老化、受众流失、客户减少、收视下滑、影响力削弱……它们既要与同行在传统领地里残酷竞争,也要面对跨越市场边界的科技巨头,如 Google、Facebook、Netflix 等。在案例研究方面,本书选取报业转型的代表《纽约时报》和《华盛顿邮报》,广播电视业的代表 BBC 和 CNN,以及在移动互联网时代有着卓越表现的路透社和美联社,重点分析这些世界级媒体在移动互联网时代都作了怎样的转型抉择。

>>> 第一章　移动互联网的技术演进趋势

　　信息革命经历了传统互联网(PC 互联网)、移动互联网、物联网三个阶段。移动互联网的兴起,对新闻传播业带来了巨大影响。移动互联网领域已构建起完整的产业链,电信运营商、智能终端、应用和服务提供商、内容提供商等各自扮演着不同的角色。移动互联网体现出与传统互联网迥然不同的属性,移动化、智能化、社交化、平台化等成为其鲜明的标签。移动互联网市场的竞争已趋白热化,各个垂直细分领域都有领先厂商把持入口,SNS 社交应用、移动网购应用、移动智能终端入口、商业 WiFi、视频等已成为市场竞争的焦点。

　　经历十多年发展后,移动互联网行业正逐渐告别上半场竞争,从争夺粉丝与流量,走向产业互联网竞争。随着 5G 时代的到来,移动互联网的下半场面临存量市场竞争和新技术红利的争夺。作为新一代移动通信标准的 5G 网络凭借其独特的技术优势,将对新闻传播业带来巨大改变,同时也蕴含着全新机遇。5G 时代,媒体将加快跨界发展,从传统的内容提供者向信息服务者转变。

一、信息革命:传统互联网—移动互联网—物联网

　　风起云涌的信息技术在全球范围内带来了天翻地覆般的变化。美国

和中国逐渐成为信息科技领域的领跑者。美国五大科技股 FAANG (Facebook、Amazon、Apple、Netflix、Google)和中国的 BAT,都是各自领域的行业标杆。截至 2018 年 10 月,全球市值最高的 30 大互联网企业中,美国有 18 家,中国有 7 家;全球信息与通信技术(ICT)行业前 10 位中,美国占 6 席,中国占 3 席(华为、阿里巴巴和腾讯)。

短短 20 多年间,在信息技术的强力驱动下,互联网不断进化,先后经历了以台式电脑为主的传统互联网阶段,以智能手机为主的移动互联网阶段,以及物物相联、人机交互的物联网阶段。在这三个阶段中,技术起着决定性的推动作用。

(一) 传统互联网阶段:传媒业逐渐告别传统媒体

从 20 世纪 90 年代起,互联网开始进入公众视野,网络热潮随即席卷全球,对人们的生活方式掀起巨大冲击波。在这一轮热潮中,美国硅谷成为许多知名公司的诞生地,一度吸引了全球目光的关注,Yahoo(雅虎)、Google、Amazon(亚马逊)、eBay、Facebook 等一批网络企业快速崛起,成为各自领域的领头羊,推动了全球数字经济的快速发展。

互联网热潮很快传至国内。自 20 世纪 90 年代中期开始,国内网络基础设施逐渐完善,许多人开始享受上网服务,网络资费和技术门槛不断降低,一批模仿美国互联网模式、"Copy to China"的本土网站相继上线。互联网快速进入千家万户,上网浏览资讯、获取信息、休闲娱乐、网络购物等陆续成为现实,互联网时代正式到来,表现出四个方面的特点。

第一,门户网站开启中国互联网时代大幕。在中国互联网发展历史上,以新浪网为首的门户网站曾经一度占据重要地位,许多网民登录互联网后的第一站就是各大门户网站。对于长期习惯于从报纸、广播、电视等传统媒体渠道获取资讯的中国受众来说,门户网站提供了全新的渠道和传播形式,为大家打开了精彩纷呈的网络世界大门。

第二,网民希望通过网络获取多种信息。CNNIC 发布的《第一次中国互联网络发展状况调查统计报告》显示,截至 1997 年 10 月底,我国上网计算机数达 29.9 万台,其中,直接上网计算机 4.9 万台,拨号上网计算机25万台。从用户希望在网上获得的信息来看,80.4%的用户希望在网上获得科技信息,42%的用户希望在网上获得社会新闻,39.6%的用户希望在网上获得商业资讯,32.8%的用户希望在网上获得金融信息,24.8%的用户希望在网上获得休闲信息①。

第三,随着网络基础设施不断完善,网民群体持续增长,各大互联网企业提供的服务内容不断丰富和多元,各种新业态、新模式、新服务层出不穷。除了浏览新闻外,网络游戏、网上音乐、短信SP(移动增值业务)、网络零售、网络视频等争相涌现,吸引网民的眼球。截至2008年6月底,我国网民已达2.53亿人,首次大幅超越美国,中国成为世界互联网网民第一人口大国②。

第四,互联网重构信息传播途径和方式。面对互联网的兴起,报纸、广播、电视等传统媒体陆续推出各自的官方网站,希望在网络大潮中占据一席之地。与此同时,许多商业媒体迅速崛起。2017年,中国网络新闻用户已达6.47亿人,网民覆盖率达83.3%。在PC端互联网市场上,综合门户网站和传统新闻网站占据主导地位③。

(二) 移动互联网阶段:手机尽知天下事

随着移动通信技术的不断演进和发展,手机,特别是智能手机在全球逐渐普及。智能手机的普及应用为消费者提供了更为便捷的上网渠道,各种互联网内容和服务向移动端迁移,移动端越来越成为网民上网的首选方式。

研究全球移动互联网发展轨迹可以发现,在行业发展初期,日本曾发挥重要作用,有力地推动了移动互联网的应用普及。2001年,日本电信运营商NTT DOCOMO 建立 i-Mode 体系,类似苹果公司(Apple)的"iOS+

---

① 中国互联网络信息中心.第一次中国互联网络发展状况调查统计报告[EB/OL].http://www.cnnic.net.cn/hlwfzyj/hlwxzbg/200905/P020120709345374625930.pdf,1997-12-01.
② 中国互联网络信息中心.第22次中国互联网络发展状况统计报告[EB/OL].http://www.cnnic.net.cn/hlwfzyj/hlwxzbg/200906/P020120709345337342613.doc,2008-07-19.
③ 中国互联网协会.中国互联网发展报告 2018[EB/OL].http://www.sohu.com/a/244667064_754297,2018-08-01.

iPhone＋App"模式,因此被誉为"移动互联网的鼻祖"①。凭借创新性的闭环业务模式,NTT DOCOMO 在日本市场大获成功。一时间,日本的移动游戏、移动音乐、移动阅读等服务领先全球,吸引各国学习和效仿。i-Mode 之所以成功,很大程度上是因为日本具有独特的商业环境,运营商控制着包括手机生产等在内的整条产业链。

中国移动互联网产业起步之初,在一定程度上借鉴了日本 i-Mode 这种由运营商主导的移动互联网体系。2000 年左右,中国移动推出移动梦网业务,在国内手机网民中迅速流行开来。随后,各种移动门户网站陆续涌现,预示着中国移动互联网时代的到来。特别是自 2007 年苹果公司推出 iPhone 智能手机后,全球手机业加速向智能手机转型,大批质优价廉的国产智能手机公司迅速崛起。2009 年 1 月,工业和信息化部向三家电信运营商颁发 3G 牌照,移动互联网从此迎来繁荣期。

完备的网络设施、电信服务提供技术保障,普及的终端应用提供硬件支撑,便捷的电商、移动支付等创造成熟的商业模式,巨量的网民提供用户基础——在这些综合因素的作用下,中国如今已成为全球最大的移动通信市场。据 CNNIC 统计,截至 2020 年 3 月,我国手机网民规模达 8.97亿,网民通过手机接入互联网的比例高达 99.3％;手机网络新闻用户规模达 7.26 亿,占手机网民的 81.0％;2019 年,移动互联网接入流量消费达 1 220亿 GB,同比增长 71.56％②。

(三) 物联网阶段：5G 到来,万物皆媒

1G 时代,"大哥大"让人类实现了移动通话的梦想。2G 时代,实现了数字语音通话,短信、彩信成为人与人沟通的桥梁。彼时,中国移动、中国联通、中国电信三大电信运营商垄断通道,掌握媒体手机报的生杀大权。3G 时代,全球技术标准欧美中三足鼎立,中国拥有自己的技术标准,带动相关产业快速发展,智能手机走进千家万户,信息鸿沟大幅缩小。4G 时

---

① 胡珺喆.移动互联网之巅：腾讯 VS 阿里巴巴[M].北京：人民邮电出版社,2014：65.
② 中国互联网络信息中心.第 45 次中国互联网络发展状况统计报告[EB/OL].http://cnnic.cn/hlwfzyj/hlwxzbg/hlwtjbg/202004/P020200428328733122672.pdf,2020-04-28.

代,每秒数十兆的传输速率带来更佳的通信体验。5G 时代,高传输速率将使物物相联、人机交互,人类进入无障碍传播阶段(见表1)。

表1　全球通信产业技术发展史(1G—5G)

技术	推出时间	技术标准	技术特点	领军企业	传输速率	应用场景
1G	20 世纪 70 年代	通信标准五花八门	模拟语音传输;音质低、信号不稳定、覆盖不够广、串号盗号等	摩托罗拉	2.4 kb/s	模拟手机时代移动通话
2G	1995 年	GSM、CDMA 欧洲主导	数字语音传输	诺基亚、爱立信、NEC、东芝、三洋	64 kb/s	数字语音时代短信、彩信、手机报
3G	2009 年 6 月	WCDMA、CDMA2000、TD-SCDMA	同时传送声音和数字信息	苹果公司、三星	175 Mɔ/s— 2 Mbps/s	智能手机时代微博、微信、淘宝、QQ 等
4G	2013 年 12 月	LTE、LEE - A、WiMax	高速传送数据信息、图像、音视频	苹果公司、三星、华为、高通公司	2 Mbps— 1 Gbps	直播、支付、电商、社交
5G	2019 年 6 月 (中国进入5G商用元年)	中国的 5G 专利数量位居全球第一	高速度、高带宽、低时延、低能耗	华为、高通公司、思科	1.25 Gb/s 快速传输超高清视频、文图、音频、大数据	无人机、物联网、车联网、VR/AR/MR、智能家居、智能穿戴、智慧医疗、工业4.0 等

资料来源:根据公开资料整理。

当前,全球 5G 发展已进入商用阶段,各国都在抓紧布局。2019 年 6 月,中国 5G 商用牌照正式发放,标志着 5G 时代全面到来。根据国内三大电信运营商公布的数据,到 2020 年年底,计划将累计开通超过 55 万个 5G 基站。再加上中国广电,国内四家运营商的 5G 基站建设规模将达到 60 万个。5G 的高传输速率,将给物联网应用带来巨大推动力。美国国防部 2019 年 4 月发布的《5G 生态系统:对美国国防部的风险与机遇》报告认为,中国计划部署第一个广泛使用的 5G 网络,中国的互联网公司将为其国内市场开发基于 5G 速度和低延迟性能的服务和应用程序。随着 5G 在全球以类似的频段部署,中国的智能手机和互联网应用及服务很可能会占主导地位。中国在 5G 领域的发展,将重现美国在 4G 领域发展时的辉煌。

这一阶段呈现出五个趋势。

第一,车联网成为汽车标配,完整的无人驾驶将成为现实。虽然 4G 网络实现了部分自动驾驶辅助功能,但是完整的无人驾驶需要在 5G 技术支持下才能实现。凭借 5G 更高速率、更低延时、更低功耗和海量连接的优势,车联网有望成为今后智能汽车的标配,自动驾驶、无人驾驶近在咫尺。

第二,环境感知让智能家居进入 3.0 时代。5G 时代的智能家居将摆脱单一的物与物连接,强调物与人的交互性,家居家电将更加智能化、人性化,更加理解人的需求。在 5G 网络的强力支持下,智能家居将具有强大的环境感知能力,能够使居家生活更为舒服和便捷。

第三,人-货-场关系由繁入简:产品即渠道,消费者就是推销员。5G 技术的落地,使得依附于物联网的智能零售场景一体化解决方案,将重新构建人-货-场关系,把消费者从线上吸引到线下的真实购物场景,人将可以直接与货品进行连接和互动。

第四,媒体形态变革,万物都可以被视为媒体,都能成为信息传播平台。5G 将有助于推动物联网成为新的信息传播渠道。借助人工智能、移动互联网、大数据、云计算等新一代信息技术,各种智能设备和物体都有望拓展媒体属性,成为信息传播媒介和载体。

第五,视频成为内容消费主流,高清、超高清视频面临发展机遇。5G 网络时代,传统速率大幅提升,高清、超高清视频内容将摆脱以往的网络束缚,成为未来媒体竞争的焦点之一。电视的商业价值将被重新定义,OTT(over the top)业务将迎来爆发式增长,智能电视从客厅娱乐功能转变为家庭物联网的第一显示入口。超高清视频的发展,使得 4K 电视被重新激活,8K 也将成为新趋势①。

---

① 肖明超.5G 来了! 这 10 个趋势值得关注 | 趋势热评[EB/OL]. http://3g.163.com/dy/article/EH1AIJ7L0519L83M.html,2019-06-06.

二、移动互联网产业链

移动互联网是全球 ICT 产业融合发展的产物,经历多年发展完善,已构建起"终端＋软件＋内容＋服务"的完整生态系统。移动互联网生态链涉及环节众多,既包括智能手机操作系统和应用开发平台、移动通信芯片,也包括以智能手机为首的各种移动智能终端及终端制造厂商,还包括移动通信运营商、应用商店、移动应用提供商、内容服务提供商等。

（一）移动芯片

芯片在移动互联网领域占据重要地位。全球移动通信芯片市场主要被几家厂商垄断,如高通、英特尔等。近年来,中国移动芯片厂商不断发力,正在占据越来越多的市场份额。特别是随着 5G 时代的到来,国产芯片厂商紫光展锐、华为海思正加快推出 5G 芯片,帮助 5G 终端厂商抢占市场。紫光展锐在 2020 年 2 月宣布,基于其 5G 基带芯片春藤 510 开发的 5G 终端,将有数十款在 2020 年商用。

（二）移动通信运营商

移动通信运营商扮演着重要角色,主要提供移动宽带通信服务和数据流量服务等。在国内,中国移动、中国电信、中国联通一直是三大电信运营商。近年来,三大电信运营商积极响应号召,持续推进提速降费工作,使无数网民享受到更为优质的网络服务。2019 年 6 月,工业和信息化部正式向中国电信、中国移动、中国联通、中国广电发放 5G 商用牌照。中国广电成为除三大电信运营商外,又一个获得 5G 商用牌照的企业。随着 5G 牌照的发放,网络基站将快速覆盖全国,移动通信运营商也将迎来新的发展阶段。

（三）移动智能终端

移动智能终端是网民登录移动互联网的必备工具。随着近年来消费电子市场的蓬勃发展,各种智能手机、平板电脑、电子书、可穿戴设备等受到消费者追捧。其中,智能手机是当前人们使用最为频繁的移动上网设备。智能手机的普及和更新迭代,极大地推动着移动互联网产业的繁荣发展。

除智能手机外,平板电脑也有着巨大的商业前景。国际数据公司(IDC)统计数据显示,2019 年,中国平板电脑出货量约为 2 241 万台,苹果公司、华为、小米位列 2019 年中国前三大平板电脑厂商[①]。

市场研究机构 QuestMobile 发布的报告显示,2019 年上半年,中国移动互联网月度活跃智能设备规模触顶 11.4 亿,2018 全年净增 4 600 万[②]。

(四) 软件层面

移动互联网在核心软件层面,主要包括操作系统、数据库、安全软件、中间件等。其中,在智能终端操作系统方面,苹果 iOS 和谷歌安卓是当前两大主要阵营,各自建立了完整的生态系统。2019 年 5 月,国家知识产权局商标局网站显示,华为已申请自主产权操作系统"华为鸿蒙"商标。2020 年 3 月,华为 openEuler 系商业发行版操作系统正式发布,首批参与的操作系统包括银河麒麟服务器操作系统 V7.6、普华服务器操作系统 V5.1(鲲鹏版)、深度欧拉 V1.0 和傲徕服务器操作系统 1.0。

(五) 应用和服务提供商

伴随着手机上网资费的下调、智能手机的快速普及,各种手机应用程序(App)应运而生。各家移动互联网企业通过推出各种各样的手机 App,为用户提供各种信息和服务,通过有价值的服务来获取用户,构建商业模式。如今,手机 App 已覆盖人们日常生活工作的方方面面。中国的移动应用下载量居全球首位。移动数据研究公司 App Annie 报告显示,中国

---

① IDC. IDC:2019 年中国平板电脑市场回暖,"新冠"疫情将影响 2020[EB/OL]. https://www.idc.com/getdoc.jsp? containerId=prCHC46081420,2020-02-25.

② QuestMobile. QuestMobile 中国移动互联网 2019 半年大报告[EB/OL]. http://www.questmobile.com.cn/research/report-new/54,2019-07-24.

是全球移动应用消费的最大驱动力,2019 年,中国移动应用支出占全球总支出的一半①。

另据 CNNIC 统计,截至 2020 年 3 月,我国手机即时通信用户规模达 8.9 亿,手机搜索用户规模达 7.45 亿,手机网络新闻用户规模达 7.26 亿,手机网络购物用户规模达 7.07 亿②。

三、移动互联网的特征与入口争夺战

(一) 移动互联网的基本特征

与传统互联网相比,移动互联网主要基于移动通信技术和移动智能终端,实现传统互联网内容和服务向移动端的迁移,同时催生出众多更契合用户需求的移动应用和服务。有学者将移动互联网的特征归纳为"SOLOMO 模式"(social-local-mobile,社交化、本地化、移动化)③。笔者认为,移动化、智能化、社交化、平台化的属性,是其显著标签。

1. 移动化

移动互联网的首要特色就是移动化。在移动互联网时代,用户摆脱网线、台式电脑等束缚,通过各种更为轻巧便携的移动智能设备,即可轻松连接互联网。与以往登录各个网站获取信息和服务不同,移动互联网时代,用户主要通过手机 App 来获取信息和服务。正是凭借各种技术优势,移动互联网正吸引人们把网络使用习惯转向移动互联网,而且在基于位置的服务(location based services,LBS)技术支持下,网民可以通过移动互联网便捷地查询附近信息,进一步丰富互联网应用。

2. 智能化

移动互联网时代,终端设备将变得更加智能——手机成为人体器官

---

① 新浪科技.App Annie:2020 年全球移动应用支出将达 3 800 亿美元[EB/OL].https://baijiahao.baidu.com/s?id=1655898089107882160,2020-01-16.

② 中国互联网络信息中心.第 45 次中国互联网络发展状况统计报告[EB/OL].http://cnnic.cn/hlwfzyj/hlwxzbg/hlwtjbg/202004/P020200428328733122672.pdf,2020-04-28.

③ 宋杰,等.移动互联网成功之道:关键要素与商业模式[M].北京:人民邮电出版社,2013:14.

的延伸,拥有听觉、视觉、触觉等感知能力,功能越来越强大。LBS可以使用户的线上线下需求(O2O)与地理位置有效关联起来。

特别是近年来人工智能技术的应用,驱动移动互联网迈上智能传播的台阶。与此同时,硬件制造商、电信运营商、平台提供商可以对用户的行为数据进行智能化分析。"算法推荐、算法为王"被一些商业公司奉为圭臬,它们可以精准洞悉客户需求,提升用户体验。人工智能技术被广泛应用到移动互联网领域,不断提升网民的用户体验。例如,在移动购物领域,商家可以更有针对性地给消费者推送商品信息;在移动阅读领域,用户可以更加便捷地选择和定制所需内容等。

3. 社交化

移动互联网可以使人们随时保持在线状态,使PC互联网的双向互动性进一步走向社交化,满足人们随时随地沟通的需要,网民之间彼此陌生的弱关系走向频繁互动、自组织社群的强关系。"信息在关系链中流动,社交红利＝信息×关系链×互动。"[1]聊天、直播、视频、娱乐、内容分享……越来越多的移动互联网应用都在强化社交功能,人们可以关注、转发、点赞、留言,参与到内容文本的生产和传播中。IM、SNS、社交网站、微博、微信、直播平台等社交应用满足了网民的多样化需求。牛津大学路透新闻研究院发布的《2019数字新闻报告》显示,在许多国家,人们使用弱关系社交媒体Facebook的时间同比有所减少,用在强关系类社交媒体平台,如WhatsApp和Instagram上的时间却明显延长[2]。

4. 平台化

移动互联网时代,跨界融合成为发展大趋势。技术融合推动了渠道融合和内容融合。开放共享、平台化成为移动互联网的核心价值理念。平台化包括对内和对外两个维度,既开放平台给第三方,也在第三方平台上"借梯登高",汇聚产业链上下游资源。不管是电信运营商,还是内容提

---

① 徐志斌.社交红利:如何从微信微博QQ空间等社交网络带走海量用户、流量与收入[M].北京:北京联合出版公司,2014:21.

② 传媒学术网.【快读】牛津路透新闻研究院《2019数字新闻报告》要点摘编[EB/OL].https://www.sohu.com/a/330252638_657052,2019-07-29.

供商、终端厂商等,都必须打破传统的产业分工限制,尝试直接面对客户,借助平台整合推送用户所需信息,从而增强平台的影响力和用户黏性。

（二）移动互联网的入口争夺战

网络经济就是入口经济。对各家移动互联网企业来说,只要抢占了移动互联网细分市场的入口,就能够抢夺制高点,掌握先发优势。因为入口意味着流量,意味着用户必经此地。拥有入口就能拥有用户,拥有商业变现的基础。入口就是移动互联网的命脉所系。

1. 社交入口

社交网站是手机用户登录移动互联网的主要入口,近年来一直是各大互联网企业竞争的焦点之一。据 App Annie 统计,2018 年,用户平均每天会在 App 上花掉将近 3 个小时。其中,最让人着迷的是社交通信类 App,它的使用时长占全球 App 总使用时长的一半。在中国市场,用户参与度最高的五大社交通信类 App 分别是：微信、QQ、快手、抖音和新浪微博[①]。

2. 电商入口

电子商务一直是中国移动互联网市场竞争的"红海"。近年来,中国移动电子商务蓬勃发展,用户手机购物规模持续扩大。截至 2020 年 3 月,我国手机网络购物用户规模达 7.07 亿,占手机网民的 78.9%,拥有庞大的消费潜力[②]。在电商市场,经过多年竞争,阿里巴巴、京东、苏宁易购等已成为国内的头部电商平台。近两年,移动社交电商平台拼多多异军突起,成为手机网民"拼购"的另一个购物入口,引发国内电商市场上演新一轮"拼购"热潮。

3. 应用程序：最为广泛的入口

在 PC 互联网时代,搜索引擎和浏览器把控着受众上网的主要入口；

---

① GrayDesign.App Annie 发布 2019 年移动市场报告[EB/OL].http://www.sohu.com/a/289736706_616741,2019-01-17.

② 中国互联网络信息中心.第 45 次中国互联网络发展状况统计报告[EB/OL].http://cnnic.cn/hlwfzyj/hlwxzbg/hlwtjbg/202004/p020200428328733122672.pdf,2020-04-28.

在移动互联网时代,App 无疑是网民的主要上网登录入口。底端的应用程序是用户接触最为广泛的入口。互联网巨头 TMD 等占据这其中的大部分地盘,它们在移动端的布局已经深入手机网民日常生活的方方面面。例如,滴滴打车占据网约车入口;摩拜单车、哈啰单车占据共享单车入口;今日头条、一点资讯、趣头条等占据移动资讯入口。

4. 智能硬件入口

作为移动互联网的上网设备,智能硬件市场近年来同样上演激烈竞争。例如,在智能手机领域,国产手机四大品牌华为、OPPO、vivo、小米正牢牢占据绝大部分市场份额;在智能手表领域,小天才、小寻、360 等品牌已经遍布线上和线下渠道,成人智能手表市场前景巨大,正成为消费者新的移动互联网入口;近年来异军突起的智能音箱热销,同样被视为客厅娱乐的入口之一。

5. WiFi 入口

在共享经济理念下,商用 WiFi 作为移动互联网入口之一,引发各路厂商争相布局。无论是谷歌的热气球上网计划、Facebook 的太阳能无人机计划,还是马斯克的星链(Starlink)计划、亚马逊的柯伊伯(Kuiper)星座计划,都在积极抢占商用 WiFi 入口。在国内,连尚网络科技公司(WiFi万能钥匙)2018 年推出连尚卫星上网计划,并且宣布 2019 年将有第一颗卫星发射完成。但是,因为涉及领域的政策性因素很强,后来项目进展并不顺利。

6. 移动支付入口

第三方移动支付是手机用户购物付款的主要入口。第三方支付在居民消费支付中的占比不断提升。截至 2018 年 6 月底,移动支付在中国手机网民中的渗透率已达 92.4％左右[①]。在中国,支付宝和微信支付已形成双寡头格局。此外,各家银行、银联(云闪付)、第三方支付企业、手机硬件制造商(如 Samsung Pay、Huawei Pay)等也都在抢占移动支付的市场

---

① 益普索.2018 上半年第三方移动支付用户研究报告[EB/OL].https://www.ipsos.com/zh-cn/yipusuozhongbang － 2018shangbanniandisanfangyidongzhifuyonghuyanjiubaogao,2018 － 07-01.

份额。

7. 视频入口

可视化、视频化是移动互联网传播的重要特征。视频应用已成为移动网民重要的入口。在视频入口争夺战中，BAT 和今日头条等都有战略布局。从 30 分钟以上的长视频，到 10 秒—30 分钟的短视频、微视频，网络巨头都已占位。长视频的竞争者有腾讯视频、爱奇艺、优酷土豆、哔哩哔哩(Bilibili，简称 B 站)、咪咕视频、央视新闻、芒果 TV 等。在短视频的赛道上，有抖音、快手、西瓜视频、抖音火山版等。直播视频的种子选手有斗鱼、虎牙、YY、映客等。

据极光大数据统计，在腾讯应用矩阵中，用户使用时长占比最高的应用类别依次为：社交网络、视频直播、手机游戏、数字音乐和新闻资讯[①]。这基本反映了中国网民的使用习惯。

四、移动互联网竞争的下半场

移动互联网行业经过最近十多年的发展，产业已趋于基本成熟，市场增长保持稳定，竞争格局业已形成。随着用户红利消失，移动互联网行业正逐渐告别上半场竞争。在移动互联网上半场竞争中，大家开疆拓土、跑马圈地，抢夺用户，拓展规模；而在下半场竞争中，各家厂商则需要凭借技术创新、模式创新来精耕细作已有市场和用户，提升用户黏性和附加值，同时，深入挖掘 5G 等新技术带来的市场红利。

（一）1.0 阶段：争夺粉丝与流量

1. 粉丝经济加速崛起

把普通网民发展成自家用户，把用户再发展成黏性更高的忠诚粉丝，最后通过粉丝的购买行为来实现商业变现，这样的粉丝经济近年来在国内移动互联网行业颇为流行。2018 年，因偶像推动的粉丝消费规模超过

---

① 环球网.2018 年手机游戏应用的用户时长占比为 10.9％［EB/OL］.http://game.people.com.cn/n1/2019/0326/c40130-30996580.html，2019-03-26.

400亿元,其中,近一半为购买商品的花费①。在行业发展的早期阶段,移动互联网企业争夺的是用户;今后,移动互联网企业更关注的是粉丝的数量和质量,以及粉丝群体的商业变现能力。

2. 互联网下沉市场日趋升温

一二线城市曾经是移动互联网企业竞相拓展的重心,而随着一二线市场渐趋饱和,越来越多的企业开始将业务触角向低线城市延伸,三四五线及以下城市成为各家厂商拓展的新"蓝海"。在消费升级趋势下,以往被忽视的互联网下沉市场正展现出惊人的增长潜力。特别是自2018年以来,以拼多多、趣头条、快手等为代表的移动互联网企业在互联网下沉市场获得巨大成功,进一步激励各大移动互联网企业重视低线城市的商机和潜力。

数据公司QuestMobile发布的2019年中国移动互联网半年报认为,下沉市场已经成为2019年中国移动互联网最重要的战场。数据显示,2019年,中国移动互联网月度活跃设备规模已经触顶11.4亿,第二季度用户规模单季度内更是下降近200万,但三四线城市用户数量仍然保持较高增速。同时,在可支配收入及消费支出上,农村居民增长速度均高于城镇居民,农村居民消费潜力可期②。

(二)2.0阶段:从"to C"到"to B"

消费互联网蓬勃发展多年后,产业互联网正逐渐成为移动互联网发展的下一个热点。网络巨头都已开始聚焦资源,加大产业互联网布局。"移动互联网＋"和"AI＋"带动了医疗、教育、金融等各个产业升级转型。移动互联网产业深度融入智慧城市建设和国家大数据战略。相比已经成熟的消费级市场,产业互联网还处于初级阶段,有着巨大的提升空间。

推进产业互联网发展,将有助于传统企业提质增效,提升核心竞争

---

① 朱新健.中国移动互联网2018年度大报告:十大趋势迎接互联网下半场![EB/OL].http://www.sohu.com/a/291052998_100258603,2019-01-24.

② QuestMobile. QuestMobile中国移动互联网2019半年大报告[EB/OL].http://www.questmobile.com.cn/research/report-new/54,2019-07-24.

力。移动互联网企业经过多年发展,在互联网技术、行业大数据等方面积累了丰富的经验,能够帮助企业破解在生产经营过程中面临的各种痛点,大幅提升数字化水平和运行效率,实现工业互联网落地。腾讯 CEO 马化腾认为,在 5G 和 AI 双核驱动下,各行各业的门槛正在降低,产业互联网发展进入快车道。产业互联网的春天才刚刚开始,中国的创新还有很大机遇。

(三) 5G、AI、IoT:数字经济发展的重要抓手

5G 网络具有高速度、泛在网等诸多技术优点。5G 的商用将给未来社会带来巨变。作为当前全球科技竞争的制高点之一,5G 的兴起注定将成为未来几年移动互联网产业发展的重要抓手。全球移动通信系统协会认为,未来中国将投资 4 000 亿元用于 5G。中国有望成为全球领先的 5G 市场之一,预计到 2025 年年底拥有 4.6 亿 5G 连接,占总连接数的 28%[①]。5G 的发展将给移动互联网带来更多机遇。

2019 年,亚马逊提出卫星互联网计划,称将发射 3 000 多颗卫星,旨在打造"卫星+5G"的新型网络生态,为全球提供高速的互联网服务。

5G 将为物联网(Internet of Things,IoT)的发展插上腾飞的翅膀。作为全球 5G 领域的领衔企业,华为公司 2019 年年初发布了 5G 时代十大应用场景:云 VR/AR(实时计算机图像渲染和建模);无线家庭娱乐(超高清 8K 视频和云游戏);社交网络(超高清/全景直播);智慧能源(馈线自动化);无线医疗(具备力反馈的远程诊断);车联网(远控驾驶、编队行驶、自动驾驶);联网无人机(专业巡检和安防);智能制造(无线机器人云端控制);个人 AI 辅助(AI 辅助智能头盔);智慧城市(AI 使能的视频监控)[②]。前三个应用场景都与传媒业高度相关。此外,2019 年华为公司提出"1+8+N"IoT 全场景智慧化战略:"1"代表手机,是核心;"8"代表电脑、平板、

---

① DoNews.中国将投入 4 000 亿元铺设 5G　2025 年底连接数突破 4.6 亿[EB/OL].
https://www.sohu.com/a/302851444_100106801,2019-03-21.
② 华为.5G 时代十大应用场景白皮书[R/OL].https://www.huawei.com/cn/industry-
insights/outlook/mobile-broadband/insights-reports/5g-unlocks-a-world-of-opportunities,2017.

智慧屏、音箱、眼镜、手表、车机、耳机;"N"代表摄像头、扫地机、智能秤等所有外围智能硬件,涵盖移动办公、智能家居、运动健康、影音娱乐、智慧出行五大场景模式①。

2020年4月,中国移动、中国电信、中国联通三大电信运营商联手宣布,即将推出5G消息服务。一时间,RCS概念变得炙手可热。RCS全称为rich communication services,即富媒体信息。它支持文本、图片、视频、表情、位置、联系人等内容,支持在线和离线消息,可以实现个人间、个人与行业间的消息交互。在可以预见的未来,5G将深刻改变传媒业的发展面貌,使得信息传播的场景更加丰富多彩,使得媒体融合走向深水区。

人工智能(artificial intelligence, AI)在移动互联网领域将发挥举足轻重的作用。一年一度在上海举办的世界人工智能大会吸引了全球的目光,一批具有世界影响力的独角兽企业在中国成长壮大。自动驾驶、智能家居、智慧医疗、公共安全……诸多领域都在广泛应用AI技术。业界普遍认为,假以时日,中国凭借人工智能技术,有望弯道超车、换道超车,达到世界领先水平。发展战略从"移动优先"到"AI优先",从"全媒传播"到"智能传播",正成为许多媒体机构现实的选择。

物联网技术是中国移动经济发展的另一个主题。从宏观上来看,社会整体发展推动物联网发展,"十三五"规划、智慧城市、工业现代化等都为物联网发展创造了良好的政策条件。物联网与移动互联网的结合,将进一步驱动未来移动互联网产业的发展。

5G的目标是在满足个人用户信息消费需求的同时,向社会各行业和领域广泛渗透,实现移动通信网络从消费型应用向产业型应用升级。但从5G标准的规范来看,在信息交互方面仍然存在空间范围受限和性能指标难以满足某些垂直行业应用的不足。正是在此形势下,近年来,全球业界同时开始将目光投向下一代6G网络。

6G的总体愿景是基于5G的愿景的进一步扩展和升级。6G的愿景是构建跨地域、跨空域、跨海域的"空-天-海-地"一体化网络,实现真正意

① 汐元.华为的1+8+N:不是加法,而是以IoT之名的融合[EB/OL].https://www.ithome.com/0/477/486.htm,2020-3-13.

义上的全球网络无缝覆盖。6G 在未来将以 5G 提出的三大应用场景（大带宽、海量连接、超低延迟）为基础，不断通过技术创新来提升性能和优化体验，并且进一步将服务边界从物理世界延拓至虚拟世界，在"人-机-物-境"完美协作的基础上，探索新的应用场景、新的业务形态和新的商业模式，比如人体数字孪生、空中高速上网、基于全息通信的高保真扩展现实（XR）、新型智慧城市群等。

新型冠状病毒肺炎疫情暴发后，由于大量线下经济活动停摆，在线新经济风生水起，各大网站和 App 流量激增，愈发凸显网络基础设施的重要性。在此背景下，从中央部委到各地方政府，纷纷推出规模庞大的"新基建"投资计划。

何为"新基建"？根据国家发改委创新和高技术发展司司长伍浩的定义，"新基建"是以新发展理念为引领，以技术创新为驱动，以信息网络为基础，面向高质量发展需要，提供数字转型、智能升级、融合创新等服务的基础设施体系，主要包括信息基础设施（5G、物联网、工业互联网、卫星互联网等）、融合基础设施（智能交通、智慧能源等）、创新基础设施[1]。

值得注意的是，在国家发改委关于"新基建"的概念范围中，除了 5G、物联网等广为人知的老面孔，还首次纳入卫星互联网这一新面孔。未来宇航研究院创始人牛旼表示，卫星互联网被纳入"新基建"，是新一代通信基础设施发展的必然趋势。狭义的卫星互联网仅指卫星宽带通信，广义的卫星互联网泛指以卫星为载体的信息和通信。预计五年内，中国卫星互联网市场规模将达到 150 亿美元，带动上下游产业规模可达 500 亿—800 亿美元[2]。

---

[1] 证券时报.发改委明确新基建范围 智慧能源区块链被纳入[EB/OL].http://www.cs.com.cn/xwzx/hg/202004/t20200421_6048169.html,2020-04-21.

[2] 澎湃新闻.卫星互联网首入新基建：相当于通信领域 3G 时代，全球焦点[EB/OL].https://baijiahao.baidu.com/s?id=1664568657177995309,2020-04-21.

>>> 第二章　移动互联网时代新闻内容生产机制的变迁

本章主要采用案例分析法,选取近年来的重大新闻事件,分析专业机构、意见领袖、自媒体用户等参与新闻内容生产的方式与途径,比较不同的媒体传播平台上的内容生产机制和相互的影响机理,梳理出移动互联网时代新闻内容生产机制的特征与未来发展趋势。

一、新闻生产方式:"PGC＋UGC＋MGC"

PGC(professional generated content),即专业生产内容;UGC(user generated content),即用户生产内容;MGC(machine generated content),即机器生产内容。在移动互联网时代,新闻生产者与受众的关系产生了重构。为了全方位满足用户的需求,新闻生产方式日趋多元,已从 PGC 过渡为"PGC＋UGC＋MGC"。

（一）PGC:从文本、语态到渠道的数字化转型

随着移动技术的发展,面对海量信息,传统报道形式已难以满足受众快速阅读获取信息的需要,这就要求 PGC 在文本、语态和渠道上进行数

字化转型。

1. 文本转型：可视化新闻和数据新闻

（1）可视化新闻：适合浅阅读和快阅读

随着通信技术的进步，移动互联网的传输速率大幅度提高，图文、音视频等内容都可以通过手机、平板、可穿戴设备等快捷地传播到世界各地。4G来临后，视频、直播和短视频已经成为继社交应用之后受网民喜爱的第二大应用。5G时代来临后，VR、AR、超高清视频流和数据信息实现了流畅传播。网民的体验度和参与感越来越深入，信息的广度、深度和丰富度大大提升，文字可以微博、段子、文学等方式表现，图片可以照片、海报、漫画、沙画、贴纸、表情包、动图、Flash、360度全息摄影等方式展现，音频可以音乐、博客等方式体现，视频可以动漫、电影、弹幕、直播、VR、AR等方式全方位呈现（见图1）。业界普遍预测，未来的智能传播内容，多数将以全媒体传播方式来展示。

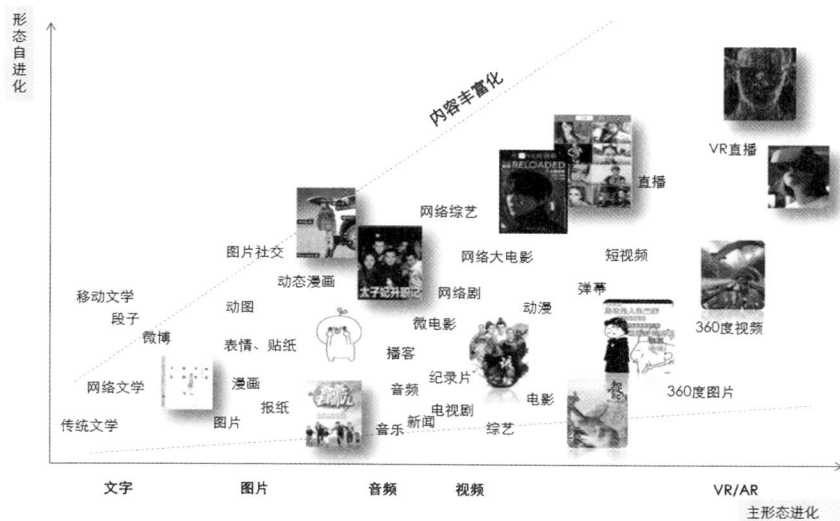

图1　内容的发展——形态自进化和主形态进化

（资料来源：陈梦竹、姚蕾、杨仁文：《抖音 vs 快手深度复盘与前瞻——短视频130页分析框架》，方正证券，转引自 https://www.useit.com.cn/forum.php? mod = viewthread&page=1&tid=26735，2020年3月24日）

在此背景下，传统媒体除了驾驭文字报道，也开始广泛使用图解新闻、短视频等可视化传播手段。与传统文本相比,图解新闻直观生动、内容精炼,同时满足受众浅阅读和快阅读的需求,如人民网的"图解新闻"、新华社的"一图读懂"等[①]。

在 2020 年抗击新冠肺炎疫情的报道中,《人民日报》用扇形图来标注全球疫情形势,上百个国家和地区的病例清晰地呈现在一张图片中,令人印象深刻。《南方都市报》采用时间轴的方式,分四种颜色呈现政府行动、境内疫情、行业战疫、境外疫情,收获超过 660 万阅读量。新华网运用大数据图示武汉封城的 76 天,1.9 亿条信息深度浓缩形成若干张可视化图片,一目了然(见图 2)。

除平面图解新闻外,各大媒体纷纷聚焦短视频,并且以技术创新为引领,依托全媒体矩阵,实现可视化呈现和互动化传播。2019 年全国两会期间,短视频、直播已成为常态化报道形式。随着 5G 网络首次覆盖全国两会主要场所,5G、4K、VR、AR、AI 等技术得以广泛运用,更为丰富的可视化报道形式让时政新闻更加鲜活、更接地气。央视网推出《全景沉浸看报告》,运用"VR+AR"形式呈现《政府工作报告》重点议题和数据,通过全景视频、虚拟动画为用户提供沉浸式体验。央视与抖音合作推出《政府工作红包》、《两会 vlog》短视频,获得数万网友的围观和点赞。新华社推出《新小浩上两会》、《新小萌上两会》系列短视频,"AI 合成主播"口播多国语言的新闻,几乎可以以假乱真。《人民日报》推出 AR 扫描功能,让《人民日报》"动"起来。用户可以直接在移动端扫描观看视频、动画,获取更多深度信息。

(2)数据新闻:重视数据挖掘

2006 年,"数据新闻"由美国《华盛顿邮报》开发人员率先提出[②]。2009 年,英国《卫报》上线官方数据博客(Datablog),记录新闻报道的完整数据。2012 年由谷歌公司推出的"全球数据新闻奖",到 2019 年已成功举办八届,在全球数十个国家中具有广泛号召力。其参评对象不局限于传

---

① 施碧蕾.图解新闻的发展现状分析——以"人民网图解新闻"公众号为例[J].新闻研究导刊,2018(09).

② 方洁.数据新闻概论:操作理念与案例解析[M].北京:中国人民大学出版社,2015.

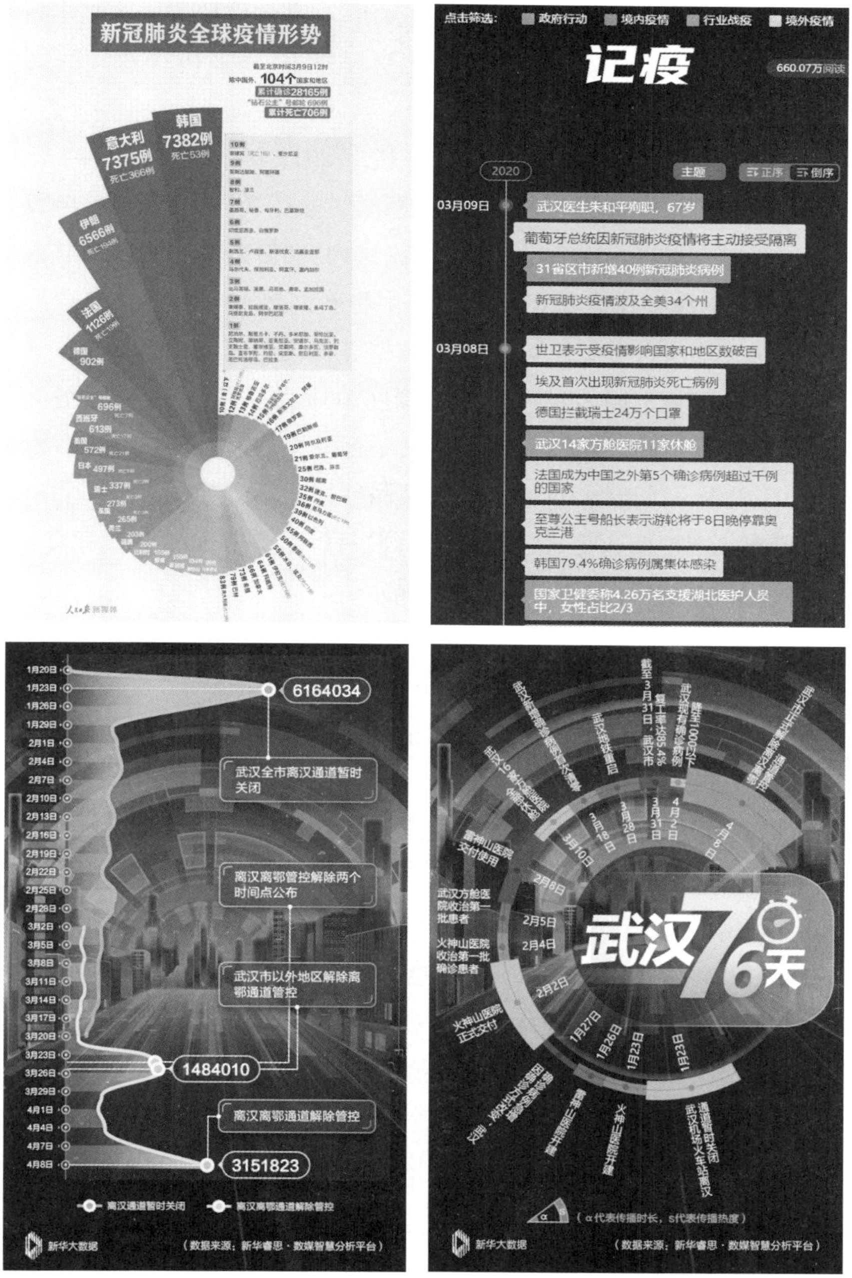

图 2 《人民日报》、《南方都市报》、新华网关于新冠肺炎疫情的报道
（资料来源：人民网）

统媒体,还包括科技企业、商业公司、社会组织、高等院校等。获奖作品多数是通过大数据平台运算后的可视化呈现报道,而非传统意义的文字报道。

在国内,自搜狐新闻"数字之道"专栏于 2011 年上线后,国内主流门户网站纷纷跟进,新浪的"图解之道"、腾讯的"数据控"等在业界都颇具影响[①]。主流媒体也不甘落后。2013 年,人民网"图解新闻"和新华网"数据新闻"面世,中央媒体尝试在新闻报道中将新闻热点与可视化展现形式(交互信息图表、H5 等)结合,开始了数据可视化新闻的创新探索。其他一线媒体,如澎湃新闻的"美数课"、财新网的"数字说"等均已成为各自旗下重要的新闻生产板块。自 2014 年成立起,"美数课"重点聚焦政治、经济和社会民生三类选题,推出了一批精品佳作。"美数课"要求编辑一专多能,既要负责挖掘选题、收集数据、处理稿件,也要掌握简单的前端开发和设计技术,以节约沟通成本,避免产品走样。

2. 语态的改造:平民视角、亲切表达、互动体验

(1)善用大众语言,拉近与受众的距离,忌用空话套话

更加注重用户体验,转变话语风格,创新表达形式,采用人性化的温情表达。2015 年,新华社在官方 Twitter 上发布名为《十三五之歌》的视频。短片利用图片、动画、音乐、对话、说唱、字幕等综合形式,将政策解读这样枯燥的题材与各种视听技巧巧妙融合,获得《纽约时报》、赫芬顿邮报(The Huffington Post)点赞[②]。2016 年 2 月,新华社推出可视化报道《四个全面》说唱动漫 MV。它用大白话歌词和丰富的音乐形式,从百姓喜闻乐见的形式切入,阐释了战略布局的宏大内涵[③]。

(2)善用网言网语,更易制造话题、吸引流量

2017 年,新华社微信公众号的一篇短新闻《刚刚,沙特王储被废了》推出仅 10 分钟,阅读量即突破 10 万,当日阅读量突破 800 万,点赞数突破

---

① 王琼,陈静惟.全球数据新闻发展趋势[J].传媒评论,2018(8).
② 范思翔.国家形象宣传片在跨文化传播中的符号解读——以"复兴路上工作室"的《十三五之歌》为例[J].新闻研究导刊,2017(15).
③ 牛天,周继坚.新华社:短视频成为创新新闻报道"利器"[J].传媒评论,2016(10).

10万,24小时内新华社微信公众号涨粉近50万①。"刚刚体"随即成为现象级话题。这种现象的出现不仅归功于其精炼的新闻播报内容,文末跟帖评论中编辑与网友以网言网语互怼,零时差、零距离的互动成功引起网民共鸣,令人耳目一新,呈现出一个接地气、有温度的国家通讯社。

2019年5月,新华社以RAP(说唱)的形式推出《110秒!我们用RAP带你看第十二届中国艺术节》,在新华社客户端上阅读量突破110万。视频以一位爷爷的故事反映70年中华艺术的蓬勃力量,立意高、形式新、创意足,让受众产生强烈的代入感。

(3)注重互动体验,通过创意融媒体产品,为内容生产注入全新活力

人民日报客户端H5产品《快看呐!这是我的军装照》一经推出,便引发广大用户疯狂浏览、参与和分享。三周内H5浏览次数突破10.46亿次,独立访客累计1.63亿,一分钟访问人数峰值高达117万,被称为"爆款军装照"②。2019年全国两会期间,《人民日报》又推出融媒体爆款。围绕民生议题设计的H5《点击!你将随机和一位陌生人视频通话》模拟视频通话场景,让用户随机连线40名来自不同省区市、行业、年龄段的普通百姓。H5在24小时内点击量超过360万③。2019年国庆前夕推出的《56个民族服装任你选!快秀出你的爱国style》H5换装小程序,刷屏朋友圈,合成照片总数超7.38亿张。此类产品创意十足、形式新颖,颠覆了人们对主流媒体的刻板印象。

3. 渠道再造:重塑呼号/栏目,重建内容分发渠道

传播内容要"上接天气,下接地气",才有生命力和传播力。为了赢得受众,传统媒体纷纷一改原有的严肃形象,在各大平台上重塑呼号和栏目。同时,既要重视内容生产,又要重视内容分发;既要广泛布局移动端,又要重建内容分发渠道。

(1)重塑呼号/栏目

新呼号/栏目成为主流媒体破解传统平台困局,向移动互联网转型的

① 周继坚,张倩."刚刚体"走红,新华社"小编"如何专业卖萌[J].传媒评论,2017(7).
② 张妍.突破10亿浏览量 《军装照》H5是如何炼成的[N].深圳商报,2017-08-20(7).
③ 李贞.融媒"爆款"人民日报这样炼成[N].人民日报海外版,2019-03-07(8).

重要方面。主要可以归纳为两种类型。

一类是由媒体从业人员创办的栏目。因为特色鲜明、受众广泛,这些栏目也被称作媒体发声的"小号"。其中,最有代表性的当属《人民日报》、新华社旗下微信公众号"侠客岛"、"学习小组"、"牛弹琴"。截至 2019 年 2 月,"侠客岛"和"学习小组"已创办五年,分别累计发文 1 972 篇和 2 154 篇,全网粉丝量逾 1 000 万,舆论影响力超过 99.96% 的新媒体账号[①]。疫苗案、虐童案、权健案等许多敏感复杂的问题,都在"侠客岛"上第一时间得以传播。"牛弹琴"由新华社《环球》杂志副总编辑刘洪创办,曾凭借《习总这次出访的第一场活动,就是去被炸中国大使馆……》一文刷屏朋友圈,24 小时内阅读量突破 100 万。

从传统媒体平台到移动互联网平台,阵地虽然转移了,但媒体遵循的原则始终如一。栏目底色鲜明,新闻价值取向正确,采用受众更易接受的方式来传递党和政府的声音,引导舆论,凝心聚力,不断提升主流媒体的传播力和影响力。

另一类是媒体官方打造的拳头产品。例如,北京日报报业集团打造"长安街知事"新闻 App,并且在微信、微博、头条号等平台实现内容覆盖[②];《解放日报》打造的"上观新闻"、"伴公汀"、"汀人事"等微信公众号,是媒体针对细分受众打造的个性化产品。

(2)重建渠道:"两微一端"、抖音、小程序等内容分发渠道

传统媒体在移动端的布局,大体可以分为两个阶段:一是建设 WAP(wireless application protocol,无线应用协议)和"两微一端",实现内容平移;二是内容分发/聚合与内容生产并重,推进媒体平台化。

第一,1.0 阶段:建设 WAP 和"两微一端"。

为推进媒体融合,多数媒体已把 WAP 和"两微一端"作为移动端布局标配。微博经历了几年的喧嚣之后,热度被后来居上的微信快速赶超,但传统媒体和政府部门仍将官方微博视作重要的舆论阵地。

在微信平台上,传统媒体纷纷建立公众号和小程序,平台的内容生产

---

① 宋爽.侠客岛、学习小组创办五周年座谈会举行[N].人民日报海外版,2019-02-26(2).
② 汤一原.以"长安街知事"为例看融合进行时中的党媒优势[J].中国记者,2017(10).

呈现传统媒体、政务、自媒体三足鼎立之势。经过几年的发展,微信公众号的生态环境已逐步稳固,头部型、平台型公众号优势明显。2018年10月,新榜的一项统计显示,微信公众平台账号约有3 704.5万个,其中,个人账号有2 060万个,机构类账号有1 644.5万个。微信粉丝数超1 000万的账号有167个,粉丝数超100万的账号有3 191个,粉丝数超10万的账号有6.34万个。其中,在粉丝数超1 000万的账号中,有《人民日报》、新华社、中央电视台等国家级媒体(见表2)。腾讯官方数据显示,截至2018年11月,在媒体运营的微信公众账号中,粉丝总量超过23亿①。一大批主流媒体借助微信公众平台推进媒体融合转型。

表2　媒体类、政务类微信公众号粉丝数 Top10(截至2018年7月)

媒　体　类		政　务　类	
账 号 名 称	粉丝数	账 号 名 称	粉丝数
人民日报	1 952 万	中国政府网	1 970 万
新华社	1 591 万	共产党员	1 370 万
央视新闻	938 万	中国禁毒	1 352 万
新华网	663 万	中国反邪教	1 193 万
人民网	604 万	国家医管中心	700 万
央视财经	559 万	京医通	607 万
中国舆论场(CCTV-4)	456 万	共青团中央	543 万
山西新闻联播	437 万	广东共青团	506 万
读者	406 万	深圳交警	465 万
BTV养生堂	394 万	国家安监总局宣教中心	419 万

资料来源:新榜。

　　媒体类 App 大体分作三类:一是互联网巨头,国外以 Facebook、Google、YouTube、Twitter 等为代表,国内以百度、阿里巴巴、腾讯、今日头条为代表;二是传统媒体,以《人民日报》、新华社、中央电视台、澎湃新

---

　　① 谢梦洁.马化腾:媒体运营的微信公众账号粉丝总量超23亿[EB/OL]. https://baijiahao.baidu.com/s?id=1616617245659870068,2018-11-08.

闻、南方＋、芒果 TV 等为代表；三是市场化机构。相比于微信公众号的轻应用，App 更"重"，因为要考虑操作系统、硬件设备的匹配，所以软硬件投入更大，但是其优势在于，可以掌握后台数据，对客户和受众进行更精准的跟踪研究。

第二，2.0 阶段：媒体平台化。

媒体平台化的核心是破除门户之见、藩篱之争，既要开放自家的传播通路，实现内容聚合，打破渠道垄断，又要借船出海，通过平台获取粉丝与流量，利用好外部的传播渠道。简言之，要么整合别人，要么被整合。

以开放平台为例，新华社客户端近年来加速新闻生产数字化升级，其探索可圈可点。它在早期吸引全国 3 000 多个党政机构在其平台上入驻，2017 年起为政府和媒体建立"现场云"传播平台，并且为原创直播免费提供智能化工具和平台化服务。截至 2018 年 10 月，该平台拥有 2 780 家入驻机构用户，共发起直播 7.8 万场，发布报道 54.5 万次、短视频 25 万条，成为国内最大的原创直播新闻在线生产平台[①]。

近几年来，百度、阿里巴巴、腾讯、今日头条等巨头纷纷斥巨资，推出内容创业计划和平台开放策略，搭建平台，为网红、"大 V"等提供传播渠道。在这些平台上，媒体、政府、自媒体同台竞技、共同发声。媒体生产内容的传统特权再次被削弱。泛媒体传播时代真正到来。

网络巨头不失时机地构建起自己的生态圈：百度系的百家号、爱奇艺；阿里系的新浪微博、新浪看点号、优酷土豆、UC 浏览器的大鱼号；腾讯系的微信公众号、企鹅号、小程序、腾讯视频、趣头条、快手；今日头条系的头条号、抖音、抖音火山版；一点资讯的凤凰号，网易的网易号，搜狐的搜狐号……这些内容聚合平台为政府、媒体和网民的信息传播提供了免费渠道。在海外推广平台上，Google ＋、Facebook、YouTube、Twitter、Instagram、LinkedIn（领英）、VK、Line 等，都已成为媒体"出海"开展国际传播的重要窗口。

在此背景下，一批 MCN（multi-channel network，多渠道网络）机构近

---

① 刘思扬.变革：数字化社会的媒体智能化发展[J].中国记者，2018(10).

几年来飞速成长,成为值得关注的市场新生力量。这些机构少则数十人,多则数百人。它们不仅是内容生产的聚合器,还是内容分发的加速器,也是网红主播的孵化器。这些 MCN 机构快速膨胀的背后,既有网络巨头的资本扶持,也有企业主或广告商的直接入局,与自媒体达人和机构的踊跃参与也密不可分。

当然,传统媒体在第三方平台落地也面临一大悖论:不搞平台化,内容无法分发,难以产生影响;推动平台化,可能需要免费提供内容。因为,在起步阶段,资源分散,内容没有栏目化,无法聚拢粉丝。缺乏品牌效应和名人效应的新媒体栏目很难盈利,难以长久。

5G 时代来临后,网民对优质视频内容的需求将大大提高。然而,传统媒体在移动端可提供的原创视频、聚合视频的产能还严重不足。即使全员视频成为记者的基本素养,聚合用户视频也要成为媒体的现实任务。解决这种结构性矛盾,促进供给侧改革成为当务之急。

(二)UGC:社会化生产和专业化生产并驾齐驱

在移动互联网时代,UGC 模式弱化了传统媒体把关人的作用,打破了传统媒体一贯遵循的内容生产模式,即统一生产、统一分发,取而代之的是内容的社会化生产,网民的言论通道得以大大拓展。

1. 政府部门等建立官方社群账号

随着社交媒体平台的兴起,新闻生产进入"全民 DIY 时代"。各大平台为民众表达言论提供了出口,政府也可借此洞察社会舆情,了解民生诉求。传播速度快、用户流量大的社交媒体平台,成为政府部门等第一时间回应社会关切的重要通道。在各大平台开设账号,通过微博、微信、抖音、快手等各类渠道主动发声,成为政府机构进行议程设置、积极引导舆论的有效途径。

以上海市政府新闻办官方媒体"上海发布"为例,其上线运营 8 年间先后入驻微博、微信、今日头条、抖音等 13 个新媒体平台,粉丝总量超过1 400 万。其中,"上海发布"微信公众号推出不足 5 年时间,粉丝量已突破 550 万,影响力位居全国前列;抖音号累计播放量超过 3 亿次,获得点赞超过 1 000 万,粉丝总数超过 88 万[①]。

政府部门、高等院校、金融机构、大型企业、社会组织等纷纷借助社交媒体平台,搭建起自己的传播矩阵,不再依赖传统媒体来发声,呈现出"脱媒化"的传播特征。有的企业已喊出"杀死新闻通稿"、"新闻通稿已死"的口号。企业希望摆脱媒体的束缚,直接面向受众、客户、用户和消费者发声并建立联系[②]。企业以内容营销为旗帜,在传统媒体、社交媒体和自有媒体平台上三线作战,变得越来越像媒体[③]。借助于近乎免费的社交媒体平台和越来越便捷的媒体技术,这些机构可以轻易地驾驭平台,主动发声、传递信息、沟通情况、了解需求、捕获反馈、触达受众。这种"脱媒化"的趋势,使得传统媒体腹背受敌,最终导致其话语权和影响力越来越被弱化。一方面是因为原有用户和受众加速逃离,另一方面是因为广告客户渐行渐远。

2. 自媒体平台强势崛起

(1)意见领袖和"新闻游侠"

传统媒体从业者纷纷在自媒体平台上开设账号,进行议程设置,参与公共事务讨论,与主流媒体争夺粉丝和流量,从而收获大量拥趸。例如,曾在主流媒体供职的吴晓波、王晓磊、罗振宇、秦朔,分别通过"吴晓波频道"、"六神磊磊读金庸"、"罗辑思维"、"秦朔朋友圈"自媒体平台凝聚用户,壮大社群,并且通过持续的内容生产,不断巩固其意见领袖的形象,提升平台的用户忠诚度。这些内容创业者还逐步探索出全新的商业模式,如图书和衍生品售卖、收费演讲、收费课程等,知识付费的盈利模式为其可持续发展提供保障。

2018 年以来,热点事件频发,自媒体充当马前卒,如"新闻游侠"般作为舆论监督者,掀起舆论热潮。例如,"兽爷"张育群发表的《疫苗之王》振聋发聩,揭开疫苗行业黑幕;"花总"曝光五星级酒店卫生乱象;自媒体"小声比比"揭露马蜂窝"抄袭门";崔永元揭露娱乐圈黑幕;丁香医生揭开权

---

① 澎湃新闻.上海发布上线运营 8 年,入驻 13 个平台粉丝总量超 1 400 万[EB/OL]. https://www.thepaper.cn/newsDetail_forward_5081356,2019-11-28.

②③ 王武彬.勃兴的企业自媒体,正在改变媒体生态[J].中国记者,2015(2).

健公司背后的保健品黑幕……

自媒体在舆论的生成、发酵、传播过程中扮演着重要角色,倒逼有关部门正视舆论追问。它们和传统主流媒体形成力量互补,激浊扬清,弘扬正义。

(2)市场化新生力量:短视频、音频平台等

移动互联网时代,视频渐渐成为网民内容消费的主流,用户规模激增。抖音、快手、火山小视频、美拍、秒拍等移动短视频平台强势崛起。这类平台以 UGC 为核心,同时兼具社交功能,辅以算法推送实现精准分发,成为不可小觑的市场新生力量。AcFun 和 Bilibili 两大视频平台则深耕垂直领域,坐拥海量二次元亚文化粉丝。

2019 年,中国短视频用户使用时长首次超过长视频用户使用时长。在用户规模上,短视频月活跃用户数达 8.21 亿,同比增速为 32%,长视频月活跃用户数则为 9.64 亿的规模①。抖音、快手虽然不是短视频领域的先行者,但已成为该领域的头部企业。截至 2020 年 1 月 5 日,抖音国内日活跃用户数已突破 4 亿②;快手日活跃用户数在 2020 年年初已突破 3 亿③。快手最早定位为 GIF 图片制作分享 App,2011 年问世时一时火爆,但用户使用黏性差,直到后期以喊麦、社会摇等猎奇内容吸引用户,并且引入个性化推荐算法,强调用户社区运营,下沉至三四线城市传播,才收获了大量用户。抖音凭借母公司字节跳动旗下产品今日头条巨额营销预算、明星流量、算法推荐和社区运营等加持,迅速实现弯道超车,仅用一年时间,日活跃用户数就遥遥领先。

2018 年 12 月,传统弹幕视频网站 Bilibili(简称 B 站)上线短视频 App "轻视频",支持弹幕消息成为其最大亮点。B 站以弹幕交互视频为特色,形成了特有的弹幕文化。每年平台用户发送的弹幕超 10 亿条。该平台

---

① 蓝鲸财经.中国电视剧产业调查报告:2019 年中国短视频用户使用时长首次超过长视频 [EB/OL].http://finance.ifeng.com/c/7sJqo1hvOCK,2019-12-11.
② 环球网.抖音发布《2019 年抖音数据报告》,日活跃用户已达 4 亿[EB/OL].https://baijiahao.baidu.com/s?id=1655032472517950155,2020-01-07.
③ 新浪科技.快手日活突破 3 亿 App 内视频近 200 亿条[EB/OL].https://baijiahao.baidu.com/s?id=1659147104457079837,2020-02-21.

的年度十大弹幕热词已成为分析平台用户观念变化、记录弹幕文化变迁的重要途径之一。"轻视频"的弹幕功能既是B站特色的延续,也开启了短视频弹幕交互的全新氛围。数据显示,2019年,中国二次元用户规模约为3.32亿人,预计2021年将突破4亿人①。B站"轻视频"有望掌握这一批用户的短视频平台入口。

移动短视频赛道竞争激烈,梨视频、一条、二更等平台试图独辟蹊径,着力寻找差异化路线。以梨视频为例,它强调专业编辑与平台拍客同为平台内容创作者,即PUGC(PGC+UGC)模式。梨视频是同业中首家引入传统媒体三审制(拍客主管-视频编辑、总监和副总编审核)的平台②。2018年,梨视频已拥有海内外拍客超过6万人,每天生产上千条原创资讯短视频,未来还将在200多个地级市建立20万人的拍客网络③。

移动短视频市场火爆,广告价值爆发,也吸引了BAT入局。腾讯"复活"短视频平台微视,拿出4亿美元投资快手;阿里巴巴全面收购优酷土豆,土豆转型短视频平台;百度推出好看视频……一时间烽烟四起,移动短视频市场竞争呈白热化。

在音频市场,艾媒咨询数据显示,2019年中国在线音频市场用户规模达4.89亿人④,主流音频平台包括喜马拉雅、荔枝、蜻蜓FM、懒人听书FM等。其中,拥有9 000万月活跃用户数的喜马拉雅敏锐地捕捉到"耳朵经济",持续领跑音频市场。截至2019年10月,喜马拉雅用户规模超过6亿,活跃用户的人均日收听时间超过170分钟⑤。

长音频市场的表现虽然并不如短视频市场强劲,但行业巨头们已纷纷涉足:阿里巴巴、小米大笔投资国内TWS无线耳机芯片龙头恒玄科技,入股音频市场;腾讯音乐与阅文集团达成战略合作,共同开拓长音频

---

① 艾媒咨询.二次元行业数据分析:2020年中国二次元用户规模达3.7亿人[EB/OL].https://www.iimedia.cn/c1061/69643.html,2020-03-07.

② 游晓丽.20万条真实视频背后的梨视频生产逻辑[J].青年记者,2018(4).

③ 吴睿.梨视频进军下沉市场,要发展20万拍客做大量级[EB/OL].http://ent.ifeng.com/a/20181012/43123414_0.shtml,2018-10-12.

④ 唐金燕,张靖超.移动音频市场"疫后"起风云:腾讯音乐联手阅文入局[EB/OL].https://baijiahao.baidu.com/s?id=1663001625797464922,2020-04-04.

⑤ 周晓晗.每个用户平均每天在喜马拉雅收听的时间有128分钟[EB/OL].https://36kr.com/newsflashes/93717,2017-12-13.

领域有声作品市场,喜马拉雅迎来强劲对手。

(3) 直播平台、网红主播和全民创作者

移动互联网的发展推动了全民直播时代的到来。网络直播最初以秀场直播(如 YY、六间房秀场)和游戏直播(如斗鱼、虎牙)为主,后来在移动端涌现大规模泛生活类直播(如映客、抖音),网民通过直播个人琐事也能在平台上吸粉。上述平台进入门槛低,有的为直播者提供剪辑工具,全民创作者可以通过粉丝打赏实现可观盈利。除专业移动直播平台外,各大头部 App 也纷纷加入移动直播市场,如今日头条、大众点评、淘宝等均在 App 中嵌入直播功能,直播应用场景不断拓展。在海外,国际头部社交媒体均加码布局移动直播业务,Twitter、Facebook 和 YouTube 分别拥有直播应用 Periscope、Facebook Live 和 YouTube Connect,力争在直播市场上分一杯羹。

直播平台和社交媒体的勃兴使得人人手中都有麦克风,全民成为创作者。一大批网民借助网络打赏、有奖互动、直播带货等方式,成为新时代的网红。来自四川的“90 后”女生李子柒,在微博、YouTube、B 站等平台上,上传了数百条做菜的网络短视频,收获网友数千万的点赞和评论。在 YouTube 平台上,许多国外网友被李子柒的聪明能干和乐观自信所感染,对中国的烹饪文化和田园风光赞叹不已。截至 2020 年 4 月底,李子柒成为历史上首个订阅破千万的 YouTube 中文创作者,全网粉丝破亿[1]。因为视频播放量超过很多官方主流媒体,所以李子柒被称作中国文化输出的榜样。美妆达人李佳琦是电商平台众多炙手可热的网红之一。他在天猫、抖音等平台上具有超高的人气和强大的号召力。在 2019 年“双十一”购物节中,他直播带货达到数亿元。

自媒体为网民提供了意见表达的通道,但是传播主体身份混杂,传播内容碎片化、情绪化,传播渠道多元化,经常出现盗版侵权、谣言盛行、泄露隐私等问题,屡屡触及监管底线。2018 年 10 月,国家网信办等部门就自媒体账号乱象开展集中清理整治专项行动,依法依规处置 9 800 多个自

---

① 投中网.李子柒 3 年全球粉丝过亿,爆红 IP 是如何炼成的?[EB/OL].https://tech.sina.com.cn/i/2020-05-08/doc-iirczymk0481381.shtml,2020-05-08.

媒体账号,并且约谈相关自媒体平台,责令整改①。2019年2月,曾经红极一时的"咪蒙"被全网封禁。"咪蒙"以贩卖所谓心灵鸡汤而闻名,2016年坐拥1 600万粉丝,而且95%的文章达到10万+阅读量,跻身业内头部。被取缔前,其头条报价高达80万元②。

(三) MGC:人工智能蔚然成风

人工智能在新闻业的应用,早期主要是协助编辑记者开展自动翻译、版面校对、搜集数据、核查事实等工作,但是未来将全面深度参与到新闻生产和创作的全流程中。语音识别、图像识别、语义分析、数据挖掘、智能编辑、自动写作、智能分发等的应用将越来越广泛,全球媒体内容生产将迎来一场革命。

2015年9月,腾讯财经推出自动化新闻写作机器人"Dreamwriter",用时一分钟写出了第一篇报道。11月,新华社写稿机器人"快笔小新"正式上岗,可以写体育赛事中英文稿件和财经信息稿。2016年3月,韩国写稿机器人上岗,仅0.3秒就写出了一篇股市行情的新闻稿③。一时之间,各界猜想:机器人上岗,是否意味着记者的终结日来临?

苹果的Siri、微软的小冰、百度的度秘等都已经在媒体行业大显身手。计算机协助写稿、编辑、校对,自动生成机器人新闻,已成为正在发生的现实。路透社、美联社、《纽约时报》、《洛杉矶时报》、雅虎、赫芬顿邮报等传统媒体和互联网公司都已纷纷采用机器人生产新闻④。

成立于2007年的Automated Insights公司,是一家由美联社和其他投资者合资的科技公司。它既为美联社自动编写新闻,也为雅虎、康卡斯特(Comcast Corporation)等客户服务。它可以接受任何数据格式,通过

---

① 中国网信网.国家网信办"亮剑"自媒体乱象 依法严管将成为常态[EB/OL].http://www.cac.gov.cn/2018-11/12/c_1123702179.htm,2018-11-12.

② 周忆垚,张煜可,蔡丰,徐佳盈.吴晓波式变现 vs 咪蒙式灭门,自媒体资本新周期到了?[EB/OL].https://baijiahao.baidu.com/s?id=1628537571564663038,2019-03-20.

③ 心月.AI取代人类?继中美之后韩国写稿机器人也上岗了[EB/OL].http://tech.huanqiu.com/original/2016-03/8701747.html,2016-03-14.

④ 梁智勇,郑俊婷.人工智能技术对新闻生产的影响与再造[J].中国记者,2016(11).

算法找出事件的来龙去脉,生成叙述性长短文章、财务报表、可视化图形等,实时推送至各个终端。它有超过 3 亿模板可以供不同的新闻使用。它在 2013 年就生产了 3 亿篇新闻,2014 年产量达到 10 亿篇。2014 年 7 月,美联社开始使用该公司的 WordSmith 软件批量生产财经新闻。过去,美联社每季度仅出产约 300 篇财报新闻;现在,不知疲倦的机器人每季度可以出产 4 400 篇新闻[①],产量大幅增加。2015 年 3 月,机器人记者功能再次升级,可以使用自动化编辑器扩大算法范围、传感器搜集实时数据等[②]。

机器人还可以协助美联社将 NBA 比赛、橄榄球赛的流水账式记录,统计整合成一篇报道。过去,专业体育记者一边看电视,一边查官网数据,一边写稿;现在,机器人可以自动识别所有球员的得分、助攻、篮板、抢断、盖帽等,根据这些数据,结合关键球员的表现、球队排名等赛况写出报道。

2011 年在美国创立的 Narrative Science 公司,2014 年获得 1 000 万美元的新一轮融资。公司 CEO 斯图亚特·弗兰克尔(Stuart Frankel)称,该公司的 Quill 平台可以分析结构化数据,理解这些数据的重要性,从而无限生成接近完美的书面内容。其核心是将人工智能与大数据进行技术融合,从而产生简短的文字表述或结构化的报告内容,并且不断提升算法,使语法更具人情味。它可以生产快讯,也可以生产深度报道,文风可严肃、可诙谐、可辛辣。福布斯网站等多家知名媒体已成为其客户[③]。

随着人工智能技术逐渐成熟,机器人的计算能力和学习能力不断提升,传统新闻生产方式将逐渐被颠覆。过去依靠专业记者生产内容的手工模式,继走向"PGC+UGC"的模式后,又将走向新阶段——算法生成内容(algorithm aggregated content,AAC),与 PGC 和 UGC 三足鼎立。

短期而言,在体育报道、财经报道、房地产分析报告、民意调查、市场

① 腾讯科技.机器人新闻占领地球! 年产新闻 10 亿篇[EB/OL]. http://tech. qq. com/a/20141029/050246.htm,2014-10-29.

② 梁智勇,郑俊婷.人工智能技术对新闻生产的影响与再造[J].中国记者,2016(11).

③ 清楠. NarrativeScience 又融资了,它很可能会让记者失业[EB/OL]. http://www.lieyunwang.com/archives/63518,2014-12-01.

调研报告等比较容易实现标准化生产的领域,人工智能的应用迅速普及推广①。例如,路透社使用 Open Calais 的智能解决方案,《纽约时报》使用 Blossom 分析大数据推荐好文章,《华盛顿邮报》应用 Truth Teller 专职核查新闻,《洛杉矶时报》使用智能系统应对地震等突发事件,《卫报》使用 Open001 软件进行内容筛选、编辑排版并最终生成报纸等②。人工智能把记者从琐碎的日常工作中解放了出来。

2017 年,新华社通过"媒体大脑"生产了第一条 MGC 视频新闻。2018 年全国两会期间,"媒体大脑"升级版推出九期数据可视化视频产品。这些移动视频产品通过多渠道采集数据、大数据挖掘信息,带给读者全新的阅读体验。2018 年夏天,"媒体大脑"投入世界杯报道。11 月,新华社与搜狗合作推出的 AI 合成主播上岗。机器人可以逼真地模仿不同风格的主持人的声音、口型。主持人的播音工作完全可以被机器人替代。

与此同时,新华社开始构建以智能技术为基础,以人机协作为特征,以大幅提高生产传播效率为重点的智能化编辑部③。智能化编辑部在发现、采集、生产、分发、反馈等各个环节,实现新闻生产全环节创新。主要包括智能技术体系、智能产品体系、智能硬件体系、数据支撑体系和机制制度体系,具体包括 30 多个品类的全媒体产品。其中,"鹰眼"智能监测系统、"媒体大脑"摄像头和新闻机器人可以实现智能发现新闻;"现场云"移动采集系统、AR 眼镜、智能录音笔、5G 设备可以实现智能采集新闻;智能机器人、AI 合成主播、"媒体大脑"、时政动漫端视频平台可以实现智能加工;智能审核环节可以实现敏感词过滤、智能校验、关键人物识别。最终生成的文字、图片、视频、直播内容、短视频、数据新闻、卫星新闻、AR/VR/MR 等,可以实现在各个端口的智能分发④。当前,人工智能在新闻传播领域的应用尚在起步阶段,未来推动智能化生产常态化还大有可为。

① 梁智勇,郑俊婷.人工智能技术对新闻生产的影响与再造[J].中国记者,2016(11).
② 全媒派.5 分钟科普"机器新闻前世今生"[EB/OL].http://news.qq.com/original/dujiabianyi/jiqixinwen.html,2015-09-11.
③ 赵光霞.蔡名照社长:新华社英文客户端具有四大鲜明特色[EB/OL].http://media.people.com.cn/n1/2018/0123/c14677-29781711.html,2018-01-23.
④ 陈凯星.新华社打造智能化编辑部的初步探索与实践[J].中国记者,2020(3).

2018年,美国新闻界曾就"AI编辑"或"AI记者"能否获得普利策奖展开广泛争论。美国哈佛大学尼曼新闻实验室预测,未来的独家新闻、头条新闻可能都是由记者运用人工智能技术抢得。这种独家消息是通过机器学习技术识别、发掘出人类单凭自己的大脑难以捕捉到的重要事实和真相[①]。

人工智能在新闻传播业的应用,已经得到中央的高度重视。习近平总书记在主持中共中央政治局第十二次集体学习时指出,要探索将人工智能运用在新闻采集、生产、分发、接收、反馈中,全面提高舆论引导能力。

二、算法驱动下的议程设置:从流水线生产走向个性化生产

传统媒体的议程设置主要取决于当时的新闻热点、宣传管理部门的指令、媒体同行的选择和编辑记者的经验。彼时的内容生产基本上是流水线作业。受众在相对固定的时间和地点,单向接收传者提供的千篇一律的、线性传播的内容。但是,人工智能技术出现后,媒体议程设置和编排分发的旧有规则被打破了。算法推荐新闻和受众之间的相互推荐,逐渐开始争夺内容分发的主导权。人工智能的核心是数据处理能力,它可以极大地提高出稿效率,对突发事件做出快速反应,大大提高新闻时效性。以大数据作基础,算法和算力赋能,媒体设置议程的方式产生了巨大变革。

首先,算法可以根据受众阅读习惯来编排内容,重新定义了传统意义上的头条。正如今日头条的广告语所说:"你关心的,才是头条。"在媒体融合的大背景下,《纽约时报》惊呼"头条已不重要",被人解读为"传统意义上的头条已死"。2014年5月,《纽约时报》披露了一份在传媒业引起轰动的报告:"在《纽约时报》,报道一旦被刊登,记者和编辑的工作便完成了。而在赫芬顿邮报,报道刊发后,它的生命才刚刚开始。"[②]赫芬顿邮报并非一家传统的报纸,它提供原创报道和新闻聚合服务,而且只通过网络

---

① 毛伟.人工智能领域的应用前沿探析[J].新闻业务,2019(15).
② 孙志刚.《纽约时报》内部报告说了些什么?[J].传媒评论,2014(7).

传播。一篇文章只有被转发、阅读、点评,它的影响力才能真正得到体现。短视频平台更是如此。以抖音为例,账号的粉丝数、作品数并不是定义影响力的绝对标准,只有通过它的漏斗机制算法不断验证筛选出来的点赞率、完播率、评论率等指标都极高的短视频才有机会进入精品推荐池,并且像滚雪球一样推荐给更多用户,积攒几十万乃至上百万点赞。

其次,算法使用户画像更清晰,可以为用户量身定做内容。算法技术宣告了个性化新闻时代的全面到来,新闻生产开始从人工整合走向技术整合。媒体机构可以有效跟踪个人信息行为,为用户智能化推荐、个性化定制。数据挖掘使得受众分析、内容聚合、内容分发更加精准化、智能化、对象化。机器人可以精准地预测未来。针对每个用户的定制化报道已经成为现实。

过去一点对多点的、单向式的新闻生产模式,将转变为个性化、对象化、差异化的生产模式。算法就像读心术,可以对受众进行详尽的统计分析。"你在看手机时,手机也在看着你",互联网巨头悄然收集用户所有行为数据——除了用户数据(如性别、年龄、地域分布、情感倾向、注意力偏好、行为喜好、渠道偏好、消费能力、生活轨迹、关系圈、终端匹配等),还有产品数据(如产品形态、产品资费、渠道、品牌、类型和终端要求等)和网络能力数据(如网络功能、利用率、效率等)。一点资讯创始人郑朝晖曾坦言:"比阅读重要的是阅读者的行为。"

再次,算法可以为受众进行场景化适配。这是传统议程设置望尘莫及的。在不同时段、不同地理位置,用户对新闻的需求都不同,机器人对此可以在后台实时调整。如此,就不会出现将传统媒体内容照搬到 PC 端,将 PC 端内容复制到手机端,将白天信息需求视为与夜晚等同的情况。"移动互联网时代,场景(情境)的意义被极大地强化,移动传播是基于场景(情境)的服务,即对环境的感知及信息(服务)适配。"①与场景时代相关的有五大因素——大数据、移动设备、社交媒体、传感器和定位系统,它们都与内容生产有关联。在"从哪来—现在哪—去哪里"三个阶段,用户接

---

① 罗伯特·斯考博,谢尔·伊斯雷尔.即将到来的场景时代[M].赵乾坤,周宝曜,译.北京:北京联合出版社,2014.

收的内容都不一样。例如,用户走路或运动时,可以通过谷歌眼镜、智能手环等可穿戴设备接收短小精悍的突发新闻;用户在等车候机时,可以通过手机接收碎片化、趣味化的内容;用户临睡前,可以接收娱乐类、情感类的内容。

媒体可以通过人工智能技术把内容输送到算法推荐平台,实现精准传播。国外媒体机构利用网络巨头以人工智能技术为支撑的内容分发平台,已实现内容快速抵达用户,内容生产方与分发方无缝对接。2015 年 5 月,Facebook 推出新功能 Instant Articles。《华盛顿邮报》《纽约时报》、《国家地理》、赫芬顿邮报、BBC、Buzzfeed 等媒体纷纷接入。Instant Articles 可以给媒体机构提供生产工具、制作规范和极速加载技术。媒体机构在 Facebook 上发布内容的时间从原来的 8 秒锐减到不到 1 秒,极大地提升了用户体验①。11 月,Facebook 推出的另一个独立产品 Notify,把入驻的媒体机构更新的内容自动推送给用户。用户不用打开 Facebook,就可以直接从锁定的手机屏幕跳转到自己感兴趣的内容。

最后,算法使得媒体更加社交化,更加注重对社交媒体数据的收集和挖掘。过去的议程设置往往从专业媒体视角出发,片面追求新闻热点,容易忽视受众的自主性选择和个性化、多元化需求。而算法驱动下的内容选择由兴趣引擎和长尾理论决定。今日头条、一点资讯等都深谙此道。它们通过微博或微信绑定身份,推测用户兴趣爱好,获取用户社会关系,进而使用兴趣引擎的媒介工具了解用户,在内容和排序上迎合用户的胃口。腾讯的天天快报、知乎的读读日报、印度的 Dailyhunt、日本的 SmartNews、印度尼西亚的 Babe② 等,都采用算法生成内容的模式。

随着机器人写作的广泛应用,媒体的角色开始从内容生产者、控制者转型为媒体生态的共建者。媒体要思考的不再是"我该怎么控制和占有这个系统",而是"我作为其中一个行动主体,应该怎么维持这个系统的有

---

① 心月.机器人抢饭碗《纽约时报》主编竟是聊天机器人[EB/OL]. http://tech. huanqiu. com/original/2015-08/7289612.html,2015-08-17.
② 张一鸣.我眼中的未来媒体[EB/OL]. http://www.cyzone.cn/a/20160115/288570.html, 2016-01-15.

序性和良性运行"。这意味着,媒体机构将不再高高在上,而要成为协调者、组织者和服务者。因此,平台型媒体将成为主流。

对于媒体来说,没有大数据,一切都将成为无源之水、无本之木。未来媒体的竞争力取决于其数据挖掘的能力,而非简单的叙事能力。

三、传媒产业供给侧改革:从内容为王走向全产业链运作

移动互联网技术重塑了传媒产业链、生态链和价值链,它促使媒体从产品思维走向生态链思维。传统媒体的内容、渠道、价值等都开始向移动平台聚合。媒体不能仅仅局限于"内容为王",把自己定位于内容供应商,而要从"接收终端—传输网络(电信运营商)—操作平台(包括操作系统、浏览器、应用商店等)—软件应用"等全产业链的角度来谋篇布局、落子下棋,推动传媒业的供给侧改革。

(一) 移动互联网时代拥有全新的产业链和价值链

长期以来,以报纸、广电和通讯社等为主的传统媒体的内容生产、传播渠道、组织体系、盈利模式等都是自主可控的,但是在移动互联网时代,它们必须打通"云-管-端"产业链的各个要素,才能实现传播内容触达受众。这将是一个崭新的课题。

如前文所述,移动互联网的产业链、价值链与 PC 互联网迥然不同。它涉及的传播环节、利益主体众多。作为内容供应商,传统媒体只是其中一环。

首先是底层架构,涉及移动芯片、操作系统(iOS、安卓、WP 等)、浏览器等。芯片属于知识密集型的高端科技产业,堪称"王冠上的明珠"。高通、微软等公司在该领域掌握巨大优势,华为公司属于后起之秀。操作系统基本掌控在平台型的网络巨头手中,它们拥有国际专利、行业标准和技术接口等限定性要求。内容供应商的 H5、轻应用和 App 等要落地,必须考虑适配问题。

其次是接收终端,包括 PC、手机、平板、智能电视、可穿戴设备、车联网、智能家居等。以手机制造商为例,三星、苹果、华为、小米、vivo、OPPO

等手机出厂时,就内置了大量的 App 和软件程序。它们对于内容供应商和软件提供商有着巨大的掌控力。

再次是应用软件,如应用商店、App、小程序等。从基础功能来看,这些应用涉及社交、搜索、支付、位置服务等。从垂直领域来看,这些应用包括资讯、电商、音乐、教育、医疗等。内容供应商要聚合内容,或通过第三方平台分发内容,必须与这些软件提供商建立联系。

最后是电信运营商。它们主要负责提供移动互联网络接入服务,为受众提供流量。电信运营商为用户提供 2G、3G、4G、5G 等服务,决定数据传输的带宽和效率,影响用户体验。当前,OTT 业务非常流行。科技公司可以"过顶传球",绕开电信运营商为用户提供通话、数据传输等业务。电信运营商的核心地位有弱化趋势,有沦为通道的危险。

在谈到传统媒体和新兴媒体融合发展时,新华社原社长李从军曾有一句精辟的总结:"内容为王、网络为霸、终端为重、技术为先、资本为要、受众为主、人才为本。"[①]的确,传统媒体在拥抱移动互联网时,必须坚持多方共赢、跨界合作、开放共享的发展理念,融入整个产业链和价值链,如此才有未来。

(二) 传统媒体必须走向全产业链运作

时移世易,传统媒体不能沉溺于"内容为王"的臆想中,而要考虑"内容+技术+渠道+市场+人才"的全产业链运作。片面强调"内容为王",对最新科技发展视而不见,最终会导致传统媒体彻底被边缘化,丧失主流舆论阵地。

1. 传统媒体需要 AI 赋能,实现数字化转型升级

传统媒体要实现数字化转型,不仅需要树立互联网思维,要做到"互联网+媒体",还要做到"AI+媒体"。

《华盛顿邮报》的数字化转型值得称道。它在 2013 年被亚马逊 CEO 杰夫·贝索斯(Jeff Bezos)收购后,就转型为一家数字化公司。2015 年 10

---

① 四川日报.新华通讯社社长李从军来川作专题报告[EB/OL].http://scnews.newssc.org/system/20141125/000512944.htm,2014-11-25.

月,该报纸的用户访问量在历史上首次超过老对手《纽约时报》。《华盛顿邮报》CEO 弗雷德·瑞恩(Fred Ryan)说:"我们想要在所有平台上触达未来的读者,对此毫无保留。"①

机器人写作的优点不言而喻。它的写稿速度最快可达到毫秒级,无人匹敌;它应用大数据技术处理海量数据的能力让人类望尘莫及;它不知疲惫、产量惊人、准确性高,大大提高了传统新闻工作者的效率。生物传感机器人可以把观众的真实体验实时地呈现出来。在某种程度上,机器人的算法比编辑记者更懂受众。《纽约时报》使用 Blossom 推荐新闻,平均阅读量是原来人工推荐文章的 38 倍。面对这种情况,传统媒体不能抱残守缺、无动于衷。

2. 媒体必须自我革命,培养全能型记者

新的媒介生态环境下,媒体需要复合型、全媒型人才队伍,需要记者掌握多元化的知识结构。记者除了要必备传统"报、台、网"的采访、编辑和写作技巧,要懂得文字、图片、音频、视频的制作技能,还要懂得微博、微信、客户端、直播、无人机等的发稿流程,要了解 VR、AR、MR(混合现实技术)等最新前沿科技。

3. 媒体需要广泛采用算法工程师

媒体需要专门的算法工程师。媒体队伍不能局限于文科领域,还需要大量的 IT 人才,满足 TMT、ICT 的融合趋势。长期以来,媒体的技术部门只负责支撑运营,属于后台部门,但是在新媒体时代,技术建设属于核心部门,在前端起着引领性的支撑作用。不管是内容的采集、编辑、分发,还是后台的反馈、效果的评估,都需要紧盯先进技术,优化工作流程,提高生产效率。

四、新闻专业主义精神不死:机器人难以替代传统记者

移动互联网时代,新闻专业主义面临诸多困境:人人都有麦克风,新

---

① 网易新闻学院.The New|人类变废柴?新闻业已是 AI 的天下[EB/OL].http://news.163.com/college/16/0518/16/BNC3CK1O00015AE3.html,2016-05-18.

闻生产与传播的权力不断扩散；新闻边界模糊，外延不断延伸，更多信息被泛化为新闻；传统把关人处于弱势地位，遭遇前所未有的身份危机。

但是，新闻专业主义是新闻业发展百年来形成的价值伦理和专业追求。它强调新闻从业人员要有专业门槛和职业操守，坚持公共利益至上，坚守主流核心价值观，在秉持新闻真实性原则的前提下，不被政治势力和经济利益所绑架。随着新兴技术的不断迭代升级，新闻专业主义在受到多方挑战的同时，也被赋予了新的内涵。正如学者潘忠党和陆晔所说："我们不仅要坚持新闻专业主义的核心理念，更要将它们与变化着的现实情境相勾连，使之焕发出新的生命力，激发我们建设更加接近民主和理性原则的公共生活，打造一个在多元和开放的前提下更加心平气和、更加公正而且稳定的社会。"①

一方面，自媒体或非专业媒体发布讯息时，不受新闻专业主义约束，会因为自身素质不够，或受外部利益集团干扰等，对事件加以修饰、伪造，丧失新闻自由与独立性，容易导致新闻失实。真实、客观、公正的优质新闻内容始终是社会的必需品。无论科技如何进步，社会仍需要媒体守望公平正义，需要媒体监测社会环境、传承优秀文化、凝聚社会共识、履行舆论监督职责。自媒体横行天下带来了信息超载现象，专业媒体把关人的特征被削弱。以 2017 年年底的"江歌刘鑫案"为例，自媒体的推文《刘鑫，江歌带血的馄饨，好不好吃》等充满情绪化的叙述，很有煽动性，直接导致舆论激化和社会撕裂。而《人民日报》的《江歌案：法律事件与道德事件》一文，客观分析了该事件中不同利益主体的意见，探讨了道德评判与舆论介入的界限，理性引导了舆论。2020 年年初，随着海外新冠肺炎疫情加重，部分自媒体批量炮制"世界失控了"、"华商太难了"系列爆款文章，公开贩卖疫情焦虑，渲染社会情绪。新华社、澎湃新闻、《新京报》等主流媒体纷纷跟评事件，还原 10 万＋推文背后的黑产业利益链条，为舆论敲响警钟。

另一方面，人工智能不能取代专业新闻工作者，因为后者在价值观把

---

① 潘忠党,陆晔.走向公共—新闻专业主义再出发[J].国际新闻界,2017(10).

握、内容真伪辨别、内容质量把控等方面仍发挥着关键作用。

在新闻工作中,人工智能将记者从烦琐的日常工作中解放出来,催生了新闻报道领域对算法工程师的旺盛需求。同时,其弊端也是显而易见的。

1. 机器人写作很难做到有人性、有温度

新闻产品需要的是有温度、有情感、有人性的写作。不管计算机的算法和模型多精准,它都无法减少人工干预。在调查研究、深度报道、评论分析等优质内容生产的关键环节,人工依然有着不可替代的压倒性优势。懂内容和懂算法几乎同等重要。一个有发展潜力的媒体需要人机协作、算法与人工并行,并且寻求两者之间的最佳结合点。

2. 机器人自动抓取新闻容易导致系统性风险

机器人自动抓取新闻使得新闻的争夺战进入"读秒时代"。但是,首发新闻一旦出现纰漏,就会产生连锁反应和系统性风险。正因如此,各大IT公司近几年大量增加人工审核团队,主动干预内容生产创作。

虽然算法推送、信息自动抓取的机制给新闻专业主义带来不小的冲击,但必须承认,算法技术尚处于人工智能初级阶段,失败案例屡见不鲜。

2016年,Facebook将"热点话题"全盘自动化,并且取消该功能的内容管理团队,不久后便将一则虚假报道推上头条位置,遭到专业记者奚落。

作为国际财经媒体界的翘楚,彭博社却不止一次因为机器人自动抓取经济新闻产生错误而引发市场恐慌。一些金融机构的量化交易自动与这些新闻关联,结果交易方向和交易策略事与愿违,导致这些金融机构蒙受巨大经济损失。

2019年5月,天天快报发布了新华社一年前的旧闻《刚刚,中美贸易战喊停》。随后,网易、凤凰、搜狐、UC浏览器、今日头条等新媒体平台自动抓取,集体推送,以讹传讹,混淆视听,引发公众认知错乱。头部新闻类App的集体失范,暴露出它们无视新闻操作规范,对新闻信息审核把关不严的严重隐患。一旦将时效第一、流量第一、热点第一作为首要标准,将新闻真实性原则置于脑后,媒体就变成谣言的始作俑者,其负面效应不容小觑。

3. 信息选择的茧房效应

掌握人工智能技术的机器人给编辑记者们带来了巨大的竞争压力，同时也带来了一系列问题。例如，受众可能无法感知兴趣之外的新鲜事物和议题，陷入狭隘的境地：受众只关心自己关心的事，无法培养新的兴趣。个性化新闻深入发展，很难平衡传统媒体信息筛选、议程设置与普通受众个人喜恶之间的关系。受众被算法主导，可能会沦为井底之蛙。

当然，如果因此就摒弃算法无异于因噎废食。只有通过人机结合，将机器算法的高效、精准，与人工判断的专业、敏锐相结合，才能有效实现平台内容生产、分发的再优化。对于内容生产平台来说，无论移动互联网时代新闻专业主义如何重构，准确把握其核心应是贯穿内容生产始终且凌驾于算法之上的准则。

人工智能正在全面重塑传媒行业格局。面向未来，传媒行业不能叶公好龙，要真正让人工智能技术成为助力媒体腾飞的翅膀。

>>> 第三章　移动互联网时代新型主流媒体的建设

　　在我国,传播技术的演化与市场力量的推动,最终形成了媒体融合的趋势。移动传播优先成为媒体融合新阶段的核心特征,也是实现习近平2019年"1·25"讲话中提出的"全媒体传播"效果的关键阶段。

　　国家新闻出版总署原署长柳斌杰认为,技术的进步已经打破原来的体制、生产方式和传播方式,融合成为各行各业唯一的趋势。其中,传播的融合包含传播与经济的融合、传播与文化的融合、传播与新技术的融合、平台渠道与内容的融合[1]。反过来,上述多维度的媒体融合也动摇了行业与区域垄断的基础,带来了传播权力的去中心化。这给传统媒体的话语权带来了挑战。传统媒体将如何应对这一挑战呢?

　　2014年8月,中央全面深化改革领导小组第四次会议审议通过了《关于推动传统媒体和新兴媒体融合发展的指导意见》(简称《指导意见》)。《指导意见》指出,推动媒体融合发展,要将技术建设和内容建设摆在同等重要的位置。同时,推动媒体融合发展,要按照积极推进、科学发展、规范管理、确保导向的要求,推动传统媒体和新兴媒体在内容、渠道、平台、经

---

　　[1]　曾珍.报业参与媒介融合路径选择[J].新闻界,2014(12).

营、管理等方面深度融合,着力打造一批形态多样、手段先进、具有竞争力的新型主流媒体,建成几家拥有强大实力和传播力、公信力、影响力的新型媒体集团,形成立体多样、融合发展的现代传播体系。

从上述信息来看,未来我国媒体融合发展的目标将集中于新型主流媒体和现代传播体系两个关键词。这意味着以传统媒体为代表的官方媒体在新传播技术下需要适应新的信息传播格局,改变已有的话语权掌控方式,进而实现自身的现代化转型。但这一目标如何才能实现?何谓新型主流媒体和现代传播体系?本章拟结合当前我国传播权力格局变迁和国家治理体系与治理能力现代化来阐释上述问题。

一、现代传播体系和传统传播体系:新型主流媒体建设的传播
生态坐标

在传统媒体主导话语权的时代,信息流动较多受制于政治力量的规训,形成了传统传播体系的传播生态。这主要归因于社会管理者希望通过媒体放大正面信息、抑制负面信息,为自身实践执政蓝图构建良好的舆论环境,降低负面信息带来的社会摩擦力。在既有的权力格局中,媒体往往成为行政权力结构中的一个要件,因此常常缺乏必要的自主性。反观依托网络而生存的自媒体,它"之所以蓬勃发展重要的并不是找到了表现自我的途径,而是它所具有的始料未及的信息发布和知识生产的自主权利,重构了国家、社会和个体之间的传统关系"①。在媒体融合时代,社会管理者试图掩盖的消息常常不胫而走,在网络空间被自媒体广泛探讨、不断放大。从已经发生的网络舆情事件来看,很多时候是业余的网民在围观的过程中指导专业的媒体记者如何更好地呈现真相、完善新闻事件呈现的基本逻辑链条。相对于以往关于真相呈现的主动权掌握在官方手中,当前的新媒体格局下,由于有了公众的参与,形成了官方舆论场与民间舆论场两个场域之间关于真相呈现的效率竞争局面,只有具有更高可

---

① 刘春华,岳游松.新媒体时代个人媒体与主流媒体的博弈模型[J].新闻界,2012(22).

信度和沟通能力的传播者才能获得议程设置的主导权。同时,对网络议程设置的相关研究发现,弱势群体与公权力的对峙问题,并没有随着公众和政策议程设置得到根本解决,而是作为一种诉诸集体记忆的传递框架,在潜在压力集团的推动下,重新循环传递到网络社群议程中①。网络议程设置的这一特征,对代表公权力的官方媒体施加了明显高于自媒体的舆论压力。因此,官方媒体需要更高的沟通技巧,才能保证自己在议程设置的效率竞争中获得优势。

如何理解专业记者与网民之间关于真相呈现的效率之争呢? 如果网民比专业记者在呈现真相的过程中更有效率,那么媒体记者这一行业的价值何在? 我们看到,正是在官方舆论场与民间舆论场之间形成真相呈现的效率竞争机制,官方媒体才会在不断的竞争中演化出新的能力和价值目标。因此,这一竞争机制是现代传播体系形成的基本保障。从2012年7月上线的"@人民日报"微博的网络反响来看,主流媒体与公众之间的沟通是可以成功达成的。因此,所谓的"政治家办报"在当前可以理解为是如何更好地打通两个舆论场与取得更高的共识达成效率,以促进社会问题的解决,而不是以官方舆论场排除民间舆论场。同样,在打通两个舆论场的过程中,专业媒体与业余网络传播者之间关于真相呈现的效率之争,也决定着共识达成的效率。就此而言,网络围观与公民记者的实践并不是对我国传统媒体记者既有专业空间的侵蚀,而是官方力量与民间力量之间的合谋,为真相呈现拓展了更为广阔的空间,进一步推动了专业理念作为新闻业整合力量的功能发挥。在这一格局下,面对那些引起广泛关注的重点、热点、焦点类题材,官方媒体和记者非但不能失声,还要坚守客观、公正、真实、全面等新闻专业主义的底线,争取在各路媒体的大合唱中发出自己独特的声音。基于此,我们认为,所谓现代传播体系,即是上述基于竞争-合作关系而形成的官方舆论场与民间舆论场之间关于议程设置权力的配置机制。与之前单纯强调"舆论一律"、以官方舆论场来消解民间舆论场的传统体制截然不同,现代传播体系强调两个舆论场之

---

① 李安定.网络议程设置外循环系统研究[J].新闻界,2012(14).

间的统一关系,而非对立关系。

在现代传播体系中的传统媒体,如何在上述竞争-合作中获得话语权和影响力呢?《指导意见》对此也有具体阐释。《指导意见》指出,推动媒体融合发展,要将技术建设和内容建设摆在同等重要的位置。要顺应互联网传播移动化、社交化、视频化的趋势,积极运用大数据、云计算等新技术,发展移动客户端、手机网站等新应用、新业态,不断提高技术研发水平,以新技术引领媒体融合发展,驱动媒体转型升级。同时,要适应新兴媒体传播特点,加强内容建设,创新采编流程,优化信息服务,以内容优势赢得发展优势。如果把上述技术革新与内容革新的要求结合起来看,新媒体显然已经为传统媒体的变革积累了丰富的经验。从新媒体的经验来看,新传播技术给内容生产带来的最大变革就是开放和互动:开放新闻生产平台,以专业力量和用户交互作用,给用户提供参与新闻生产的合理机会。因此,如何把传统媒体信息生成与传播活动融入并扩散到现代化的信息传播网络中,使传播网络成为一个不可替代的信息平台,应当是媒体融合促进传播体系现代化的关键所在。

相对而言,传统媒体的新闻生产流程较为封闭,从新闻采写到传播都是由专业媒体从业人员完成,无论是获取新闻信息的渠道还是传播扩散的渠道都是媒体的专属资源。而各种新媒体与新传播技术的应用,让用户成为参与新闻生产的新力量。新媒体全方位集结自我传播、人际传播、组织传播、大众传播的传播优势,"零进入壁垒"的网络传播方式保证了参与者拥有属于自己的"版面"或"时段"①。从媒体演进的过程来看,用户参与传统媒体新闻生产是一个不断发展深化的过程。最初,由于受到人力物力的限制,记者很难保证在突发事件发生时第一时间到达现场,于是媒体开放读者报料平台,吸引用户参与新闻生产,提供有价值的新闻素材。报料平台的便捷化和渠道的多样化极大地拓展了传统媒体的信息源。随着新传播技术的迅速发展,用户参与新闻生产的广度和深度都有所扩大,用户向媒体提供文字图片或视频等新闻线索时,有了更加充分的物质条

---

① 陈文敏.微传播时代的"公民新闻"谬论[J].新闻界,2010(6).

件和操作便捷性。用户已经有能力参与传统媒体和新媒体新闻生产的各个环节,推动了新闻生产的发展。新媒体时代,传统媒体的新闻生产平台对用户进一步开放,甚至专门开设平台汇集公众采集的新闻信息。媒体与用户之间的关系不再是单纯的传播和接受,而是信息共享和互动;用户不但消费享用新闻,还能参与生产新闻①。现代传播体系设定的"打通两个舆论场"的目标正是在这一过程中得以实现。官方媒体与民间舆论在这样的信息生产协作和传播扩散中消除误解,达成更高程度的共识,降低社会分化造成的摩擦,进而推动社会和谐发展。

二、打造新型主流媒体:移动互联网时代媒体融合发展的核心任务

何谓主流媒体? 主流媒体(mainstream media)是一个舶来词。在欧美,主流报纸是指高级报纸,或称严肃报纸,如《纽约时报》《泰晤士报》等。这一概念最早由美国麻省理工学院语言学家诺姆·乔姆斯基(Noam Chomsky)提出。他指出,主流媒体又叫"精英媒体"或"议程设定媒体",如《纽约时报》和哥伦比亚广播公司。这类媒体有着丰富的资源,设置着新闻框架,其他媒体可以在这个框架内运作筛选新闻。主流媒体影响着社会的舆论。主流媒体的读者通常是权威人士,是政界、商业界和学术界的高层管理者②。

由于我国特有的传媒体制,主流媒体这一概念进入我国之后曾经一度引起争议。从以传统媒体为主的官方媒体与执政党之间的角色关系而言,官方媒体是理所当然的主流媒体。但部分官方媒体由于强调政治色彩,与当前以经济建设为中心的社会主体生活相去甚远,正面临在使用人群中逐步被边缘化的处境。而一些在媒体市场占据主导地位的非党报类报纸,因为占了读者市场的绝对份额,成为读者信息获取的主渠道,对读者行为决策起到主导性影响,所以常常被认为是真正的主

---

① 钟剑茜.媒介融合时代新闻生产中的受众参与[J].当代传播,2012(1).
② 陈力峰,左实.主流媒体的价值与要素解析[J].今传媒(学术版),2008(7).

流媒体。

针对上述争议,有学者综合政治、经济、经营三方面的考虑,对主流媒体的概念做了界定:报道主流信息,拥有主流用户,占据主流市场,吸引主流广告,形成主流品牌的媒体。影响主流人群,代表主流意识,传播主流新闻,形成强大的社会影响力,是主流媒体所追求的目标①。也有学者列举出现代主流媒体至少必须同时满足的四个条件:第一,从传播规模看,主流媒体必须具有相当的社会接触规模和人群覆盖密度;第二,从传播内容看,主流媒体一定是社会运行的"守望者"、舆论监督的执行者,它一定要靠"硬新闻"作为第一"卖点";第三,从传播效果看,主流媒体所亲和影响的应该是社会行动能力强的人群,即主流人群的思想观念和意志行为;第四,从治理结构看,主流媒体是一个现代传媒组织,依靠市场而不是简单依靠行政手段来组合和配置资源,媒体运行在现代企业制度基础之上②。

基于此,关于主流媒体的争议最初聚焦在媒体是否被用户所接受,然后深化为到底被哪一部分人群接受才能算是主流媒体,即主流媒体是被大多数民众所接受的媒体,还是被社会权力主流所接受的媒体? 要回答这一问题,不仅需要理论层面的探讨,还需要看看媒体使用者是如何认为的。关于主流报纸的特征结构,相关调查发现:71.9%的受访者认为,主流报纸应该是绝大多数人喜欢读的报纸,而不仅仅是中上层(如文化程度高、收入高、职业好)人士读的报纸;81.5%的受访者认同主流报纸应以关注大众、关心民生为核心;80.5%的受访者认为,主流报纸应该传递、解读国家和党的政策;79%的受访者认为,主流报纸的内容应该反映国家和社会的发展方向③。这样看来,读者对主流媒体的认识与学界明显不同,而读者恰恰是主流媒体最终的认定者。基于此,我们认为,新型主流媒体不再仅仅是依靠行政级别获取社会地位与影响力,而是当人们对社会生活产生困惑时能够起到方向性指导的媒体。新型主流媒体的第一要义是不

① 陈力峰,左实.主流媒体的价值与要素解析[J].今传媒(学术版),2008(7).
② 胡思勇.党报要做现代主流报纸[J].传媒,2006(5).
③ 吴飞,姚晓玉.社会转型时期党报若干问题的探讨[J].新闻大学,2008(1).

能回避这个时代和社会面临的核心问题,要有勇气直面时代问题清单,并且提供符合社会利益的智慧和方向。

与传统主流媒体相比,新媒体的意义和价值何在? 相关调查表明,在技术的支撑下,新媒体在中国现阶段社会的核心价值在于民众对它的期盼:一是盼望新媒体能促进中国媒体"说真话";二是盼望新媒体能汇集民意,成为民众与执政者沟通的渠道;三是盼望新媒体发挥监督功能,揭露社会不公正的问题①。然而,现有的少数官方媒体往往缺乏直面社会问题的勇气和智慧,并且常常在与新媒体关于议程设置的效率竞争中被边缘化,最终丧失了话语权。所谓话语权,不仅是说话的权利,更是话语的分量,即话语的影响力。面对新媒体的勃兴,作为官方媒体的传统媒体正陷入深深的数字鸿沟当中,话语的影响力也日渐消减。数字鸿沟是一种形象化的说法,是指新传播技术对不同群体带来的影响。其中,因为使用能力的差异导致不同群体自身发展的差距被放大是当代社会面临的一个共同的问题。传统上,媒体话语权源于官方媒体是大众传播唯一的渠道,即便有竞争,也是官方媒体内部话语权的转移。但伴随着新媒体而来的是大众传播权力的分化和去中心化,传统媒体独享的话语权不断地被来自民间的意见领袖和新媒体平台分享,进而传统媒体在一场关于传播数字化应用能力的竞争中逐步被边缘化。究其原因,我们认为在于两点:其一,新媒体提供了更符合用户生活方式和体验习惯的传播产品;其二,新媒体因为敢于对社会发展中的问题提出质疑和批评,所以能够成为民间舆论场的核心平台,而传统媒体则更多因循既有的"选择性呈现"报道方针,忽视对社会发展中的问题进行报道与反思,片面追求正面宣传报道。就传统媒体话语权的重塑而言,如果只是第一层面的问题,可以通过传播形态的改变,凸显内容生产的优势;而如果是第二层面的问题,那么传统媒体是从渠道到内容都丧失了直通民心的优势。

在当代中国,互联网作为民间舆论场的核心平台如何呈现社会映像呢? 现实生活中的各种利益摩擦、官民之间的隔阂,都投射到互联网舆论

---

① 陈青文,张国良.新媒体促进传统媒体"说真话"——上海居民新媒体使用状况焦点小组访谈报告[J].新闻记者,2013(4).

场上,并且经常是极度夸张的呈现、火上浇油般的聚焦、浮想联翩的发酵。互联网是当代中国人的网络家园。人们在网上守望相助,疑义相与析。但互联网也经常渲染现实瑕疵,扩大社会分歧,特别是加剧官民对峙①。因此,作为官方舆论场核心平台的传统媒体亟须重建话语权,以形成与民间舆论场相对均衡的舆论影响力。我们认为,新型主流媒体,一方面能够通过议程设置引导社会关注的焦点问题;另一方面,也能够深入民间舆论场的核心地带,参与民间舆论场的政治沟通活动,消除误解,提高社会共识程度。

《指导意见》的出台正是中央对上述问题的破题之举,也是十八届三中全会以来中央政治动向的延伸。《中共中央关于全面深化改革若干重大问题的决定》正式提出"推进国家治理体系和治理能力现代化"的政治新理念,第一次用"社会治理"替代"社会管理"。2014年的《政府工作报告》也提出:"推进社会治理创新。注重运用法治方式,实行多元主体共同治理。"上述一系列官方表述被认为是"中国共产党在社会主义现代化框架下,继工业现代化、农业现代化、国防现代化、科学技术现代化后的第五个'现代化'目标"②。何为国家治理?"国家治理是国家政权的所有者、管理者和利益相关者等多元行动者对社会公共事务的合作管理,其目的是维护社会秩序,增进公共利益。"③这表明,在社会公共事务的管理中,除了政府以外,多元行动者也要进行合作管理。换言之,治理是一个由多元主体与政府共担责任的手段。多中心、网络化、合作管理被认为是治理概念的核心④。

基于这一政治理念的新趋向,我们认为,新型主流媒体应具备如下特征。

首先,新型主流媒体必须具备公共性,这是其核心特征。在一个提倡"治理"而不是"管理"的社会权力格局中,如果官方媒体不能有效沟通政府与多元治理主体之间的利益主张,打通官方舆论场与民间舆论场,消除

---

① 祝华新.互联网舆论场治理再观察[J].党政论坛(干部文摘),2014(11).
②③④ 人民论坛.专家圆桌:"第五个现代化"启程[EB/OL].http://theory.rmlt.com.cn/2014/0331/251890.shtml,2014-03-31.

隔阂,达成共识,那么国家治理的效率将大大降低,社会进步的成本将增加。这是政府在当前改革中面临的首要风险。如何才能达成共识?如果媒体只是政府单边利益的传声筒,那么对话无法实现,共识恐怕也很难达成。因此,我们认为,公共性必须是新型主流媒体的核心特征。媒体只有对公共利益均衡考虑,才有可能促成多社会治理主体之间共识的实现。关于媒体公共性的发展目标早有相关论述。例如,2008 年,潘忠党的研究认为,"新一轮新闻改革应该以强调传媒公共性为核心"[①];2014 年,李良荣在研究中认为,"传媒改革的最终目标就是走向公共性"[②]。然而,关于实现公共性的动力机制的论证却不甚明朗。在当前政治沟通的格局下,国家治理体系和治理能力现代化的政治框架为公共性的实现不仅提供了动力机制,而且提供了价值目标约束。

其次,新型主流媒体必须具有双向互动的沟通能力。基于官方舆论场与民间舆论场议程设置效率竞争的机制,新型主流媒体的建设并不是通过垄断而获得单向信息投放能力,其实质应该是双向沟通能力的打造,即新型主流媒体需要转型为提供"理性公平的对话",服务于当前"国家治理体系和治理能力现代化"的总体战略。在这一过程中,《指导意见》提出的"尊重新闻传播规律和新兴媒体发展规律"具有旗帜意义。它将指引传统媒体尊重新媒体传播特性,以"真实、公正、客观、全面"的态度直面时代发展的主要问题与挑战,成为社会话题的沟通者与引导者,而不再是旁观者。

关于媒体和政府的关系发展,国务院新闻办副主任王国庆曾总结出三个阶段:最初是"媒体控制",后来叫"媒体管理",现在叫"媒体合作"[③]。其中,"媒体合作"关系模式的形成要归功于新技术带来的新媒体与市场力量催生的异地监督效应。具有"脱域化"典型特征的新媒体平台,更是倒逼政府从单向信息控制模式转向双向信息互动模式。官方媒体在这一

① 潘忠党.传媒的公共性与中国传媒改革的再起步[J].传播与社会学刊,2008(6).
② 李良荣,张华.参与社会治理:传媒公共性的实践逻辑[J].现代传播(中国传媒大学学报),2014,36(4).
③ 宏磊,谭震.在第一时间抢占舆论制高点——国务院新闻办副主任王国庆谈新闻发言人制度[J].对外大传播,2005(10).

过程中所需要的不是与新媒体发生冲突,而是强化目标的一致性,即共同促进国家治理的现代化进程。如果作为官方媒体的传统媒体能够实现上述功能与权力关系的现代化转型,那么其形态上是传统的还是新兴的都已经不那么重要。而且,如果问题仅仅处于传播形态层面,对于传统媒体来说,其内容优势已经凸显,融合发展的压力也会减轻不少。

三、移动传播优先和全媒体传播:关系与趋势

(一)全媒体传播是移动传播优先发展的必然结果

《求是》杂志 2019 年第 6 期发表了习近平总书记《加快推动媒体融合发展 构建全媒体传播格局》讲话全文。文中首次提出,全媒体不断发展,出现了全程媒体、全息媒体、全员媒体、全效媒体。基于这一论断,全媒体传播将成为我国媒体融合创新进入新阶段的新任务。

2014 年被称为中国的"媒体融合元年"①。紧接着,中央提出移动传播优先的战略突破方向。2019 年,在媒体融合发展的第五个年头,全媒体传播理念体系的提出为媒体融合的全面发展描绘出一揽子方案。如何在媒体融合过程中把握好移动传播优先与全媒体传播之间的逻辑关系?这需要回到业界和学界关于全媒体传播的认识发展过程中进行考察。早期全媒体传播的概念是由一家采编系统供应商提出,要点主要集中于如何对传播者所掌控的多样化的传播工具布局,以及如何在传播端实现多样化的内容呈现手段。这一阐释带来了人们认知上的混乱。在全媒体集团概念出现之前,大家常常使用多媒体集团概念来指代具有多传播形态的传媒集团。这两者的分水岭在哪里?我们经常问的问题是:多媒体多到什么程度才叫全媒体?全媒体少了什么就只能叫多媒体?依照这一以传播者为中心的考察思路,媒体总编们在回答这个问题时恐怕都很难作出清晰的区分。

我们认为,需要顺应时代的演化趋势来转换对全媒体传播考察的视

---

① 人民网.《融合元年——中国媒体融合发展年度报告(2014)》出版座谈会举行[EB/OL].
http://media.people.com.cn/n/2015/0518/c120837-27018897.html,2015-05-18.

角。媒体融合新阶段提出的移动传播优先是非常关键的战略方向规划。没有移动传播优先，就不可能实现全媒体传播效果。全媒体传播理念正是从移动传播优先发展而来。

全媒体包括全程媒体、全息媒体、全员媒体、全效媒体四个方面。"四全媒体"是全媒体传播的终极建设目标，为我们理解全媒体传播指明了方向。其中，全程媒体要求媒体全面覆盖在办公室、在路上和在家三个用户使用场景，以确保用户随时切入新闻发生的第一现场；全息媒体要求媒体全面呈现当代中国社会变动第一现场，以无影灯效应来消除新闻的反转和舆情的反复；全员媒体究其本质是我党全党办报、群众办报、开门办报优良历史传统的继承和发扬，媒体应该服务和依靠每一位用户，并且最终成为人民利益的忠实代言人；全效媒体则要媒体遵循"线上线下同心圆"的宣传管理理念，以避免线下与线上传播目标的冲突与撕裂。

打造"四全媒体"应该成为当前中国移动互联网发展的新型主流媒体的新任务。

（二）新型主流媒体建设之全息媒体价值探寻

在这个万物皆媒的时代，以全媒体传播为目标的新型主流媒体建设与之前的主流媒体建设相比有何不同呢？全息媒体的提出回应了这一问题。

在传统剧院里，最佳观赏区往往在舞台正前方一带，是票价最贵的地方。而上一层座位或者靠左右、靠后的座位因为角度和距离的原因，观赏效果明显比最佳观赏区差，看到的风物也与正前方的观众有所不同，往往不是最美好的一面，因此，票价也会低一些。距离最远、角度最差的位置，票价往往是最便宜的。在剧院，通过这样的价格歧视来满足具备不同消费能力的观众的需求，虽然有视觉效果的差异，也是无可奈何的事情。然而，对于社会，却不能如此处置。

费孝通在《乡土中国》中曾经提出中国社会"差序格局"的说法，认为中国社会是一个以个人为中心出发考察"公"和"私"关系与边界的社会。钱理群教授认为，当代社会教育的最大问题是培养了大量的精致的利己主义者。这样的演化过程，究其原因是当中国社会历史文化传统遭遇市场经济大潮时,差序格局被进一步放大,情感而非理性,成为人们认知和判别世界景致好坏优劣的出发点。所谓屁股决定脑袋,即是此等情景。如果我们从舞台政治的视角来分析,坐在不同座位区间的人看到的舞台景象很可能是完全不一样的。横看成岭侧成峰,不同的座位最终决定了人们看到不同的世界景象,犹如盲人摸象却浑然不觉,所谓后真相时代也就由此而生了。这也是困扰当代中国和世界的一个问题。如何解决?全息媒体的提出给我们提供了一个新的思路和可能。

全息剧场和传统剧场最大的区别在于通过舞台光影的调整,全息剧场能够使剧场中任何一个座位上的人看到的镜像都是一模一样的,也使得坐在每一个角度的座位上的观众都能享受到最佳观影效果,解决了过去盲人摸象般的影像认知差异。从这个意义上理解全息媒体的价值取向,存在两个方面的意义。

其一,全息媒体强调给每一个媒介接触者看到的是一个共同的世界,也是最美好的世界。所谓共同的世界,即媒体对世界的呈现是基于共同利益的呈现,是基于社会个体与群体的共识来考察的世界。因此,共识寻找与塑造是全息媒体呈现世界的顶层价值设计,即社会因为媒体的报道有了更高程度的共识的达成,而不是加剧社会的分歧和撕裂。所谓美好的世界,即强调对社会发展中出现的积极事物的呈现,以此来温暖人心,形成良好社会风尚。同时,如何革除时弊,推动社会向善、向好,也是美好社会中美好力量和媒体关系考量的内在驱动力。

其二,全息是光影的艺术,是人为的影像,但不是随心所欲的加工。2013 年,在周杰伦的演唱会上,身着一袭白色旗袍的"邓丽君"惊艳出场,和周杰伦共同演绎了一首《红尘客栈》。这是全息技术带给人类的视觉艺术盛宴。但对媒体而言,要警惕这种混淆时间与空间,基于虚拟技术而加工的"事实"。全息媒体的核心价值是致力于社会共识的达成,沟通各种社会力量之间的利益诉求,经由媒体呈现,而非严重脱离于社会现实关系进行的艺术加工。因此,真实、客观、公正、全面的新闻操作基本原则依然是全息媒体发挥媒体功能的规范和保障。万物皆媒、人人都有麦克风的时代,唯有致力于公信力打造基础上的媒体呈现才是全息媒体价值实现的正途。

(三) 新型主流媒体建设之全员媒体发展趋势

全员媒体是由习近平总书记首次提出的一个新概念。如何在新型主流媒体建设的框架内理解这一概念的内涵呢？我们认为,既要从我党办报的历史传统中去考察,也要立足当下的新媒体传播环境。

从党报的历史传统来看,延安时期是我党党报理论重要的形成时期。1942年,延安《解放日报》改版,随后形成了一系列党报优良传统,其中就涉及"全员办报"理念。当时,陕甘宁边区被严重封锁,物质极端匮乏,根据地原本有多份报刊共同出版发行,但到最后基本上都合并到《解放日报》。因此,《解放日报》就在传播政策、沟通群众、统一思想的政治宣传方面起到举足轻重的作用。在这一过程中,党报理论发展出"全党办报、群众办报和开门办报"的理念和实践活动。全党办报重点强调两点:一是党的高级干部要给党报写文章,要参与党报的重要工作;二是普通党员要做好党报的通讯员,要积极为党报写稿,也要做党报的宣传员。党报的生产和发行覆盖了全党,办报成了全党上下一致努力的一件事情。群众办报是群众工作路线在党报工作中的落实,是党报体现"从群众中来,到群众中去"的工作路线而做出的特别的路径安排,即党报要积极引导群众参与到办报的活动中去,在办报的同时反映群众关心的事情,解决群众面临的问题,要把党报办成联系党和群众的生命线,成为上情下达和下情上达的桥梁。开门办报则是针对同人办报提出的,也是全党办报和群众办报的实现机制。这一理念认为,党报不应该是报社几位同人的报纸,而应该成为联系全党、联系群众的工具。因此,要动员全体党员和群众都参与到办报的活动中去,通过共同办报的过程统一思想、解决问题,推动党组织的各项政策得到有效的落实。当时,党报实际上就是覆盖整个边区和整个党组织的全员媒体,党报投身于轰轰烈烈的社会运动当中,建立起自己开放式的生产协作体系和大众传播系统,使有限的传播资源得以最大化发挥作用。办报既是传播活动,也是社会动员活动,还是党内沟通和党外沟通的信息交换网络。党报因此焕发出强大的传播力和战斗力。

从当代传播活动来看,全员媒体已成为互联网平台的核心特征。互联网时代的显著特征是人人都有麦克风,技术赋权的结果是给每个人参与大众传播活动提供可能性。互联网的互动性特征让媒体的报道成为一个开放的场域,要求媒体的报道在与网民的互动中得到完善,经得起追问和质疑。为何不断出现新闻反转现象? 我们为何处于后真相时代? 一个重要的原因在于,媒体作为信息垄断者,习惯于说一不二,而网民对新闻事实的不断挖掘则颠覆了媒体作为专业机构高高在上的权威。如何破解这一时代难题?

全员媒体的界定给我们提供了无限的创新空间。在全员媒体的视野下,媒体内部没有不相干的人,人人都是媒体传播活动的参与者;而在媒体外部,如何与网民一起揭开事实真相已经成为媒体工作的强制性规范方向。媒体开放自己的生产平台,积极吸纳网民参与到对事实和真相的不断探求当中,相互印证、相互学习,进而一步步接近真相、报道真相。全员媒体意味着媒体的报道涉及每个人,因此,媒体要成为每个人的利益的申诉通道,进而团结每一个人。

从历史与现实的相互观照来看,全员媒体是我党党报传统在新媒体时代的继承和发扬。主流媒体需要主动迎接时代变革带来的新挑战,成为社会大合唱的舞台,而不是在人人都有麦克风的众声喧哗中失去声音,脱离群众。

四、县级融媒体中心:县域新型主流媒体建设的路径创新

2018 年 8 月,在全国宣传思想工作会议上,习近平总书记指出:"扎实抓好县级融媒体中心建设,更好引导群众、服务群众。"这是中国县级媒体首次在国家级会议上被国家最高领导人关注。中宣部部长黄坤明也强调,打通继承宣传思想文化工作"最后一公里",要大力推进媒体融合发展,创新建设县级融媒体中心[①]。这使得改革开放以来一度淡出传媒行业

[①] 苏瑜.郑报融媒与16县区"融汇贯通" 联手打造县级融媒体中心[N].郑州晚报,2018-09-01(A03).

视野的县级媒体再次成为行业关注的焦点。2018 年,北京在两个月内先后有 15 家区级融媒体中心陆续挂牌,平均每四天就有一家挂牌。加上 2017 年已经挂牌的昌平融媒体中心,北京已经领先于全国,全面完成区级融媒体中心的布局。8 月 31 日,郑州 16 个区县同时挂牌成立区县融媒体中心。而早在 3 月,江西组建融媒体中心的县市区已经有 30 多家,占全省融媒体中心的 1/3,湖南、四川、河南、江苏等地县级融媒体中心也已经紧锣密鼓地筹建起来。如果考察这场始于 2014 年 8 月 18 日的由行政主导的自上而下的媒体融合行动的发展轨迹,我们会看到,媒体融合的重心已经由第一阶段强调以人民日报社等大型传媒集团为代表的"中央厨房"模式的探索,开始转向第二阶段以县级融媒体中心为建设主体的新一轮媒体融合行动。至此,媒体融合发展的版图不仅涵盖大型传媒集团,也关注到地方性的中小传媒集团。

与大集团的大融合相比,县级媒体的融媒体中心该如何建设才能实现"引导群众、服务群众"的目标? 既有媒体融合发展的经验如何在县级层面实现有效的"创新—扩散"? 如果要准确回应上述问题,需要找到县级媒体发展的经验坐标和历史方位,厘清县级媒体发展可以借力的资源清单,才能有效地抓住通往未来创新道路的机遇。

(一) 县级融媒体中心建设的经验坐标和发展机遇

县级媒体在中国最初的发展道路上基本复制了中央、省、市三级媒体管理体制和资源配置方式,作为县域空间大众传播资源的垄断者而深嵌于区县行政体系,跨区域的资源整合基本上无法实现。改革开放以来,这一县域媒体生存方式表现出行政和市场混合的模式,因同质化程度高、缺乏竞争而导致资源配置效率低下,因此并非一种经济型的办媒体方案。所以,改革开放后的历次媒体结构调整中,县级媒体都是裁撤的重点区域。这样既方便管理,又降低县级行政的运行成本。但 2003 年区县报的裁减似乎有些矫枉过正,因为采取一刀切的办法,大量区县的报纸被取消刊号,全国能够有刊号公开发行出版的县报只剩下 50 余家。这些县报大多数是依托"经济百强县"的富足社会资源而生存下来,多集中于江浙、广东等地。从之后近 20 年中国传媒业的演化情况来看,这一政策导致中国大众媒体的发展严重脱离县区、社区空间,更多集中于大众化覆盖层面进行同质化竞争。其实,伴随着中国城镇化的快速发展,区县媒体对新社区群体的黏合功能将会有助于社会共识的达成,减少碎片化的社会关系导致的摩擦和冲突。

中国针对区县媒体的这一政策取向与美国的报业结构形成鲜明的对比。美国报业中有 97% 的报纸发行量在 5 万份以下。以北卡罗来纳州为例,该州报业协会 2010 年统计,全州共有 179 份报纸,其中,173 份为小报,发行量在 10 万份以上的大报只有两家[①]。我们以往谈到美国报业的时候曾经将其总结为典型的"一城一报",其实从区域报业的整体构成来看,应是詹姆斯·罗斯称为"伞形竞争"的结构。我们通常讨论的只是这一结构最顶层的大众化覆盖的报纸而已。按照罗斯的分类,美国报纸存在四个竞争层面,每个竞争层面充当覆盖下一个竞争层面城市的一种庇护。其中,第一个竞争层面由大规模的大城市日报组成,它们覆盖整个地区或州;第二个竞争层面由大城市中心周围的卫星城市日报组成,但卫星城市日报的新闻报道通常关注地方新闻,而不是大城市新闻;第三个竞争层面是由关注新闻报道范围非常窄的郊区日报组成;在第三个竞争层面之下,周刊和商品信息报的竞争构成了第四个层面的竞争[②]。这一伞形结构分布的区域报业市场竞争主体能够有效形成错位竞争,实现报纸对区域市场的高效率、立体化开发。

反观 2000 年以来中国区域市场中爆发的历次报业大战,大多数在大众化层面展开,报纸同质化程度非常高。伴随着近年来传统媒体市场紧缩,一部分身处外围的大众化报纸被率先关掉。在这一过程中,一部分都市报希望向社区层面延伸。例如,2004 年,号称"中国第一张社区报"的《巷报》在吉林长春推出;同年,《华夏时报》第四次改版时调整都市报定位,号称要打造"中国第一份商圈社区报";长沙《东方新报》也在 2004 年

---

① 郑保国.重新审视美国社区报——从巴菲特购买社区报说起[J].中国记者,2012(8).
② 罗伯特·G·皮卡德,杰弗里·H·布罗迪.美国报纸产业[M].周黎明,译.北京:中国人民大学出版社,2004:48.

下半年开始社区报探索。但遗憾的是,上述中国早期社区报纸的摸索最终全部以失败而告终。几乎是同时,腾讯推出面向在线生活的战略规划四大模块:信息、通信、娱乐、商务。马化腾提出,上述多元化的目的是提供在线生活,在线生活的背后则是社区,上述所有服务都将通过社区串起来。"腾讯希望能够全方位满足人们在线生活不同层次的需求,并希望自己的产品和服务像水和电一样融入生活当中。"就与互联网的关系而言,美国传统传媒业的市场结构形成了多层次的防御体系,而中国传统传媒业的资源基本都集中于大众化这一层次,没有构建起足够多样化的竞争体系。中国的传统媒体在与新媒体竞争的时候,最大的问题在于新媒体能够依托社区和目标用户形成强黏度的依存关系,而传统媒体只有读者和观众,仅仅形成传播上的弱关系。

这进一步放大了互联网在美国和在中国所面临的区域环境差异。美国社区媒体因为与本地用户之间的强关系而受到互联网的冲击相对较小,因此反而成为报业中盈利较好的品类。我们讨论社区报的时候经常举的案例就是美国著名投资家巴菲特曾经在 2012 年前后购入 80 多家社区报。巴菲特分析了导致美国报刊业绩下滑的原因主要有:城镇有两家以上相互竞争的日报;报纸失去了其作为读者首要消息来源的地位;所在城镇没有一个广为接受的自我认同感。基于这一分析,精于投资的巴菲特挑选的都是市场渗透力强、与社区联系很紧密的社区报①。而在互联网和中国传统媒体的竞争过程中,互联网如入无人之境,究其主要原因,在于互联网进入的社区空间原本是传统媒体结构布局的空白点,或者说,传统媒体拱手把自己联系民众的生命线送给互联网,从而架空自己与区域社会关联的通道。在这个时候出现了两个现象。一个现象是都市报在遭遇政策与制度的创新瓶颈后开始转向社区报或地铁报,但遗憾的是,为时已晚。在这个时间节点上,商业门户网站基于强大的市场拓展力量,基本上完成了网络社区的切割与布局,因此,后起的都市报所属的社区报基本上都未能获得明显的优势地位。同时,依托智能手机快速扩张的移动互

---

① 郑保国.重新审视美国社区报——从巴菲特购买社区报说起[J].中国记者,2012(8).

联网出现后,对人们移动空间的时间和注意力的占有居于优势地位,从都市报的操作经验扩张而来的地铁报的黄金期的含金量急剧下降,对广告客户的吸引力也因此降低,地铁报正逐步退出市场。另一个现象是杭州日报报业集团旗下的"19楼"通过专刊渠道和用户基础构建起了全方位覆盖的网络生活社区并得以迅速扩张,不仅覆盖整个浙江省,而且向上海、江苏、安徽、河南进一步渗透,号称要成为区域网络生活的入城口和门户,成为传统媒体进军网络社区的标志性创新平台。

从上述中国以区县媒体为代表的区域媒体在整个政策体系演化过程中的遭遇来看,时至今日,大中小共生的传媒业融合发展格局基本已经成为共识,而县级媒体的独特价值和地位也在这一过程中终于被认识到。区县媒体以融媒体中心的新面孔成为新一轮政策扶持的对象,迎来发展的黄金机遇期。与此同时,我们也看到,2017年,绝大部分地市级广电都陷入经营不善、负产出甚至负资产的状况①。这一定程度上说明,县级融媒体中心的大范围兴起被当作区县电视台走出当前困境的破局之举。自2017年以来,河北、湖北、湖南、山东等多地出台了关于县级电视台的改革意见。在一系列改革措施中,"财政扶持"成为高频词,多地通过各种方式对县级广播电视台进行财政支持。例如,山东高密(县级市)将广播电视中心管理体制和经费类型明确为市政府直属公益二类事业单位,每年拿出500万元作为宣传奖励基金,用于奖励有影响力的新闻精品和重大公益宣传任务②。可以预见,县级融媒体中心作为行政力量主导的新一轮媒体融合的标志性工程,其获得的政策扶持将远远超过之前广电行业的自救力度。

我们同时也要看到,非常遗憾的是,因为新媒体技术的快速兴起,中国县级媒体已经错过了依托传统传播形态操作经验的扩散而获得快速发展的历史机遇。当前,即便在社区报传统深厚的美国,区域媒体也正面临转型困境,很多只能坚持走纸媒道路,而较大型的报纸为实现转型甚至选择抛弃或关闭社区报。例如,《达拉斯晨报》曾经是美国区域报纸融合转

---

①② 传媒内参.多地对县电视台进行财政扶持,各地密集涌现"县级融媒体中心"[EB/OL].
http://wemedia.ifeng.com/68467536/wemedia.shtml,2018-07-09.

型的正面典型,却关闭了早年花费不菲资金收购的全部八种社区报①。以区县为目标区域的媒体如何创新才能获得新的生存与发展机会是当前摆在曾经发达的西方社区媒体和一直被边缘化的中国区县媒体面前的共同挑战。种种迹象表明,在融合转型的过程中,中小报纸、地方报纸处于劣势地位②。中国县级媒体长期处于产业边缘化的位置导致其在资源、人才、技术、能力等方面缺乏足够的积累。这些限制对其快速实现新媒体时代的融合发展带来了极大的挑战。相关调查认为,这些区县媒体的模式大同小异,即与区县或街道的政府合作,获得资金或广告的支持,大都投入不多,以小机关报面目示人,不易获得社区民众的忠诚。这些报纸即便有小钱可赚,也难以形成阅读刚需,因此,一旦转入数字平台,总是凶多吉少③。

同时,从既有媒体融合探索经验来看,"报业新媒体的发展经历了电子版、网站、手机报、阅读器、iPad 版、微博、微信、客户端、短视频等各种形式,在盈利模式上均未取得成功。但是,运作新媒体的成本却非常高昂,这成为报业不能承受之重"④。例如,以"中央厨房"这一阶段媒体融合的标配和龙头的建设经验来看,动辄投入上亿元,这显然是县级融媒体中心无法承受之重。例如,人民日报"中央厨房"的环绕大屏配备了 3 200 平方米的集中办公区,山东广播电视台融媒体中心的建设耗资 1.38 亿元,河南大象融媒体集团"新闻岛"投资 1.6 亿元。而且,初期的建设费用仅仅是"中央厨房"成本的一部分,更多的费用来自后期的维护与服务成本⑤。对于遍地开花的县级融媒体中心来说,这些高成本的媒体融合建设经验一旦在县级媒体平台被复制将会带来巨大的财政压力,也将成为一场灾难。因此,进入媒体融合发展的第二阶段,既不能简单照搬既有社区媒体的操作经验,也不能复制之前大型传媒集团融合发展的实践经验。县级融媒体中心的建设需要在社区媒体和媒体融合的双重经验坐标下寻找新的方

①②③　辜晓进.规模优势:报业融合转型的丛林法则——大报转型的马太效应 vs 小报融合的三条出路[J].新闻记者,2017(08).
④⑤　陈国权.媒体融合 4 周年:融合现状及现存问题解决[EB/OL].https://mp.weixin.qq.com/s/STPGStRRMgJcb-qvRBCvHw,2018-08-22.

向,或许才能抓住政策转向带来的发展机遇。

(二) 县级融媒体中心建设的路径创新

中国新闻业从根本属性上看依然是事业单位企业化管理,行政力量在资源配置中发挥决定性的作用,这也决定了自上而下的媒体融合行动会在行政体系的动员下迅速呈现出齐头并进、遍地开花的扩张态势。因此,在 2018 年 8 月全国宣传思想工作会议首次提出建设县级融媒体中心之后短短十天内,各地就掀起了县级融媒体中心建设的旋风。例如,8 月31 日,郑州报业集团与郑州 5 市 1 县、6 个市辖区、4 个开发区集中签署框架协议,合力推进县级融媒体中心建设,提出"新闻+政务+服务+电商"的智慧运营模式,探索县级融媒体中心建设的郑州模式、郑州经验。北京16 个区级融媒体中心已建成,建设速度全国领先。这些区县融媒体中心的规划和实践为我们考察其实现路径提供了现实的参照系。

在考察中国新闻改革的演进机制时,既有研究发现,中国新闻业的革新常常表现出边缘突破和自下而上的特征,即身处实践一线的新闻工作者常常通过临场发挥、边缘突破来解决新闻体制运行中遇到的一些问题[1]。县级媒体无疑属于现有新闻体制的边缘地带,因此,也出现了一些表现出明显的边缘突破特征的超前探索。

学者谢新洲等剖析了全国县级融媒体中心的四种模式:借助市场力量产业化运作(浙江省长兴县)、与省级媒体平台合作(江西省分宜县)、以县级电视台为建设主体(甘肃省玉门市)、县委宣传部主导建设(吉林省农安县)。他们还指出了县级融媒体中心的四大发展难题:缺少长期规划,难以留住人才,缺乏盈利模式,传播效果微弱[2]。

浙江长兴传媒集团是县级媒体融合发展的榜样。2011 年 4 月,长兴传媒集团由长兴广播电视台、长兴宣传信息中心、县委报道组、"中国长

---

① 潘忠党.新闻改革与新闻体制的改造——我国新闻改革实践的传播社会学之探讨[J].新闻与传播研究,1997(3).

② 谢新洲、朱垚颖、宋琢谢.县级媒体融合的现状、路径与问题研究——基于全国问卷调查和四县融媒体中心实地调研[J].新闻记者,2019(3).

兴"政府门户网站(新闻板块)跨媒体整合而成,是全国第一家整合广播、电视、报纸、杂志、网站、"两微一端"、数字电视网络公司、大数据公司等于一体的县域全媒体传媒集团。作为一家县域媒体,其 2018 年的考核营收目标为 2.28 亿元,甚至超过不少地市传媒集团。长兴传媒集团模式已被浙江省委宣传部在省内推广。浙江省内 90 个县区中,差不多一半都采取长兴传媒的模式①。

在中国特定的社会关系网络中,还要考虑的一点是,媒体融合的使命是什么? 2014 年被称为中国的"媒体融合元年",缘于这一年《关于推动传统媒体和新兴媒体融合发展的指导意见》的颁布。行政力量作为这一轮媒体融合的主要推动者,其目标诉求何在? 这是县级融媒体中心建设必须要清楚的要义。从《指导意见》的整体来看,讨论媒体融合是在新型主流媒体和现代传播体系的关系框架下展开的,即媒体融合是打造适应现代传播体系的新型主流媒体的必由之路。与传统主流媒体强调正面宣传报道能力的建设相比,新型主流媒体的能力结构应该不仅包括强大的正面宣传能力,还要具备扎实的危机沟通能力②。因此,无论是"中央厨房"还是县级融媒体中心的建设,都需要在政府-社会沟通能力建设的框架内讨论问题。新型主流媒体的目标定位同样是县级融媒体中心发展的首要目标。

基于上述自上而下的和自下而上的县级融媒体中心探索经验的综合考量,参考国外社区报的融合发展经验和媒体融合在中国的特殊规定性,以及商业网站融合发展的经验示范,我们认为,在县级融媒体中心建设过程中,路径创新经验的坐标系包括三个方面。

1. 融合如何引导群众:移动传播优先,能够抵达本地社会冲突第一现场

媒体融合是传统媒体走进新媒体空间,主动参与社会讨论并引导舆论的过程。传统媒体内容的生产—传播流程基本上是按照"黄金 24 小

---

① 传媒大观察.长兴传媒集团王晓伟:2018 年营收目标是 2.28 亿[EB/OL].https://mp.weixin.qq.com/s/3xkF7OPsO-3ULomKk-Kj3w,2018-09-01.

② 朱春阳.政治沟通视野下的媒体融合——核心议题、价值取向与传播特征[J].新闻记者,2014(11).

时"的节奏运转,这与互联网以秒为单位的信息发布时效形成强烈反差,而身处现场的网民的"随手拍"行动也会倒逼传统媒体加快传播节奏,跟上时代演化的节奏,跨越数字鸿沟。在"全世界在观看"的场景下,引导群众需要在事实发生的第一时间抵达现场,并且在第一时间把真相传播出去,不留滋生谣言、流言和谎言的空间。从媒体融合的发展现实来看,移动传播优先而非传统出版和播出优先,是检验真假媒体融合的第一块试金石,也是县级融媒体中心建设需要首先完成的技术转换。当前,"两微一端"、抖音等新的传播技术平台在县级融媒体中心的建设中得到广泛的应用,这为官方媒体声音直达社会舆论第一现场提供了技术上的可能。

同时,我们也要看到媒体融合第一阶段存在的显著问题。之前,中央、省、市三级媒体系统大多在技术上实现了移动传播优先的可能,但却很难在社会舆论第一现场实现有效沟通,尤其是在危机时刻常常游离于舆论发生的第一现场,回避诱发舆情的核心问题。因此,我们把能否抵达社会冲突第一现场进行有效沟通作为判别是传统主流媒体还是新型主流媒体的第一准则[①]。按照既有的行政话语逻辑,政府机构主动走进网络空间,是对网络群众工作路线的实践,即做到从群众中来,到群众中去。在这一逻辑下,大量政府机构选择绕开既有官方媒体系统,直接入驻微博、微信、抖音,力图与社会公众直接形成面对面的沟通关系和服务关系,以提高信任,减少摩擦。究其原因,我们认为,这正是由于既有媒体系统的社会沟通能力严重不足所致。这一现象也被称为政府机构的"自救运动"。最多的时候,全国政务微博有近 30 万个,政务微信超过 10 万个。从既有政务微平台("两微一端")的分布来看,县乡两级政府机构占绝大部分比例,大大弥补了县级官方媒体资源短缺、沟通效率低下的不足。从实际运行效果来看,县乡两级政务微平台也扮演了传统官方媒体系统竞争者的角色:如果地方性官方媒体系统不能够及时提高自身的社会沟通能力,那么在其基本的社会沟通功能被替代之后,这一系统将会被逐渐边缘化,甚至会有被行政系统裁撤的危险。在这种情况下,政府公共传播格

---

① 朱春阳.新媒体时代的政府公共传播[M].上海:复旦大学出版社,2014.

局形成了十分奇怪的景观:经过专业化训练的既有官方媒体系统和非专业化的政务新媒体系统并存,各行其是。行政体系内部有竞争应该是一件好事情,但专业传播系统和非专业传播系统的并存也带来了运行成本高、管理多头并举的问题,甚至两个系统之间也会相互干扰,反而会降低政府社会沟通的效率。在这一背景下,由行政系统最高层提出县级融媒体中心建设的新任务,其题中应有之义是把上述两类传播网络纳入新的传播系统,形成可以纵横联动的言论与信息传播平台矩阵,以便统一行动、统一管理,发挥专业团队在沟通效率上的专业优势。

移动传播优先原则体现在人力资源配置上,应该保障新媒体部门人力资源占比在融媒体中心中绝对领先。我们在对媒体融合第一阶段的研究中,将这一点作为判别真假媒体融合的另外一块试金石。例如,澎湃新闻最初与《东方早报》之间的人力资源配比大致为 2.5∶1,《东方早报》停刊后,其员工全部转入澎湃新闻。从省级党报的媒体融合来看,服务于上观新闻和《解放日报》的人力资源配比也大致为 2.5∶1。新媒体人力资源短缺是制约县级融媒体中心建设的一大瓶颈。要解决这一问题,长兴传媒集团的经验可供参考。该集团提出"万物生长融媒人才学习培训计划"。该计划贯穿全年,覆盖全体干部员工,制定了旨在提升业务的"七剑"——"对照书本学理论"、"轮训外送实践学"、"媒体专家请进来学"、"复旦大学提升学"、"浙大高级研修学"、"小组专题研讨学"、"互联网公司现场观摩学",2017 年总共投入资金超 100 万元。近年来,长兴传媒集团已分批次赴杭州、上海、北京等地学习培训 300 余批次,邀请媒体融合领域专家到集团培训 70 余次。集团甚至规定工作满一年以上的记者都要送到省级媒体培训学习,时间为两个星期。在一个变革的时代,打造学习型组织是基业获得常青的基本保障。正是在学习中,组织经验与行业经验之间相互交融,才能保证企业在行业一线的精准占位。

2. 融合如何服务群众:创新始于用户,而非生产者

当我们在谈论媒体融合的时候,我们在谈论什么?对之前的媒体融合实践经验的考察发现,媒体平台常常是我们讨论媒体融合的第一落点。这与在互联网空间获得巨大成就的 BAT 的逻辑基本上是背道而驰的。

在 BAT 的行动逻辑链条中,传播平台是对用户需求反应的结果,而非起点。例如,腾讯融合发展的核心经验在 2015 年被马化腾总结为:用户体验、快速迭代和灰度机制。用户端而非传者端,应该成为融合发展的逻辑起点。脱离了用户需求的媒体融合最终可能沦落为一堆没有灵魂的传播技术的堆砌。我们走访过的 20 多家媒体融合样本单位,无不为先进的传播技术设备平台感叹。但是,把传播者武装起来的最终目的是为了什么?多数单位对这一问题的回应却不是很清楚。在我们问起用户的相关情况时,它们给出的答案常常语焉不详。如果我们把媒体融合的讨论聚焦于传者端的技术更迭,而不是用户端的需求变革,很可能倒置了媒体融合的逻辑。无论是传播学的研究还是营销学的研究都已明确无误地指出,受众(或者说用户)而非传播者(或者说生产者),才是主导传播和营销演变趋势的力量。但这一理念落到媒体融合上的时候却常常回到传统意义上的以生产者为中心、以传播者为中心。传统理念的惯性思维作用之强大由此可见一斑。

基于社交媒体的经验体验分享机制,用户体验已经成为品牌价值的重要塑造力量,人们往往把熟悉的人之间的推荐作为选择的首要影响因素。同时,后真相时代的到来进一步揭示了人们是通过情感而非理性,在与这个信息爆炸的时代相处。因此,如何获得用户情感上的归属和认同是媒体融合过程中实现服务群众这一目标所面临的一个核心问题。

当前,用户体验优先在理论上已经成为共识,但在媒体融合过程中转化为实践却困难重重。原因何在?回到社交媒体时代,用户体验如何被传达到传播者一端?互动在这一过程中起到至关重要的作用,即媒体与用户之间是可沟通的关系。研究显示,2015 年,美国主流日报在 Facebook、Twitter 和 Instagram 三大社交媒体平台上产生了 3.72 亿条互动信息(点赞、评论、分享、转发),较 2014 年增长 116%,远高于全部社交媒体互动信息 35% 的增长率。美国学者将这类互动定性为能产生黏性(engagement)的信息[①]。我们在调研中发现,点赞式的互动通常是受欢迎

---

① 辜晓进.规模优势:报业融合转型的丛林法则——大报转型的马太效应 vs 小报融合的三条出路[J].新闻记者,2017(08).

的,常被作为用户认同的指标和证据被引用,而吐槽式的、批评主导的互动却受到排斥。我们认为,对于媒体平台的创新来说,吐槽的价值要高于点赞的价值。吐槽的过程是对媒体融合产品既有缺陷的发现之旅,相当于为产品融合的更新换代提供创新坐标和优化指南。通常而言,在用户吐槽最严重的环节和方向上做出的优化最容易被接受。这也是腾讯提出的灰度机制最为核心的行为逻辑所在。对于县级媒体而言,长期处于区域垄断和行政庇护作用下,市场化程度相对较低,对用户需求变动的把握能力也相对较弱,这是其劣势。但同时我们也应该看到,县级媒体处于机构传播网络的最底端,空间上具有接近性,和本地民众的直接接触较多,这是县级媒体的优势。因此,县级融媒体中心的建设要尽可能发挥立足本地、接近用户的优势。

如何在融合中服务群众呢? 根据以往社区媒体的成功经验,通常是强调新闻立足本地,而非放眼世界。县级融媒体中心的主要任务是对本地社会变动的关注。在它的上一级,有覆盖面更为广泛的融合平台提供范围更加宽广的新闻信息。例如,在美国,研究者通常把大报上的新闻称作"降落伞新闻",因为大报高高在上,读者只是地面上一个个类似蚂蚁的点。社区媒体要做的,就是弥补这种个体被淹没的失落感,走出去和居民交流,了解并报道这些对大报来说没有价值、不值得报道的每一个街区的动态。这种突出个人存在和价值的社区新闻,被称为"冰箱新闻"——社区居民将报纸剪下来,贴在自家的冰箱上,那是与他们贴得最近、"同声相应、同气相求"的人文关怀[1]。因此,关注本地,关注小人物,以小切口来考察社会大问题是提高县级融媒体中心服务效率的基本坐标。不过,近年来的研究也表明,现在美国最好的社区新闻并不是来自社区报,而是来自大量的地方资讯网站[2]。因此,县级融媒体中心平台的操作经验不仅要包括社区报经验,还要把地方资讯门户网站作为自身融合创新的另外一个坐标,为当地人提供生活-成长的一站式服务,成为世界了解本地的首选

---

① 任浩.美国社区报研读启示:让大众在社区听到国家的心跳[J].中国记者,2015(9).
② 辜晓进.规模优势:报业融合转型的丛林法则——大报转型的马太效应 vs 小报融合的三条出路[J].新闻记者,2017(08).

视窗。CNNIC基于历年网民行为调查总结出网民上网的个人应用指数体系,主要分为四类:信息获取、网络娱乐、互动参与和网络消费。被称为"报业全方位转型探索中的县级样本"的《瑞安日报》曾经提出"新闻集聚用户,服务创造价值"的创新理念。具体的做法是"新闻免费,服务收费",达到以"服务集聚用户,新闻传播价值"的目的①。

3. 融合成长方式:嵌入大平台,形成广泛联结

参照腾讯融合发展战略的变革,我们可以看到,以2011年为分水岭,腾讯之前的战略强调以封闭垄断为价值主导的丛林法则,而之后的战略则强调以开放、合作、共赢为价值主导的天空法则。合作、开放因此成为互联网经济的精神内核。喻国明等认为,"互联网的开放式发展逻辑正在迫使媒介拆除彼此间的藩篱,在共生中寻求发展。在平台战略成为互联网主流发展模式以后,大平台嵌套小平台的模式正在成为主流"②。其实,从美国地方媒体的发展经验来看,无论是社区报还是地方电视台,都很少单打独斗。它们常常作为加盟台或者大的传媒集团的一个业务单元而获得更高层级传媒系统的支持。由此看来,不仅互联网的未来趋势如此,高效率、低成本的海外地方媒体在传统上的运营经验也是如出一辙。这就决定了县级融媒体中心的未来也必将在这一框架内运行。嵌入大平台,形成广泛的社会联结是未来县级融媒体中心发展壮大、获得资源与养分的主要方向。

从县级融媒体中心建设的现有规划方案来看,报业系统主导的建设方案表现出非常强的资源整合、平台联结特征。这是因为融媒体中心的搭建是个技术活,而县级媒体基本上没有这个技术能力来搭建,这就要求它们选择技术领先、具有本地化落地能力的技术开发商来实施和落地③。很多情况下,上一级的报业集团融媒体平台扮演了这一角色。例如,前述郑州区县融媒体中心建设就是由郑州报业集团牵头,与各县(市)区、开发

---

① 郭全中.报业全方位转型探索中的县级样本——以瑞安日报的转型实践为例[J].新闻与写作,2014(12).

② 喻国明,吴文汐,何其聪.传媒的进化趋势与未来可能[J].北方传媒研究,2016(3).

③ 郭全中.热火朝天的县级融合中心建设,需要解决的八大难题[EB/OL].http://www.sohu.com/a/251417623_570245,2018-09-02.

区合资成立融媒体产业公司,以郑报融媒"中央厨房·新闻超市"大平台为基础,在县级融媒体中心打造统一的指挥调度和分拨平台,融合市县两级媒体资源,探索"新闻+政务+服务+电商"的智慧运营模式①。湖南日报社涵盖全省的区县融媒体中心建设方案则雄心更大,即将投入使用的湖南日报社"中央厨房",可支持500个小型"中央厨房"、5 000个媒体终端同时运行。

广电系统主导的县级融媒体中心则表现出较弱的整合性。以浙江省为例,虽然浙江广电系统将长兴传媒集团作为县域媒体融合样本在全省90多家区县落地推广,但各个区县融媒体中心各自为政,相互之间的联盟合作并没有形成。按照现有地方媒体布局,县报的分布较为有限,而广播电视在县区层面是媒体资源的标准配置。从全国范围来看,在县级融媒体中心的建设过程中,县级广播电视台应该是主体。因此,依托广电平台为主体的融合路径应该是县级融媒体中心建设的主要方向。发达国家广电系统的发展模式都是以广播网为单位,例如,美国三大广播网(CBS、NBC、ABC)构成了美国广电行业的主体。基于此,未来广电系统主导的融合发展需要强化区域整合力度。唯有此,才能避免县级融媒体中心的建设陷入碎片化的尴尬境地。此外,也有一些由报业系统和广电系统之外的力量主导的县级融媒体中心,其碎片化程度更高,也需要通过上述理念去整合。

---

① 苏瑜.郑报融媒与16县区"融汇贯通" 联手打造县级融媒体中心[N].郑州晚报,2018-09-01(A03).

>>> 第四章 移动互联网时代传播效果评价体系的重构

传播效果评价体系作为衡量媒体影响力的重要标尺、广告客户执行投放决策的必要参考,在传媒业的地位举足轻重。大体而言,它经历了三个阶段:第一,在互联网普及前,报刊发行量、广播收听率、电视收视率等传统评价体系是考量媒体影响力的重要尺度;第二,在 PC 互联网时代,PV/UV 值可以使用户访问量得以精确测量,CPM/CPC/CPA 等监测指标的出现,使得广告在媒体的劝服、促销乃至转化效果的衡量上有了标准化依据;第三,在移动互联网时代,伴随传播主体和传播渠道的多元化,凭借更为精细化、全量化的用户数据,催生出全新的数据指标。

一、发行量和收视率:传统评价体系已失真

在互联网普及前,报刊发行量、广播收听率、电视收视率等传播效果评价体系是衡量媒体影响力的重要标尺。在报刊业的辉煌岁月,发行量是衡量报刊传播效果的重要标杆。在电视成为绝对主流媒体之时,收视率决定着电视节目的命运。报刊发行量和电视收视率作为曾经的"通用货币",决定了广告版面和广告时段的定价标准,也牵动着广告主、代理

商、媒体机构及产业链上下游的商业利益。

然而,发行量和收视率作为反映传播效果的标尺,自身存在着一定的局限性。其致命伤在于,在传统媒体单向度的传播中,传播者与受众之间信息割裂、沟通受阻,致使媒体和广告主无法清晰地认识受众特征、阅读行为和消费偏好,也无法精准地确定传播效果。在媒体融合时代,传播者与受众之间双向互动频繁,媒体和广告主可以通过多终端、多平台、多渠道上的海量用户数据来跟踪并分析受众。简单的发行量和收视率衡量标准,已经跟不上时代发展的需要。

（一）抽样调查模式存在漏洞,容易出现样本偏差

1. 报刊发行量长期失真

对于传统报刊而言,维持较高发行量始终是保证其影响力的前提条件。然而,报刊发行量失真的问题长期存在。报刊发行数据往往由利益相关方的报刊单位自行填报并提交至行业协会,第三方认证长期缺位。在缺少相应监督和审核机制的情况下,虚报发行量现象已成为行业通病。

2. 收视率作假案件频发

1996 年,中国本土第一家广播电视受众研究机构——央视-索福瑞应运而生,AC 尼尔森在中国设立办事处。以此为标志,以收视率为核心的量化考评机制和广告定价标准应运而生。彼时,有绝对收视率(全体家庭的收视比例)和相对收视率(开机家庭的收视比例)两套体系。收视率的高低关系着电视节目的命脉。

然而,收视率的真实性和客观性一直备受质疑。首先,收视率的采集由第三方数据机构通过随机抽样的方式,依靠日记卡、测量仪等工具调查得到。这种抽样方式试图以小样本群体的收视行为来反映所有观众的收视偏好,难免以偏概全。其次,囿于技术条件的限制,数据收集存在一定周期,通常于次日获得当日收视数据,有一定的滞后性。再则,由于被实际商业利益捆绑,收视率作假案件频现,买收视率已成为行业潜规则,加之违法成本低,作假情况似有愈演愈烈之势。

收视率造假的顽疾已经引起政府部门的高度重视。2020 年 4 月,国

家广播电视总局发布《广播电视行业统计管理规定》,要求任何机构和个人不得制造虚假的收视收听率(点击率),出现统计造假、弄虚作假行为的,所在单位的主要负责人承担第一责任,分管负责人承担主要责任,统计人员承担直接责任。

(二) 发行量和收视率过于片面,不能反映媒体真实影响力

随着媒体移动化、社交化、智能化、视频化趋势的出现,受众的注意力越来越分散,传统媒体发行量和收视率持续下滑,弊端暴露出来。事实上,即使发行量和收视率全面且真实,也不足以作为评价媒体影响力的唯一指标。

近年来,报纸发行普遍遇冷,阅读量与发行量相比差距悬殊。部分报刊或许仍保持较高发行量,但由于被订户束之高阁,最终形成无效传播。从计算方法上看,收视率仅表示特定时段收看人数的比例,从内涵上更接近于关注度。从广告说服的心理机制上看,受众(消费者)的态度依赖于媒体内容的"告知+劝服"效果。换言之,节目收视率很高,并不代表受众能够转化为实实在在的消费者,即关注行为未必有效转化为真实的购买行为。

(三) 受众注意力焦点转移,原有评价体系过时

随着互联网的发展,报刊、电视等传播渠道开始向线上拓展,并且逐步演化为包含电视、电脑、手机、平板在内的多屏传播。与此同时,Google Glass、Apple Watch、手环等便携式设备或可穿戴设备的出现,使得传播内容和时间更加碎片化,接收信息的场景更加多元化。这种传播终端多样化的演进,给传统的评价体系带来了巨大的挑战。

随着线下传播的内容被转移至线上,原本习惯于传统媒体的大量受众被分流至互联网。此时,线上阅读所产生的收视率等,未能被计入统计范围。当节目在多屏播出时,收视率只能反映电视单一终端的收看情况,导致媒体平台的影响力在现有考评体系下难免被低估[①]。

---

① 喻国明,刘旸.媒介融合时代基于大数据的传媒生产创新[J].新闻战线,2015(09).

互联网的出现,使得传统的单向传播路径被颠覆。受众从被动接收者逐步演变为传受者,UGC 模式蔚然成风,进一步将受众拉向互联网。受众注意力的焦点转向互联网,报刊、电视逐渐从中心走向边缘。在此背景下,发行量和收视率已无法满足传播效果评价的需要。

二、PC 互联网时代:传播效果评价体系被外资主导

互联网的普及颠覆了既有新闻传播形式,也给原有评价体系带来了相当大的变革。新的评价体系开始从聚焦浏览量向聚焦点击率转移,计算方法更加科学高效。互联网的海量数据催生出新的传播效果评价体系,使得原有评价标准的内涵和功能向更深层次延伸。

(一) 以 PV/UV 值为代表的新型评价体系应运而生

在 PC 互联网时代,由于传播内容和渠道均在线上,对于受众的评价,要聚焦于内容浏览情况的考量。其中,PV 值(page view,页面浏览量)重点考量网民对页面浏览的次数,它是衡量一个网络频道或网站影响力的主要指标。由此衍生出的 UV 值(unit visitor,独立访客),则将 PV 值所衡量的"人次"聚焦为"人数",表示访问某个站点的不同 IP 地址的人数。

一般而言,PV 值远大于 UV 值,因为用户可以反复"刷屏"以提高页面浏览量,而事实上 IP 地址可能仅有一处。因此,要考察某个网站的真实受众数,UV 值比 PV 值的参考价值更加科学合理。

在一定程度上,PV 值和 UV 值填补了传统评价机制在互联网渠道的空缺,但并未弥补这类仅以传播体量为依据的评价机制的短板。

(二) CPM/CPC/CPA 使广告转化效率有了衡量依据

在传统媒体时代,媒体广告的主要功能是告知和劝服。在互联网时代,新媒体广告的功能可以直接延伸到电商和支付,使得传播效果得以被评测。由此,有人总结出受众行为轨迹的两个模型:一是传统的 AIDMA

模型(attention—interest—desire—memory—action,注意商品—产生兴趣—产生购买愿望—留下记忆—做出购买行动);二是 AISAS 模型(attention—interest—search—action—share,被引起注意—被引起兴趣—主动搜索—购买行动—主动分享)[①]。两相对比,深刻地反映了传统传播效果评价体系的不足。

在以发行量和收视率为传播效果评价指标的传统媒体时代,受众在观看广告后的实际购买情况无法得到精确衡量。而在互联网时代,CPM/CPC/CPA 等指标的出现,使精准衡量传播效果不再成为难题。通过平台监测,可以准确考量一则广告在媒体影响下的劝服、促销乃至转化效果(转化率)。

广告界流行着一句话:"眼球停留在哪里,财富就流向哪里。"英特尔前董事长格罗夫说:"未来因特网之争是争夺眼球的战争。"PC 互联网时代,广告计费模式有多种:一是按广告内容的展示、曝光量进行收费,即 CPM 模式(cost per mille,千人成本),表示每一千人分别听到或看到某广告一次所需的成本;二是以页面广告被点击次数计费,即 CPC 模式(cost per click,每次点击成本);三是 CPA 模式(cost per action,每次行动成本);四是 CPP 模式(cost per purchase,每次购买成本)[②]。后两种广告付费模式更为精准,可以进一步考量受众在点击广告后产生的消费等行为。

(三) PC 互联网时代传播效果评价体系存在的问题

PC 互联网时代,CPM/CPC/CPA 等指标的出现,弥补了传统的收视率和发行量难以衡量广告实际投放效果的短板,对于广告主权益的保障有所加强,也使得广告投放愈发精准化。

以各类评价指标为基础,催生出一系列网络流量分析公司。从全球层面来看,总部位于美国的 Alexa(亚马逊子公司)成为业界和学界瞩目的焦点。此外,还有谷歌推出的 Google Adwords。从国内层面来看,China

---

[①] 中研普华.百度平台变革:首个神秘创业项目悄然上线[EB/OL]. http://it.chinairn.com/news/20150602/084827627.shtml,2015-06-02.

[②] 程士安.广告调查与效果评估[M].上海:复旦大学出版社,2003.

Rank、艾瑞咨询、易观国际、互联网实验室等机构的统计排名结果具有一定的话语权。

当然,PC互联网时代的传播效果评价体系也存在诸多问题。

1. 数据造假愈加严重

尽管流量监测的技术手段不断升级、指标设计不断完善、数据存储量不断以指数级扩充,传播效果评价体系愈发完善,但是"道高一尺,魔高一丈",流量造价的技术手段也在不断突破。不少流量造假公司游走在灰色地带,公然在搜索引擎中投放刷流量的产品广告。

2. 评价体系被科技巨头垄断

PC互联网时代,欧美国家几乎把持整个互联网产业链。中国计算机的CPU(中央处理器)等核心设备,以及操作系统、浏览器等软件设施,都由微软、谷歌、IBM、苹果等公司所主导开发。

例如,凭借较高的技术壁垒和垄断优势"独霸天下"的Alexa,其数据获取依赖于一个个嵌入微软IE浏览器的Alexa工具条。用户每访问一个Web页面,都将向Alexa发回一串数据代码。按照它的算法,网站影响力被划分为三六九等。它所建立起的受众分析系统让很多企业亦步亦趋,每次调整算法,都让企业战战兢兢。

海量用户数据和用户行为被西方国家所垄断掌控,将使我国各方在商业利益上受制于西方,也存在意识形态安全层面的极大隐患。

PC互联网时代,BAT及搜狐、网易等门户网站占据网络传播的主导地位。作为头部企业,各个巨头各自沉淀了庞大的数据资产。出于自身商业利益的考量,各个巨头都严加把控自家数据资产,彼此间各自为政,数据开放度极低。

3. 排名和转化率并非一切

收视率不等于美誉度,点击率更不等于美誉度。PC互联网时代,为了追求短期销售目标,数据、流量逐渐成为广告主投放广告的主要考量。在这种情况下,品牌形象塑造这一重要目的被抛诸脑后。事实上,品牌形象塑造在很大程度上仍依赖于所投放媒体的公信力和美誉度,以及其所嵌入的内容本身。这一点在"流量为王"时代被严重忽略了。

三、移动互联网时代：传播效果评价体系的重构

进入移动互联网时代，受众从过去习惯于点击鼠标变为触屏刷屏。信息接收终端逐步从 PC 端转向手机、平板电脑、可穿戴设备等。受众在移动端停留的时间越来越长，在 PC 端、TV 端等停留的时间越来越短[①]。广告从以传者为中心转向以受众为中心，重心从品牌推广转向效果实现，受众的评价体系也随之改变。

（一）传播效果评价体系走向精准画像

1. 传播渠道多样化：催生更多新的数据指标

为了适应移动互联网的传播方式，传统媒体主动求变，推进媒体融合，推出了一系列新媒体产品——移动客户端（App）、"两微一抖"账号，以及各类第三方平台账号（包括百度系、阿里系、腾讯系、头条系等产品）。

传播渠道的多元化催生出一系列新的评价指标。移动客户端方面，有下载量、DAU（daily active user，日活跃用户数，简称日活量）、MAU（monthly active user，月活跃用户数，简称月活量）、访问时间、访问深度等。"两微"及其他第三方平台账号方面，有订阅该账号的粉丝数，以及单篇传播内容的阅读量、转发量、评论量等。此外，特有的媒介属性催生出一系列指标。例如，视频网站和 App 为了评测受众的收视兴趣，有观看完成率、拖拽指数，以及衡量广告转化率的各类指标等。

2. 数据来源多元化：全面获取受众数据信息

相较于以往，移动互联网时代的传播效果评价体系在数据种类、数据规模和数据获取方式上获得极大的丰富。用户后台管理的个人标签越来越多，用户画像越来越精细化。

这一时期的评价体系以广袤的受众（用户）大数据为基础。其中，最为核心的三大类信息包括：个人身份信息，阅读、观看、消费行为数据，硬

---

① 袁明珍.移动互联时代户外广告互动传播研究[D].湖南：湖南大学,2015.

件设备信息。

第一,个人身份信息标签化精度越来越高。囊括了反映个人身份属性的各类指标(性别、年龄、教育背景、工作经历、住址、收入、种族等)、社会关系(通讯录、名片信息等)、位置信息(籍贯、工作地点、家庭住址等),并且不断延伸出新的维度,如星座、兴趣爱好等。

第二,受众行为数据全面记录。移动互联网时代,原本的受众逐步演变为用户。受众在阅读、观看、消费过程中的浏览习惯、消费数据,乃至其后的相应行为(如点赞、阅读、收藏、转发、评论、放入购物车、购买等),均被采集并量化,运动数据、健康数据等受众行为信息也将被记录。

第三,硬件设备数据可被获取或甄别。由于移动设备具有便携性、高频使用的特征,硬件设备产生的数据信息同样被记录在案,如使用摄像头、麦克风、加速计、磁力计、近距离传感器等。

在单向传播的大众传播时代,受众个体身份模糊,阅读、观看行为简单,传播效果只能聚焦到群体,难以触达个人。而在移动互联网时代,受众逐渐透明化,其隐私信息、使用行为等在智能化算法面前都暴露无遗。传播效果的精准度可以从原本的"到人群"聚焦为"到个人"。广告主对移动互联网时代的传播效果评价体系认可度也在不断提升,并且普遍认为大数据技术是精准投放的实现基础。

3. 数据应用创新化:与受众保持高频良性互动

进入移动互联网时代,传播效果数据的应用方式进一步拓展。拥有数据并非平台方的最终目的。它们的核心诉求是,基于海量数据,通过一定的算法,对个体用户进行精准画像,在此基础上开展精准推送、精准营销,提高由受众到消费者的转化率,进而实现商业变现。

第一,精准推送,增强用户黏性。以今日头条、一点资讯等以算法推荐为主的 App 为例,平台根据用户的身份信息、位置信息、浏览历史等,快速计算出受众的浏览偏好,在平台的头部展现并实时推送。

第二,精准营销,挖掘潜在需求。根据用户数据信息,判断其潜在消费需求,推送信息流等形式的广告,是实现商业变现的关键一步。此外,不少 KOL(key opinion leader,关键意见领袖)生产的以商品推介为核心内容的文字、视频产品也拥有较广受众。平台可以通过一定的算法,将这类内容直接推送给目标人群。更有不少受众主动在平台上搜索这类内容产品。在此基础上,直接嵌入推介产品的购物链接,省去用户转至其他购物平台再进行产品搜索的步骤,使得"告知—劝服—购买"的行为一次性完成,大大提高了产品推介的转化率。以抖音 App 为例,部分美妆博主推介的美妆产品,便可通过屏幕链接直接完成购买。

第三,数据沉淀,形成隐性资产。用户在平台上留下的基本信息和行为数据,已成为平台所拥有的数据资产。大量平台型企业凭借自身用户数据基础,为旗下其他产品导入用户和流量,并且试图垄断该领域,获得竞争优势。部分运营商将自己掌握的用户数据出售给市场营销公司,开展数据挖掘,获得经济回报。

值得一提的是,移动互联网创业领域获得了资本市场的高度青睐,大量社会资本涌入其中,从而为其获取大数据资源、研发智能算法技术、完善产业链布局等提供了重要支持。

(二) 存在的缺陷

1. 技术作弊仍存,流量经济引争议

进入移动互联网时代,技术手段不断迭代,数据造假的情况更是屡见不鲜、花样百出,由此衍生出一个新经济形态——流量经济。

以微信公众号为例,不少头部意见领袖动辄 10 万+的阅读量,实则是以人工或设备操作的形式"刷"出来的,实际阅读人数远不及此。类似的,新浪微博亦存在大量"僵尸粉",一些明星、"大 V"上千万的粉丝数中,实际关注人数或许仅有数万。

为了杜绝网络水军的作弊行为,各平台主动出手反击。2016 年 9 月,微信曾有过一次内部统计接口升级,屏蔽了一些刷单工具。不少浏览量轻松达到 10 万+的公众号,一夜之间文章浏览量只有之前的十分之一,甚至更低[1]。2018 年 10 月,爱奇艺主动关闭前台播放量,改由观看行为、

---

① 清博大数据.1 亿转发弹幕后推手被端,到底谁在"裸泳"?[EB/OL]. http://home.gsdata.cn/news-report/articles/2718.html,2019-06-13.

互动行为、分享行为三个指标计算得出的"内容热度"作为衡量标准。全球范围内的社交平台,如 Facebook、Twitter、Instagram 等,也在努力清除"僵尸粉",去伪存真。

2. 无限索取个人数据,用户隐私权受威胁

移动互联网公司费尽心机地收集用户线上线下的相关信息,核心目的是支撑其背后的商业行为。

美国范德堡大学发布的《谷歌数据收集》(Google Data Collection)报告显示,谷歌服务器每天通过安卓手机传输 11.6 MB 数据,不断上传备份到后台。安卓手机的个人用户信息包括姓名、手机号码、生日、邮政编码、信用卡号码、手机上的活动(使用的应用和网站,包括如何使用)①。这些数据都将用于支持谷歌提供给商家的广告盈利工具——Google Ads、Google Analytics、Google Ad Manager。销售这些工具构成了谷歌的主要盈利来源。

2018 年 3 月,数据公司剑桥分析因为收集 Facebook 用户隐私信息用于英国退欧公投和 2016 年美国总统选举等活动,被舆论推上风口浪尖,5 000 万用户信息数据被泄露。与此同时,李彦宏在中国发展高层论坛上表示:"中国用户更加开放,对隐私问题没那么敏感,在很多情况下愿意用隐私交换便捷性和效率。"②此言引发媒体和民众极大的负面情绪。

电影《1984》中,"老大哥正看着你"的经典台词如同寓言,已照进现实——当我们使用手机时,手机也在时时刻刻地监控着我们。随着民众隐私权利意识的逐步觉醒,如果企业无限度地获取用户数据致使用户信息"裸奔",将遭到用户更大程度的抵制和情绪反弹。

3. 平台垄断数据,造成信息孤岛

当数据信息成为一种隐性资产,拥有数据的各类平台和机构将牢牢把控自有数据,拒绝与其他平台(尤其是竞争对手)进行分享。例如,腾讯

---

① 硅谷密探.欢迎来到零隐私时代:Google 一天跟踪你 340 次[EB/OL].https://www.huxiu.com/article/282594.html,2019-01-24.

② 吴飞,孔祥雯.智能连接时代个人隐私权的终结[J].现代传播(中国传媒大学学报),2018(09).

把控社交入口(拒绝抖音接入),百度控制用户入口(在百度中竭力推荐百度百家号内容),阿里巴巴占领商业入口,360盘踞安全入口。尽管它们都建立了研究院(如腾讯科技企鹅智酷),但是它们所提供的数据是否真实,业界往往难以考证。一个典型的例子是,关于新闻客户端(App)的下载量,搜狐、网易、腾讯、今日头条等均号称自己为业界第一,可谓莫衷一是。

在跨屏传播时代,整合各类平台数据是全面增强传播效果的前提和基础。在大数据时代,仅仅拥有单一平台数据是远远不够的,往往容易形成信息孤岛①。

4. 算法自身存疑,形成信息茧房②

"算法+运营"的形式可以向目标用户精准推送内容,进而实现精准营销。可以说,移动互联网时代的各类新媒体产品在定制用户视野的同时,也为用户编制了一个个信息茧房。

长期禁锢在信息茧房中,久而久之,受众会长期处于过度的自主选择中,失去了解不同事物的能力和接触机会③。

(三) 呼唤更为科学的评价机制

基于移动互联网蓬勃发展的势头,政府与行业间亟须形成合力,在加强监管的基础之上,不断优化现有评价体系,以"大数据+算法"为基础,催生出更为透明、公平、有效的传播效果评价体系。

1. 对数据获取行为加强监管

基于全量数据采集,结合合理的算法工具,进而描绘出精准的用户画像,这将是符合时代特征的新型传播效果评价体系的必然趋势。

在数据方面,在现有的以用户基本信息、行为信息、硬件设备信息为核心的基础上,还应保障数据的动态性、实时性、多语种性,并且应确保有

---

① 刘旸.跨屏大数据:传统媒体与互联网融合的入口[J].中国广播,2015(06).

② "信息茧房"概念由美国哈佛大学法学院教授凯斯·桑斯坦在其2006年出版的著作《信息乌托邦:众人如何生产知识》(*Infotopia: How Many Minds Produce Knowledge*)中提出。因为传播中选择性原理的存在,公众只选择自己感兴趣的信息接收、理解并记忆,过滤其他信息,久而久之就会像蚕茧一般处在茧房中。

③ 喻国明."信息茧房"禁锢了我们的双眼[J].今传媒(学术版),2016(12).

大数据和云计算支撑。

与之相匹配的,更应加强对用户数据和个人隐私的保护。从国际经验来看,最好从立法与监管入手,建立"政府监督＋行业自律"的制度,完善个人信息的管理和使用,对他人非法收集、利用和传播行为加以禁止。

此外,还应从技术上避免给流量造假留有可乘之机,从立法与监管的层面,加大对这一不良行为的打击力度。不少行业分析机构建议,可以引入第三方大数据监测公司,提高广告展示效果的可见性,以实效性的广告赢得广告主和媒体代理公司的信任。

2. 去垄断化,成立第三方评价机构

对媒体而言,既要避免科技巨头自说自话,也要确保不被他者掌控,既要打破"西强我弱"、受制于人的局面,也要打破商业机构独霸一方的格局。

当前,"两微一端一抖"已逐渐成为新闻传播的重要方式。为了适应移动互联网的发展态势,有必要建立权威、公正、透明的第三方组织,整合各渠道的数据信息,适时发布受众分析报告。

在具体操作上,国内大型互联网机构和新媒体机构可以通过合资组建大数据管理公司的方式,实现大数据资源内部共享与开放,同时接受中央网信办的严格监管。此外,建立大数据流动与交易制度,通过法制化手段严格规范数据交易中涉及用户隐私的行为,在保障用户隐私、数据安全的前提下推动数据聚合流动。

3. 建立覆盖所有载体的全媒体传播指数体系

在碎片化传播、去中心化传播的大背景下,有必要多屏联动,跟踪并整合受众在不同终端浏览新闻信息的情况。PC端、手机、平板、智能电视、可穿戴设备、车联网屏幕、智能家居终端等,都是信息传播的载体。相关数据应当被全量式地整合,建立一个跨平台的、全面反映传播情况的全媒体传播指数体系,以适应未来万物互联的趋势。跨设备测量既是一项崭新的课题,也蕴含着巨大商机。

>>> 第五章 移动互联网时代传媒商业模式的创新

　　移动互联网的普及应用,给新闻传播行业的传统商业逻辑带来了巨大冲击。在媒体融合不断深化的当下,以广告、发行和版权收入为主的旧有商业模式发生了巨大变化。

　　考虑到数据的可得性和研究的便利性,本章先从资本市场来观察中国新媒体上市公司的商业模式。从媒体类型和所处领域来看,中国新媒体上市公司大致可以分为六大类型。一是新闻类,以人民网、新华网等为代表。二是门户网站,以新浪、腾讯等为代表。三是搜索引擎类,以百度为代表。四是视频类,以优酷土豆、爱奇艺、乐视网等为代表。五是金融信息服务类,以东方财富、大智慧等为代表。六是电商、社交等类。其中,电商类,如阿里巴巴、京东等;社交类,如微博、陌陌等,其营收主要依靠广告和营销类增值服务。

　　移动互联网在重塑人们生活的同时,也在加速媒体融合的发展。传媒业的边界正在走向模糊,全媒体形态的趋势越来越明显,技术、渠道、内容、平台相互之间的融合交叉越来越频繁,移动优先往往成为当下媒体竞争的优选战略。在新兴技术的驱动下,传媒商业模式呈现出一些新的变化,本章第二节将对此进行分析。

一、中国新媒体上市公司商业模式分析

如果说终端、应用、平台和管道是构成移动互联网的颗颗珍珠,那么商业模式就是串起这一颗颗珍珠的主线①。相对透明的资本市场为我们观察移动互联网时代传媒商业模式打开了一扇窗户。

从登陆资本市场的时间来看,中国新媒体公司 IPO(initial public offering,首次公开募股)发展大致经历了五个高峰期:第一,1999—2000年,主要以新浪等门户网站为代表;第二,2004—2006年,以百度、腾讯等为代表;第三,2009—2013年,以视频网站、金融信息服务类企业为主;第四,2014—2016年,以电商类企业为代表,如京东、阿里巴巴;第五,2017年至今,上市公司类型多元化(见表3),百花齐放,比如中文搜索引擎搜狗、数字阅读公司掌阅科技、视频弹幕网站哔哩哔哩、网络视频播放平台爱奇艺、移动内容聚合平台趣头条、互联网产品制造商小米集团、互动直播平台虎牙和映客、网络安全技术提供商360、移动电商平台拼多多等。这一阶段,行业快速调整,跨界重组频繁,部分在美国上市公司回归国内资本市场,行业内加速兼并整合。

表 3　中国新媒体上市公司(2016—2019)

年份(年)	美 国 上 市	中国香港上市	中国内地上市
2016		美图秀秀(美图 App 和智能硬件)	新华网(网络广告、信息服务)
2017	搜狗(中文搜索引擎)	阅文集团(数字阅读公司)	掌阅科技(数字阅读公司)
2018	哔哩哔哩(视频弹幕网站) 爱奇艺(网络视频播放平台) 虎牙(互动直播平台) 趣头条(移动内容聚合平台) 拼多多(移动电商平台)	小米集团(互联网产品制造商) 映客(移动端直播平台)	360(互联网安全技术提供商)

① 宋杰,等.移动互联网成功之道:关键要素与商业模式[M].北京:人民邮电出版社,2013:2.

年份(年)	美 国 上 市	中国香港上市	中国内地上市
2019			新媒股份（IPTV 运营机构） ST 慧球（天下秀数字科技）（新媒体营销）

资料来源：根据公开资料整理。

从行业类别看，新媒体上市公司大致可以分为：第一，新闻类，以人民网（603000.SH①）、新华网（603888.SH）、东方明珠（603637.SH）、凤凰新媒体（FENG）、芒果超媒（300413.SZ）、新媒股份（300770.SZ）等为代表；第二，门户网站，以新浪（SINA）、网易（NTES）、搜狐（SOHU）、腾讯（00700.HK）等为代表；第三，搜索引擎类，以百度（BIFU）、搜狗（SOGO）为代表；第四，视频类，以优酷土豆（YOKU）②、爱奇艺（IQ）、酷 6（KUTV）③、乐视网（300104.SZ）、暴风集团（300431.SZ）、迅雷（XNET）等为代表；第五，金融信息服务类，以东方财富（300059.SZ）、大智慧（601519.SH）、同花顺（300033.SZ）、金融界（JRJC）等为代表；第六，社交类，如微博（WB）、陌陌（MOMO）等；第七，电子商务类，以阿里巴巴（BABA）、京东（JD）、苏宁易购（002024.SZ）等为代表④；第八，游戏类，如巨人网络（002558.SZ）、盛大游戏（GAME）⑤、掌趣科技（300315.SZ）等。

在此，本章重点分析具有较强传媒属性的各类新媒体公司的商业模式。

（一）新闻类公司

国家重点新闻网站人民网、新华网，以及东方明珠，均由传统媒体控

---

① 本段括号中均为上市公司相应股票代码。

② 已由阿里巴巴收购，成为其全资子公司，2016 年 4 月从美国纽约证券交易所退市。

③ 在因市值长期未达 1 美元遭美国纳斯达克退市警告之后，酷 6 传媒由盛大集团收购，完成私有化协议，于 2016 年 7 月 12 日正式退市。

④ 梁智勇.中国新媒体上市公司股权结构分析及其资本运作新动向[J].新闻大学,2013(3).

⑤ 自 2015 年 11 月从美国纳斯达克退市之后，盛大游戏在 2019 年 2 月与 A 股游戏上市企业世纪华通（002602.SZ）的 298 亿元并购重组方案获中国证监会批准，即将重返资本市场。

股,是传统媒体走向互联网、开展媒体融合发展的重要平台。凤凰新媒体的控股股东为凤凰卫视,其在吸引境外资本方面优势明显。

其中,作为"官网第一股"的人民网于 2012 年 4 月登陆 A 股市场,由人民日报社和旗下的环球时报社、中国汽车报社有限公司联合控股。《人民网股份有限公司 2019 年年度报告》显示,作为一致行动人,人民日报系持股为56.55%,中国移动、国家电网(英大传媒)、中国电信、中国证金公司、中央汇金、中国出版集团、中影集团等央企位列十大股东。在盈利构成上,人民网的广告宣传业务收入占比较高,并且长期保持稳步的增长态势。其广告收入、舆情及数据业务、培训、传播、资讯等延伸业务都实现了快速增长,全年净利润达 3.36 亿元,较上一年度同比增长 57.48%[①]。此外,人民网在版权运营、信息服务、技术服务等方面也在不断拓展,尤其在技术服务层面,开展"技术研发、资讯产品、移动应用"三位一体的项目业务模式,着力建设智能技术平台。

新华网于 2016 年 10 月底登陆 A 股。其主要盈利板块为:广告、信息服务业、网络技术服务、移动互联网业务和数字内容。2019 年,新华网的总营收达 15.69 亿元,同比增长 0.04%。广告仍是其最重要的收入来源,占比约 42%。值得注意的是,受市场竞争和客户需求的变化影响,网络广告呈现下滑趋势;相比之下,移动互联网、网络技术服务、数字内容等板块增长亮眼。依托于专业的人才队伍、领先的技术设施和丰富的内容生产资源,新华网充分利用人工智能、虚拟现实、增强现实、混合现实、创意数字影视、创意艺术视觉、无人机等现代数字技术,前瞻性地聚焦视频化、移动化、知识化、智能化方向,积极探索融合形态数字内容的创意、策划、设计、开发、制作和跨平台销售模式[②]。其中,为了适应 5G 时代,新华网建成并启用国内首个媒体创意工场,推出一系列数字内容创意产品。经过三年多的孵化和培育,其数字内容业务收入较 2017 年增长 58%。

---

① 人民网.人民网股份有限公司 2019 年年度报告摘要[EB/OL].http://static.sse.com.cn/disclosure/listedinfo/announcement/c/2020-04-17/603000_20200417_1.pdf,2020-04-17.

② 新华网.新华网股份有限公司 2019 年半年度报告[EB/OL].http://static.cninfo.com.cn/finalpage/2019-08-28/1206652850.PDF,2019-08-28.

东方明珠的前身是百视通。它在 2014 年 11 月完成重大资产重组，如今已发展成为一家生态型综合传媒娱乐集团与文化产业集团，是 SMG 旗下统一的产业平台和资本平台。东方明珠以传媒业务为基础，确立了媒体网络、影视互娱、电视购物、文旅消费四大业务板块。在媒体网络方面以 IPTV、互联网电视、有线电视等为代表，用户规模稳中有升；在影视互娱方面，持续打造精品化、差异化的内容 IP，持续探索以 IP 为核心的商业模式；在电视购物方面，延伸消费场景，落地新零售，持续推动产品优化及互联网营销模式，推动品牌向年轻化转型；在文旅消费方面，持续丰富东方明珠塔产品线，强化智慧运营理念，全面启动智慧场馆建设①。

凤凰新媒体于 2011 年 5 月在美国纽约交易所上市，其盈利来源多年来一直以广告和付费服务为主。2019 年财报显示，凤凰新媒体全年实现总营收 15.3 亿元，较 2018 年同比增长 11.2%，其中，广告和付费服务收入分别约为 12.6 亿元和 2.68 亿元②。然而，该公司广告收入的增长主要来源于 2019 年并购的天博网络科技与塔读文学。事实上，由于激烈的市场竞争，加之内容和运营成本攀升，该公司 2019 年传统广告业务净收入同比下降 20.4%。为改变传统广告业务带来的颓势，凤凰新媒体不断加强内容的版权运营，积极开拓数字阅读、游戏等业务。

随着移动互联网的深入发展，新闻类新媒体公司不断增多，竞争更趋白热化。但是，传统媒体的网络平台却始终难以摆脱路径依赖，盈利来源过度依赖广告。对此，喻国明教授支招："基于网络的全民的内容生产与消费模式，应该成为第三代网络的盈利模式。"③

（二）门户类公司

上市伊始，以门户网站身份登陆资本市场的新浪、网易、搜狐、腾讯等，已经不断更新发展，在新闻资讯、社交平台、通信工具、视频游戏、增值

---

① 东方明珠.东方明珠新媒体股份有限公司 2018 年半年度报告［EB/OL］.http://static.cninfo.com.cn/finalpage/2019-08-28/1206654249.PDF，2019-08-28.

② 凤凰网科技.凤凰新媒体发布 19 年四季度财报，公司发展稳健、现金储备充足［EB/OL］.https://tech.ifeng.com/c/7v5jnRSycHA，2020-03-24.

③ 吴静.数字化媒体研究的若干热点——2006 年新媒体研究综述［J］.新闻知识，2007(2).

服务等各垂直领域拓展,错位竞争,形成各自优势。例如,新浪微博经历腾讯微博的全力狙击,最终胜出,收获巨大的粉丝和流量;网易的邮箱服务、游戏业务令竞争者不容小觑;搜狐的视频、搜索引擎、社区、游戏、音乐等凸显独特优势;腾讯则更加突出,凭借海量的用户,在视频、游戏、社交、移动支付等各个领域都遥遥领先,给同行带来巨大的竞争压力。总体而言,几大门户网站的盈利主要依赖游戏和广告两大核心板块。

特别值得关注的是,腾讯虽然发力较晚,但它以社交为中心向各个领域全面发力,堪称"全能型选手"。凭借巨量的 QQ 用户基础,腾讯几乎在各个领域都迅速超越对手。2019 年,腾讯年收入达 3 772.89 亿元,较上年增长 645.95 亿元;年盈利为 958.88 亿元,较上年增长 19.9%。微信及 WeChat 的合并月活跃用户数为近 11.65 亿;微信小程序活跃用户超过 3 亿,小程序的日均交易笔数是上一年度的两倍多,交易总额超 8 000 亿元[①]。

腾讯 2019 年的营收主要由增值服务(包括网络游戏和社交网络)、金融科技及企业服务(包括腾讯云服务)、网络广告(包括媒体广告和社交及其他广告)三大部分组成。具体而言,以网络游戏和社交网络收入为核心的增值业务作为中流砥柱,为腾讯年收入贡献了半壁江山。得益于智能手机游戏《绝地求生》(PUBG MOBILE)、《决胜时刻 Mobile》(Call of Duty:Mobile)和《英雄联盟》新模式《云顶之弈》取得的巨大成功,腾讯的网络游戏业务不仅巩固了腾讯在国内网络游戏领域的领先优势,也在国际上取得了重大进展。得益于直播服务和视频流媒体订阅等数字内容服务收入的增长,腾讯 2019 年的社交网络收入达到 852.81 亿元,同比增长 17%。在网络广告业务方面,虽然同样遭受媒体广告收入下滑带来的影响,但腾讯在该业务板块的总收入依然达到 683.77 亿元,同比增长 18%。这主要归功于微信朋友圈、小程序、移动广告联盟和广告视频化带来的收入贡献。最值得关注的是,由于商业支付日活跃用户数和人均交易笔数的增加,腾讯 2019 年的金融科技和企业服务业务收入达到 1 014 亿元,同

---

① 温婷.从两个"破千亿"看懂腾讯 2019 年财报[EB/OL].http://company.cnstock.com/company/scp_gsxw/202003/4505916.htm,2020-03-19.

比增长39％,保持十分迅猛的增长态势。其中,腾讯云服务收入超过170亿元,继续保持高于市场的增速水平。2020年新型冠状病毒肺炎疫情的爆发催生出人们对远程办公和远程医疗服务更高的需求。腾讯在疫情期间提供的如视频会议、腾讯健康码等业务,为数字化经济发展提供巨大便利的同时,也为自身带来了巨大的利益①。

(三) 搜索引擎类公司

百度牢牢占据搜索入口,其盈利来源主要是竞价排名广告。广告主支付的服务费越高,作为关键词在搜索上的排名越靠前,简言之就是"价高者得"。虽然饱受诟病,但不管是在PC互联网时代还是在移动互联网时代,百度一直是国内搜索引擎市场的行业老大。然而,在海外市场,百度无论是技术上还是营收上,都与谷歌相去甚远,同时还要面对雅虎、必应(Bing)等竞争对手的围追堵截。尤其在移动互联网时代,网络入口多元化,单靠搜索引擎已无法令百度保持竞争优势。与腾讯、阿里巴巴的增速相比,百度已经掉队了。2019年,百度实现总营收1 074.13亿元,较2018年略增5％,但净收入却仅为19.8亿元,较上一年度的274.4亿元缩水近92.8％②。

为改变颓势,近年来,百度依托自身巨大的资金实力和技术优势,不断尝试面向各个领域扩张以调整收入结构,抵御环境风险。百度在内容版权、网络游戏、电子商务、输入法、地图导航等领域都有所涉猎,也尝试投入大量资金与传统媒体合作,介入新闻内容业务。其最新布局的业务包括智能家居、智能交通、云服务和自动驾驶等。2019年,云服务、智能设备业务为百度贡献了294亿元的收入,占百度2019年度总收入的27.3％,并且将帮助百度开展人工智能、可穿戴设备及其他物联网设备业务,使其在下一轮新的竞争浪潮中保持领先优势。此外,在移动业务方面,百度号、

---

① 腾讯控股.腾讯控股有限公司2019年报[EB/OL]. https://www1. hkexnews. hk/listedco/listconews/sehk/2020/0318/2020031800857_c.pdf,2020-03-18.
② 英为财情.百度收益表(2019年度)[EB/OL]. https://cn. investing. com/equities/baidu. com-income-statement.

智能小程序、托管页成为百度 App 三大生态支柱,为百度管理层所看好。数据显示,百度 App 在 2019 年 12 月日活跃用户数达 1.95 亿,同比增长 21%,端内搜索次数同比增长近 30%;同期的百家号内容创作者达到 260 万,同比增长 38%;智能小程序月活跃用户数达 3.16 亿,承接 30% 的搜索流量①。

然而,数据增长背后也暴露了百度在急于追求扩张的盈利模式下在信息安全管理机制方面存在的不稳定风险。百度 App 多个频道存在严重违反国家有关互联网法律法规和管理要求,"落实主体责任不力,大量传播低俗庸俗信息、密集发布'标题党'文章、公众账号注册管理及内容审核不严,传播秩序和生态问题突出,社会影响恶劣"。2020 年 4 月 7 日,北京市网信办严肃约谈百度公司负责人,要求百度 App 推荐频道、图片频道、视频频道、财经频道、科技频道自 2020 年 4 月 8 日上午 9 时起暂停更新,清理违规内容,开展深入整改②。

(四) 视频类公司

随着互联网技术不断升级换代和内容版权化逐步走上正轨,中国视频行业基本形成了优酷土豆、爱奇艺、腾讯视频、芒果 TV、哔哩哔哩等寡头垄断的竞争格局。其中,作为综合性视频平台的优酷土豆、爱奇艺、腾讯视频等主要依赖于电影、剧集、综艺、动漫和体育等内容优势形成用户的规模效益;芒果 TV 和哔哩哔哩则凭借个性化特质呈现出异于综合性视频平台的强劲增长势头,前者尤为注重吸引青春都市女性用户,后者则聚焦以二次元为核心的年轻用户③。

然而,表面上欣欣向荣的背后,视频类公司多数面临亏损,从近年来优酷土豆、爱奇艺、酷 6、乐视网等在资本市场的表现可见一斑。合并之后

---

① 刘春山.百度 2019 年营收达 1 074 亿元　李彦宏内部信透露新战场[EB/OL].http://www.nbd.com.cn/articles/2020-02-28/1412226.html,2020-02-28.

② 中国网信网.百度 App 部分频道因严重违规今日起暂停更新,国家网信办指导北京市网信办约谈百度公司负责人[EB/OL].http://www.cac.gov.cn/2020-04/08/c_1587889929466226.htm,2020-04-08.

③ 张奥平.芒果超媒如何成长为继"爱优腾"后的长视频头部企业[EB/OL].https://new.qq.com/rain/a/20200330A0STND00,2020-03-31.

的优酷土豆依然难以扭转亏损态势,从其退市前最后一个季度(2015财年第三季度)的业绩来看,净亏3.165亿元(2014财年净亏8.886亿)。酷6传媒因为股价长期不足1美元,收到纳斯达克证券交易所的退市警告,最终也不得不以私有化的形式从美国资本市场退出。概言之,视频类公司持续亏损主要有三个原因:第一,宽带费用和内容成本巨大;第二,盈利模式局限性较强,严重依赖在线广告和受众订阅;第三,市场同质化竞争严重。以爱奇艺为例,其2018财年营收近249.9亿元,其中,会员服务营收106亿元,在线广告服务营收93亿元,内容分发营收22亿元。然而,爱奇艺同年净亏损却高达91.1亿元,是2017财年净亏损额的近2.5倍。2019年,爱奇艺总营收虽保持增长,为289.9亿元,但净亏损也持续扩大至103.2亿[①]。

为了摆脱经营困境,各大视频网站纷纷通过数据业务拓展收入空间,比如推出视频流量包、一次性下载收费、各类包月包时订阅费等,争取多分一杯羹。

值得关注的是,近年来,以抖音、快手等为代表的短视频行业迅速崛起,已成为互联网的第三大流量入口、互联网文娱市场的第一大"时间收割机",成为巨大的市场盈利点。根据方正证券的研究判断,2019年短视频市场规模达千亿,预计2021年突破2 000亿元。短视频主要以字节系(抖音+西瓜视频+抖音火山版)和快手两大平台领导市场,收入主要以广告(信息流广告、开屏广告等)为主,未来或将带来电商、直播、游戏等方面更多的增长[②]。以快手为例,其收入比重从高到低依次为:直播打赏分成、广告、电商、游戏和知识付费。2019年,快手收入总规模已经超过央视。据界面新闻报道,2019年,快手总收入约为500亿元,其中,直播收入接近300亿元,广告收入在130亿元—140亿元,游戏、电商等其他业务收

---

① 英为财情.爱奇艺公司.IQ收益表(2019年度),[EB/OL].https://cn.investing.com/equities/iqiyi-inc-income-statement.

② 陈梦竹,姚蕾,杨仁文.抖音 vs 快手深度复盘与前瞻[EB/OL].https://www.useit.cn/forum.php?mod=viewthread&page=1&tid=26735,2020-03-21.

入为几十亿元①。

（五）金融信息服务类公司

金融信息服务类上市公司以东方财富网、大智慧、同花顺、金融界等为代表。它们主要以民营企业为代表，由创业者团队控股。总的来说，这类公司的盈利模式有三种：一是面向使用者收取信息服务费，如大智慧、同花顺、金融界等；二是既收取信息服务费，也提供广告服务；三是利用独有的牌照资源，在证券业务和金融电子商务领域获得丰厚回报（如转型之后的东方财富）。

金融信息服务类公司的经营状况与金融市场景气度休戚相关。一旦市场景气度下滑，其市场活跃度和投资者热情均受到冲击，从而导致金融信息服务需求下滑，直接影响经营业绩。同时，这类公司同质化严重，同行之间对于流量、数据等的争夺异常激烈。

东方财富于2010年3月在深圳证券交易所挂牌交易。它起初是一家提供财经资讯和金融信息服务的财经门户网站，2012年获得基金销售牌照，2015年通过收购香港宝华世纪证券和西藏同信证券涉猎互联网券商业务，正式转型为互联网基金、保险和券商等多业务的互联网金融服务平台②。它的盈利模式从以往依赖互联网广告业务逐渐转变为以证券服务业务和金融电子商务服务为核心的模式。2019年，该公司实现营业总收入42.32亿元，同比增长35.48％。其中，证券服务业务和金融电子商务服务业务营收贡献分别占65.0％和29.2％，而互联网广告业务收入占比降低至2.07％。

同花顺是国内资本市场上提供金融资讯、数据分析和软件系统服务的互联网金融信息提供商，主要提供网上行情与交易系统开发及服务、金融资讯与数据服务、手机金融信息服务、基金销售服务、保险经纪服务等产品和服务内容。其主要盈利构成为增值电信服务、广告及互联网业务

---

① 界面新闻.「独家」快手2019年总收入500亿元，直播收入接近300亿元［EB/OL］. https://baijiahao.baidu.com/s?id=1658158230878902485，2020-02-10.

② 东方财富网.关于我们［EB/OL］.http://corp.eastmoney.com/aboutus/aboutus.aspx.

推广服务、软件销售及维护、基金销售及其他交易手续费,2019 年度分别占总营收的 50.82％、26.52％、9.16％和 13.5％。

(六) 电商和社交类公司

1. 电商类公司

电商类上市公司主要以在美国上市的阿里巴巴、京东、拼多多和国内 A 股市场的苏宁易购为代表。最新财报显示,这四家公司的营收和净利润都呈现高增长趋势。

阿里巴巴 2019 财年[①]年报显示,其收入达 3 768.44 亿元,同比增长 51％;净利润为 876 亿元,同比增长 36％。电子商务、云计算、数字传媒和娱乐业是其主要营收板块。作为核心业务的电商营收在第四季度达到 788.94 亿元,同比增长 54％,高于第三季度 40％的增速。另外,阿里智能云已经成为增速最快的业务[②]。阿里巴巴的战略雄心绝不止于电商、物流和金融,它早已跨界布局,编织起庞大的传媒帝国。其参与投资的媒体包括《南华早报》、21 世纪传媒、封面新闻、AcFun、芒果 TV、优酷土豆、新浪微博、华数传媒、虎嗅、36 氪、钛媒体、分众传媒、第一财经等。

京东 2019 年度总收入为 5 768.88 亿元,同比增长 24.9％,净利润约为 121.84 亿元,非美国通用会计准则下归属于普通股股东的净利润增长 211％,达到 107 亿元。京东的盈利板块主要依靠电商平台的零售业务,尤其是近年来制定的低线市场与社区场景、数据与数字化升级、技术服务的突破推进战略为业绩提升提供了重要支撑[③]。

苏宁易购的盈利板块主要依靠线上线下的零售业务、物流业务和金融业务。尤其在零售业务方面,2019 年,苏宁易购完成对万达百货、家乐福中国的收购,形成线上苏宁超市,线下家乐福超市、苏鲜生超市、苏宁小

---

① 阿里巴巴的财年与自然年并不同步,是从每年 4 月 1 日起至第二年 3 月 31 日。

② 时代财经.阿里巴巴 2019 财年财报:营收 3 768.44 亿元,同比增长 51％[EB/OL]. http://mini.eastday.com/mobile/190515213551207.html,2019-05-15.

③ 张天宇.京东发布 2019 年财报 净收入同比增长 24.9％[N].北京商报,2020-03-20(04).

店全覆盖的渠道网络①。苏宁旗下的传媒业务包括 PPTV 等。

2018 年,移动电商平台拼多多在美国上市。这家公司从成立到上市仅用了不到三年的时间。它从四线城市起步再走向一二线城市,成长势头咄咄逼人,给传统电商带来巨大的竞争压力。2019 年,该公司实现总收入近 301.42 亿元,较上一年同比增长高达 129.7%。

2. 社交类公司

社交类上市公司以新浪微博和陌陌为代表。2019 年,新浪微博净营收为 17.67 亿美元,较上一年略增 2.79%;净利润约为 4.95 亿美元,较上一年减少 13.46%。其营收来源主要由广告与营销收入和增值服务收入组成。其中,广告与营销收入为 15.3 亿美元,占比 86.6%。

陌陌 2019 年营收为近 170.2 亿元,同比增长 26.9%;不按照美国通用会计准则计量,归属于陌陌母公司的净利润为 44.9 亿元,较上一年同期增长约 29.8%。陌陌的直播视频业务收入增长迅猛,这是其主要的盈利点。

此外,还有游戏类(如巨人网络、掌趣科技)、网络安全类(如 360②)、智能硬件(如小米集团)等公司,限于篇幅,不一一赘述。

二、移动互联网时代传媒商业模式的创新

移动互联网时代,无论哪种类型的传媒公司,网络广告都是其核心盈利模式之一。统计显示,2018 年,我国网络广告市场规模达 3 717 亿元,同比增长 25.7%。其中,就广告载体而言,移动广告是市场主流。各种丰富多样的移动端应用在为网民提供各类资讯和服务的同时,也提供了高度匹配用户的广告使用场景,高效地使得用户价值得以变现,从而推动移动广告市场的发展。移动端广告市场的份额在整个网络广告市场规模中的比例已高达 70%。未来随着移动互联网进一步普及和深化,这一比例

---

① 苏宁易购.苏宁易购集团股份有限公司 2019 年度业绩快报[EB/OL]. http://static. cninfo.com.cn/finalpage/2020-03-14/1207373606.PDF,2020-03-14.

② 奇虎三六零已于 2016 年 7 月 29 日完成私有化从纽约交易所退市,后借壳江南嘉捷电梯股份有限公司登陆 A 股市场,2018 年 2 月 28 日正式更名为三六零(股票代码:601360.SH)。

仍将持续增长①。

数字化、移动化、融合化、社交化、平台化已成为当下传媒业发展的潮流。传媒业除了强化专业化内容生产与传播优势以保证内容和广告稳定盈利之外,还应积极运用全产业链平台,开发个性化定制服务、移动增值业务、游戏业务等新的业务模式,以实现移动互联网时代传媒商业模式的可持续发展②。

(一) 布局生态平台

移动互联网时代,有实力的传媒公司都在布局平台化建设,或利用自己的先发优势抢占先机,或积极加入优质的平台展开合作,不断提高自身的传播力和影响力,从而获得广告主的青睐。

一些社交平台抓住移动互联网的机遇,利用资本手段布局,投入重金打造,不断吸引优质内容生产者入驻。除了自媒体账号,一批专业机构生产者也在不断加入其中,如传统主流媒体、政府机构、事业单位、公司企业等纷纷在有影响力的平台开设账号。以今日头条为例,从 2012 年 8 月上线至今,它已成为新闻资讯客户端中的佼佼者,其官方声称用户达 7 亿,活跃用户规模超过 2 亿。截至 2017 年 12 月,头条号平台账号数量超过 120 万个。截至 2018 年 7 月,政府部门的头条号超过 7.49 万个。移动互联网时代,今日头条已然成为中国最大的内容聚合与智能分发平台之一。根据今日头条发布的《2019 今日头条年度数据报告》,2019 年,头条创作者共发布 4.5 亿条内容,获得 90 亿次点赞。

从 2016 年起,字节跳动(今日头条母公司)开始布局短视频,UGC短视频实现爆发式增长。如今,字节系旗下的西瓜视频、抖音、悟空问答等多元化产品拥有巨大的流量,充分保证了其在广告方面的领先格局。公开数据显示,字节跳动 2017 年的营收为 150 亿元,2018 年完成既定的 500 亿元目标,2019 年的营收目标高达 1 000 亿元,每年都保持超

---

① 中国互联网络信息中心.第 43 次中国互联网络发展状况统计报告[EB/OL].http://www.cnnic.net.cn/hlwfzyj/hlwxzbg/hlwtjbg/201902/P020190318523029756345.pdf,2019-02-28.
② 梁智勇.移动互联网入口竞争的市场格局及传统媒体的竞争策略[J].新闻大学,2014(3).

200％的增速①。

（二）推行内容付费

移动互联网和智能终端的普及，特别是社交媒体和搜索引擎的分化，颠覆乃至摧毁了媒体机构多年经营起来的高度依赖广告的盈利模式。新技术平台的不断涌现，使得知识付费、在线直播等业务模式备受瞩目，内容直接变现模式也已开始凸显，并且逐步成为新经济形态②。内容付费业务主要来自两方面：一是受众付费阅读；二是向转载内容的平台运营商收取版权费。

从国际知名媒体机构的成功经验来看，《华尔街日报》《纽约时报》等一些世界知名媒体机构早已尝试并建立起付费墙盈利模式，取得了不错的经营业绩。从1997年开始，《华尔街日报》就开始尝试在线付费阅读，从所有内容收费形式逐步完善为后来的分类内容付费形式。到2012年，美国设置付费墙的出版商已经过半。许多出版商设置了灵活的付费方式，用户有一定的免费阅读量，超额部分或增值服务则要付费。《纽约时报》2017年通过数字订阅和数字广告业务获得的收入达30亿美元，三年后的数字收费业务预计达55亿美元。其付费数字订户已超过300万。截至2019年3月，《纽约时报》新增22.3万数字订阅用户，其中，14.4万用户订阅了数字新闻产品，其余用户订阅了烹饪和填字游戏产品③。2017年11月，中国的财新传媒对外宣布财新通正式上线，全面启动财经新闻内容收费模式，其旗下的财新网、WAP和财新App对财新精华内容统一收费，成为中国第一家全面转型付费业务的传统媒体机构。当然，财新传媒也并非对全部内容收费，一些常规性的内容和部分观点评论等依旧对所有公众免费开放，但对主要内容，尤其是核心采写的现场报道、调查新闻及专业分析的原创作品内容则实行即时收费和分时收费的形式。2018

① 郑洁瑶.字节跳动完成2019年业绩任务，营收超1 400亿元［EB/OL］.https://www.jiemian.com/article/3859935.html,2020-01-09.
② 李彪.未来媒体视域下媒体融合空间转向与产业重构［J］.编辑之友,2018(3).
③ 参考消息网.《纽约时报》1/4收入来自数字订阅　烹饪和填字游戏立功了［EB/OL］.http://www.cankaoxiaoxi.com/culture/20190510/2379743.shtml,2019-05-10.

年,《连线》《纽约》、BuzzFeed、彭博等都宣布了内容付费计划。《卫报》的收费订阅用户超过 100 万。

能够开展内容收费的前提是做好版权保护。为此,媒体机构纷纷完善版权保护机制,建立起版权授权机制,并且采用打包收费或业务置换等方式,创造新的盈利点。

就传统媒体而言,内容付费和广告收入是其盈利之本,但在移动互联网时代,必须实施全媒体战略。这不仅需要变革生产方式和传播渠道,而且需要改变原有的组织机构,带动全产业链转型升级,从线上走向线下,线上线下联动。例如,开展智库服务(决策顾问、舆情监测、分析报告等),举办各种论坛和展览,提供专业培训服务,开发排行榜和指数业务,拓展数据库服务,为客户提供关系管理、公关等定制化服务,满足不同用户的差异化需求①。在线下,通过论坛、访谈、评选、展览、品牌沙龙等方式,开展广泛传播;在线上,打通全媒体渠道,同时调用航拍、VR/AR、微视频、网络直播等手段实时推广,实现线上线下整合营销服务。

再以财新传媒为例,其全新定位为提供财经新闻及资讯服务的全媒体集团。其中,财新整合营销传播可为其客户"提供整合性品牌营销方案,以全面的媒体传播渠道输送优质内容产品,从而覆盖更广泛的目标受众,实现品牌传播诉求"②。营销服务模式包括原生文章、线上专题、影像视频、交互产品、研究报告、事件营销、会议活动、定制出版等。

当然,收费新闻和数字订阅的盈利模式正在经受时间的考验。2019年,路透社发布研究报告显示,人们并不愿意为在线新闻买单,特别是年轻人订阅在线新闻的意愿更低。加上受众选择的娱乐化和新闻聚合平台(如苹果公司的 Apple News、三星公司的 Upday)的分化,付费墙的盈利模式更加举步维艰。相比新闻,人们更愿意浏览影视、体育、音乐等娱乐化内容。影视娱乐平台 Netflix、Amazon Prime,以及数字音乐平台 Spotify、Apple Music 等,正在将受众的注意力时间从新闻媒体中抢走。新闻聚合平台横亘在媒体与受众之间,使得媒体与受众的联系更趋弱化。

---

① 梁智勇.移动互联网入口竞争的市场格局及传统媒体的竞争策略[J].新闻大学,2014(3).
② 财新网.商务频道[EB/OL].http://promote.caixin.com/.

更致命的是,它可以维持低利润水平却实现巨量发行,对传统媒体造成致命打击。

(三) 尝试电商等变现模式

移动互联网时代,媒体机构开始向业态综合化、盈利多元化方向发展,其中的一个突破口是试水电商业务。2011年3月,新浪购买麦考林(电子商务企业)19％股权;5月,腾讯分别向艺龙旅行网、网上鞋城好乐买投资8 440万美元和5 000万美元[①]。以传统门户网站起家的网易,在2016年4月正式推出其自营电商平台网易严选,并且在2018年9月入驻天猫、京东等电商平台。

一直以提供客观、专业新闻内容为标签的财新传媒,也在悄然试水电商业务。从最早推出精品的卖花和卖书业务满足其读者的高品质生活需求,到如今已发展为以"悦享生活,品味精品"为口号的财新商城,除了满足数字用户付费购买和杂志订阅之外,还包括图书、财新英文、定制化的周边生活用品以及会议与分享课程等方面的服务[②]。移动互联网时代,媒体融合已发展成为以用户数据为核心的多元内容、多种终端的全面融合,媒体的信息服务供给与用户需求高度智能匹配,由此带来了一种全新的媒体生产与消费模式[③]。

在大数据和人工智能的帮助下,用户的个性化特征浮出水面,增强了媒体满足广告精准化需求的能力。通常的方式是,针对潜在消费群体,媒体可以在适当的时机,或以内容链接,或以软性植入的方式,推送给目标客户适当的广告。这种方式为广告主提供了精准高效的广告服务,这些新型媒体也因此获得了可观的广告收入,但这种基于移动互联网时代的广告模式依旧建立在"用内容换受众,以受众换广告"的传统商业模式之上。最新的传媒商业模式是,媒体绕过广告推广环节,直接与企业产品方合作,或者引入产品渠道,在提供内容服务的同时,直接为精准化的目标

① 梁智勇.中国新媒体上市公司股权结构分析及其资本运作新动向[J].新闻大学,2013(3).
② 财新网.财新商城[EB/OL].http://mall.caixin.com/mall/web/index/.
③ 张衍阁.原创新媒体商业模式的探索与思考——以界面新闻为例[J].新闻战线,2018(4).

客户群提供电商购买入口,尤其是满足这部分群体的高端品质生活需求,如图书、红酒、旅游、高端培训等各种服务。财新传媒旗下的财新商城的商业模式就是一个例证。

随着全媒体战略的推进,媒体围绕内容、平台、终端、用户"四位一体",探索出横跨电子商务、在线教育与培训、专业咨询服务等新兴产业与业务形态,逐渐构建起一种超越传媒行业的融合产业新形态。未来,电商会成为新媒体企业拓展产业边界、实现内容变现的重要选择路径和盈利模式创新手段之一[①]。

(四) 开展定制化增值服务

根据用户的个性化需求,一些传媒公司在积极探索定制化内容和服务,不断尝试拓展游戏、移动增值等多重业务,打通移动支付和互联网金融环节,在原有内容和广告方面嵌入技术基因与商业基因,真正打通整个传媒甚至文化产业链[②]。

以微视频平台为例,一条、二更、梨视频等微视频平台在短短几年内声名鹊起,得益于其定制化的生产模式,实现了盈利模式的多元化。二更的内容分发渠道有 300 多家,包括线上和线下。其中,线上渠道分为三类:腾讯、优酷等视频网站;今日头条、秒拍、美拍等移动端 App;Google、YouTube、Facebook、Twitter、Instagram 等海外社交媒体渠道。线下渠道也有三类:网络电视、数字机顶盒等家庭视频终端;地铁、航空、高铁等公共交通;酒店、办公楼宇等线下屏幕。

如今,新闻传播领域内发生的竞争是个性化内容生产与传播方式创新的竞争[③]。一些富有远见的新媒体公司为满足用户日益多元化的个性需求,纷纷设立产业基金、创业投资基金,建立研究机制和团队,孵化具有超前性和广阔前景的项目,紧跟网络时代的高速发展。

---

① 黄楚新,闫文瑞.智能互联时代媒体融合新媒体:"媒体+电商"[J].新闻论坛,2018(5).
② 梁智勇.移动互联网入口竞争的市场格局及传统媒体的竞争策略[J].新闻大学,2014(3);财新网.商务频道[EB/OL].http://promote.caixin.com/.
③ 杭敏,李成章.国际财经媒体评述与未来发展趋势[J].传媒,2016(23).

我国新兴媒体技术领域呈现出良好的发展势头。大数据、云计算、5G、人工智能、虚拟现实、物联网等新兴技术,共同构筑起创新生态空间的四梁八柱。这一系统已初步覆盖上游的硬件制造、平台服务、安全管理,下游的产业技术应用服务、行业投资、媒体宣传、人才服务等各个环节①。这为新闻媒体推动数字化转型、优化产业结构、创新商业模式带来了机遇。

普华永道的研究显示,2018年,移动互联网广告支出首次超过有线电视广告,数字广告(包括搜索引擎广告、网站横幅、视频广告和多媒体广告等)的收入超过电视和印刷媒体广告收入的总和②。

当下,移动互联网企业多种盈利模式并存,为互联网经济注入了活力。有学者将移动互联网的主要盈利模式总结为:前向收费(包括数据业务模式、增值业务模式和电子商务模式)、后向收费(主要是广告模式)、创新模式(主要是开放平台模式)(见图3)③。

在数字技术的驱动下,自媒体、社交媒体、智媒体等迎来发展的春天,呈现出大者恒大、强者恒强的发展态势,传统媒体的生存面临严峻挑战。传统媒体的盈利模式过于依赖传统广告(以"to B"和"to G"的商业模式为主),而传统广告单向传播模式无法直接转化为销量。相比之下,移动互联网效果广告的盈利模式则可以轻松变现("to C"、"to B"和"to G"的商业模式兼而有之)。当传统媒体的受众、客户乃至人才都被新媒体公司抢走后,它将如何拥抱明天的太阳呢? 推动数字化转型,成为摆在传统媒体面前的必由之路。

未来,掌握核心技术、建立核心产品、抓准用户需求、创新盈利模式,才能在市场竞争中立于不败之地。在此背景下,传媒亟须调整自身的战略定位,不应局限于以往单一的内容供应商角色,应紧抓移动优先战略,拥抱媒体融合趋势,尽快向全媒体形式转化,实施平台化战略,实现传媒商业模式创新。

---

① 中国互联网络信息中心.第43次中国互联网络发展状况统计报告[EB/OL].http://www.cnnic.net.cn/hlwfzyj/hlwxzbg/hlwtjbg/201902/P020190318523029756345.pdf,2019-02-28.

② 史安斌.中国传媒产业发展报告(2019)[M].北京:社会科学文献出版社,2019:6.

③ 宋杰,等.移动互联网成功之道:关键要素与商业模式[M].北京:人民邮电出版社,2013:268.

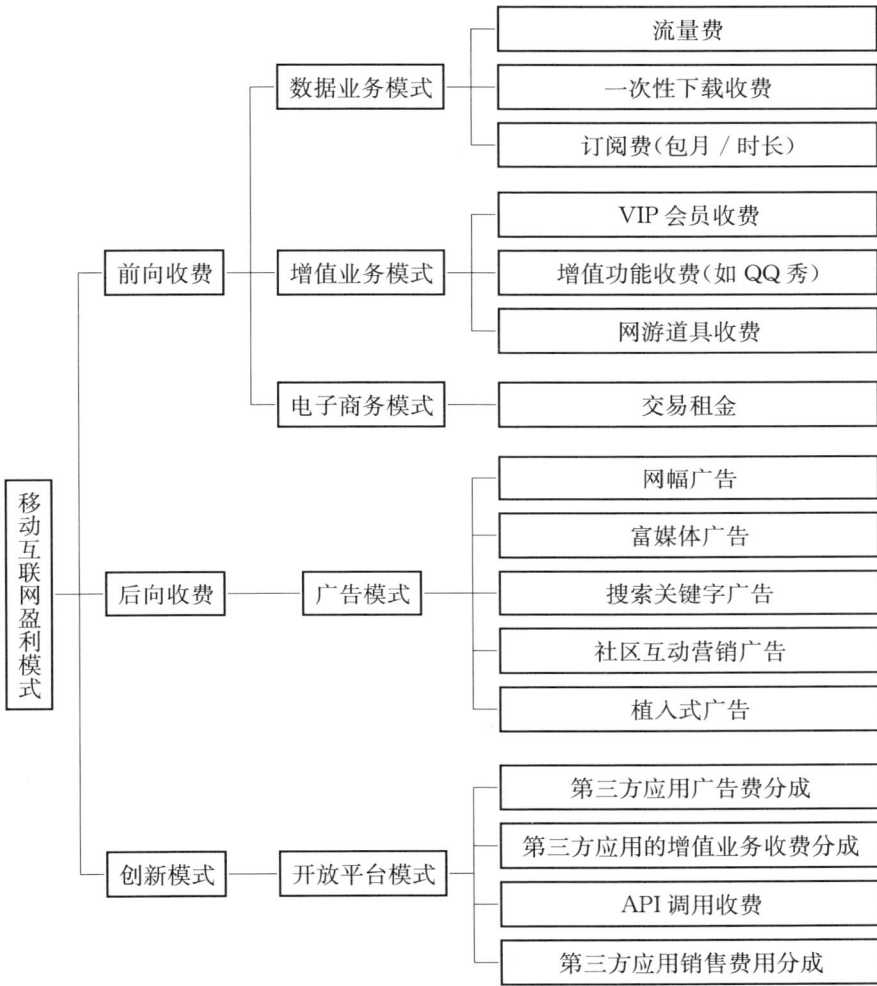

图 3　移动互联网主要盈利模式

（资料来源：宋杰等：《移动互联网成功之道：关键要素与商业模式》，人民邮电出版社 2013 年版，第 268 页）

>>> 第六章 移动互联网时代
传媒业的政府规制

　　网络安全是国家安全的重要组成部分。习近平总书记指出,没有网络安全就没有国家安全;过不了互联网这一关,就过不了长期执政这一关。全媒体不断发展,出现了全程媒体、全息媒体、全员媒体、全效媒体,信息无处不在、无所不及、无人不用,导致舆论生态、媒体格局、传播方式发生深刻变化,新闻舆论工作面临新的挑战①。

　　移动互联网时代的政府规制,面临三重全新的挑战。一是当今世界传媒格局正处在大变革、大整合、大重组的进程中,网络巨头寡头垄断的局面愈演愈烈。中国传统媒体与网络巨头之间的差距还在进一步拉大。FAANG、BAT 等都因为行业垄断,面临信任危机。二是传播门槛降低,自媒体乱象丛生,例如出现造谣、抄袭、网络水军、数据造假、隐私泄露、黄赌毒泛滥等问题。三是西方国家实施技术封锁,带来网络安全问题。网络窃听、断网行动,乃至网络战争,威胁中国的国家安全和意识形态安全。

　　移动互联网时代中国政府规制的总体思路是:既要强化制度创新,重视体制机制的改革,也要紧随数字化浪潮,不断更新技术手段。具体而

---

　　① 求是.习近平:加快推动媒体融合发展 构建全媒体传播格局[EB/OL]. http://cpc.people.com.cn/n1/2019/0315/c64094-30978511.html,2019-03-15.

言,经过多轮机构整合,中国已建立起以网信办为主导,公安部、工信部、文化部等部门联合监管,对互联网上下游进行统一规划和系统管理的规制模式,并且形成了以《网络安全法》为骨干,行政法规和部门规章起辅助作用的互联网法律体系。未来,政府还要继续深化监管体制改革,化解"九龙治水"的管理弊端。面对第四次科技革命的最新发展趋势,政府规制模式宜顺势而为,积极引入大数据、云计算等前沿技术,推动人工智能与传统审核方式相结合,同时关注网民翻墙的管理及网络监管实名制的利弊。

一、移动互联网时代政府规制面临新难题

(一) 媒体生态环境和竞争格局产生深刻变革

在资本和技术的双重驱动下,中国传媒业的生态环境和竞争格局发生了巨变。受众的注意力逐步从传统媒体转向移动互联网,许多网民(如千禧一代、三四线城市和部分乡村居民等)跨越 PC 互联网,直接迈入移动互联网时代。随着移动终端的全面普及和人工智能的加速应用,"万物皆媒"的时代加速来临。

在外部冲击下,近年来,国内报纸、广播、电视等传统媒体纷纷转型为全媒体机构,关停并转,动作不断。但是,整个传媒业仍面临巨大的挑战和不确定性。据不完全统计,中国 2017—2019 年被关停的报刊约为 50种。2019 年年底至 2020 年年初,又有十余家纸媒宣告停刊,其中不乏《上海金融报》《城市快报》《天府早报》等一线城市的知名大报,再次引发各界对纸媒未来的担忧。

电视台的情况同样不容乐观,电视的开机率、收视率持续下降。2018年,大部分省级卫视面临亏损,盈利者少之又少。为了缩减成本,不少电视台选择将收视率较低的同类型频道合并,例如,上海电视台旗下的纪实频道和艺术人文频道合并为纪实人文频道,东方电影频道和电视剧频道合并为东方影视频道。

更有甚者,在部分财政压力较大的城市,出现了官媒拖欠员工工资和

社保,引发员工讨薪的事件,如黑龙江鸡西新闻传媒集团、齐齐哈尔广播电视台、大庆日报社等。昔日帮助弱势群体讨薪的"无冕之王"如今自身都难保了。

传统媒体衰落已成为全球性的现象。数据显示,2019年,YouTube月用户已超过20亿,广告收入超过150亿美元,比美国无线网NBC、CBS和Fox三大电视台2018年的广告收入总和还多[①]。

在此背景下,中国传媒业正在经历新旧动能转化。舆论话语权竞争的主赛道已从传统阵地转向以移动互联网为主,以PC互联网为辅,以整合传播、融合传播为特征的全新赛道。为了抢抓移动互联网机遇,传统媒体积极转型、主动作为,推动媒体融合初见成效,但是从用户状况、技术力量、资本实力、综合排名四个维度来看,形势依然严峻。

1. 用户状况:新兴媒体优势明显

从用户规模和质量结构来看,传统媒体的受众情况难言乐观:受众流失,观众老化,浏览时间缩水。现有受众越来越远离传统媒体,留给传统媒体转型发展的市场窗口期越来越短。2018年11月底,中国网络视听节目服务协会发布的《2018中国网络视听发展研究报告》显示,在网络视频用户中,有近半数(45.8%)已不再接触报刊和广播电视等传统媒体,年龄较大的用户同样在远离传统媒体,43.5%的"50后"和"60后"在半年内没有收听、收看过传统媒体[②]。2019年5月发布的《2019中国网络视听发展研究报告》进一步指出,过去被认为是传统媒体忠实拥趸的中老年群体也在加速拥抱移动互联网,在50岁以上群体中,短视频的渗透率已达三分之二[③]。

受众在移动端逗留的时间越来越长,在PC端逗留的时间越来越短,此消彼长的趋势愈发明显。在TMT(科技-媒体-通信)行业跨界融合的

---

① 转引自智通财经. Alphabet (GOOGLE. US)2019年Q4点评:营收利润略不及预期,YouTube、云计算表现抢眼[EB/OL]. https://www.zhitongcaijing.com/content/detail/272555.html,2020-02-10.

② 中国网络视听节目服务协会.2018中国网络视听发展研究报告[EB/OL]. https://baijiahao.baidu.com/s?id=1618436600541497559,2018-11-29.

③ 中国网络视听节目服务协会.2019中国网络视听发展研究报告[EB/OL]. http://www.199it.com/archives/882433.html,2019-06-3.

背景下,传统媒体因为缺少资本支撑和技术力量,拥抱移动互联网可谓有心无力。受众注意力集中于头部平台。以网络视频为例,网民大多集中在爱奇艺、腾讯视频、优酷土豆、抖音、快手等平台①。

据 App Annie 统计,2019 年,全球 App 下载量达到 2 040 亿次,再创历史新高,用户日均在移动设备上花费的时间为 3.7 小时,全球消费者和移动广告支出超过 3 800 亿美元。2019 年,在 Google Play 和 iOS App Store 两大应用商店中,全球下载量最高的 App 依次为:Facebook Messenger、Facebook、Whatsapp、抖音、Instagram、茄子快传、Likee、Snapchat、Netflix、Likee。收费 App 下载量前十位为:Tinder、Netflix、腾讯视频、爱奇艺、YouTube、Pandora Music、Line、Line Manga、优酷、Google One②。

从 App 的累计下载量来看,中国拥有用户最多的 App 是微信。腾讯对外宣称,2019 年,微信的月活跃用户数达 11.5 亿,是国内唯一突破 10 亿用户规模的超级应用③。据易观数据统计,2020 年 1 月移动应用 App 排行榜前十位为:微信、QQ、手机淘宝、支付宝、爱奇艺、抖音、腾讯视频、优酷、快手、拼多多。新浪微博居第 14 位,今日头条居第 16 位,传统媒体中排名最高的是第 72 位的凤凰新闻④。可见传统媒体已远远掉队。

2. 技术力量:科技公司遥遥领先

要在移动互联网领域赢得先机,入口争夺战势在必行。在首轮拼抢中,科技巨头已拔得头筹:百度占据内容入口,腾讯盘踞社交入口,阿里巴巴抢占电商入口,360 布局安全入口,苹果公司、华为、三星、小米、OPPO、vivo 等致力于争夺硬件和软件(如应用商店)入口,WiFi 万能钥匙着力争夺免费上网入口。

① 中国互联网络信息中心.中国互联网络发展状况统计报告[EB/OL].http://www.cnnic.cn/hlwfzyj/hlwxzbg/hlwtjbg/201808/P020180820630889299840.pdf,2018-08-20.
② 199IT.App Annie:2020 年移动报告[EB/OL].https://tech.sina.com.cn/roll/2020-02-12/doc-iimxyqvz2130943.shtml,2020-02-12.
③ 站长之家.2019 微信年度数据报告:月活用户超 11.5 亿,捂脸咸使用最多的表情[EB/OL].http://www.chinaz.com/2020/0109/1091398.shtml,2020-01-09.
④ Analysys 易观.2020 年 1 月应用月度 TOP 榜[EB/OL].https://qianfan.analysys.cn/refine/view/rankApp/rankApp.html,2020-03-03.

如果说中国互联网竞争的上半场是争夺粉丝和流量,那么下半场将在信息服务等垂直领域竞争。媒体如果只囿于传统领地,"天花板"近在眼前,但若能参与到智慧城市、数字经济中,发展天地则广阔无垠。当前,腾讯已经从消费互联网(to C)走向产业互联网(to B),阿里巴巴从电商走向云服务和新消费,百度从搜索引擎走向人工智能,华为从电信设备制造、智能终端制造走向芯片制造、云服务、物联网和工业互联网等。它们挺进的蓝海区域,未来有着巨大的想象空间。

3. 资本实力:网络巨擘掌握寡头市场

在资本的驱动下,科技公司的发展近年来呈爆炸式增长,市值、收入、利润等指标一骑绝尘,令传统媒体难望项背。中美 TMT 行业大体可以划分为五大阵营(市值以 2020 年 3 月 2 日数据为准)。美国优势明显,中国紧紧跟随。

第一阵营(市值超 5 000 亿美元)为市场领导者,如苹果公司、亚马逊、微软、谷歌、Facebook、阿里巴巴。

第二阵营(市值 1 000 亿—5 000 亿美元)为行业领军者,如腾讯、三星、迪士尼、Netflix。

第三阵营(市值 100 亿—1 000 亿美元)为行业佼佼者,如时代华纳、百度、小米、雅虎、京东、Twitter、360、网易、分众传媒、携程、东方财富。(今日头条尚未上市,市场估值约为 750 亿美元。)

第四阵营(市值 50 亿—100 亿美元)为市场追随者,如微博、联想、新闻集团、东方明珠、芒果超媒。

第五阵营(市值 10 亿—50 亿美元)为市场后进者,如新浪网、人民网、新华网、新媒股份。

从市场活力来看,市场化媒体的扩张动力和创新冲动明显强于传统媒体。从近几年中国公司 IPO 情况来看,市场化媒体亮点不断。2016年,美图秀秀在中国香港上市;2017 年,搜索引擎搜狗在美国上市,阅文集团在中国香港上市,掌趣科技在 A 股上市;2018 年,哔哩哔哩、爱奇艺、虎牙、趣头条、腾讯音乐赴美上市,小米集团、映客直播在中国香港上市,360 回归 A 股,工业富联在 A 股上市;2019 年,斗鱼、网易有道、36 氪、金融壹账通在美国上市，阿里巴巴再度登陆港股。

尤为值得关注的是，上海证券交易所科创板于 2019 年 7 月开市交易，为传媒业借助资本市场做大做强提供了崭新的路径。科创板作为中国资本市场基础制度改革创新的试验田，在盈利状况、股权结构等方面做了差异化安排，将增强对创新企业的包容性和适应性，非常符合传媒业轻资产、持续盈利能力不稳定的特点。预计未来传媒公司会陆续登陆科创板。

4. 综合排名：传统媒体边缘化风险加剧

在 2020 年《财富》世界 500 强榜单中，美国企业亚马逊、苹果公司、Alphabet（谷歌母公司）、微软和 Facebook 分别位列第 9、12、29、47、144 位（见表 4）。其中，亚马逊公司 2019 年的收入高达 2 805 亿美元，傲视群雄。中国也有六家具有移动互联网和传媒属性的公司上榜，华为、京东、阿里巴巴、腾讯、苏宁易购、小米集团分别排在第 49、102、132、197、324、422 位（见表 4）。其中，华为公司 2019 年的收入达到 1 243 亿美元，相当于亚马逊公司的 44%[①]。

表 4　全球主要移动互联网和传媒属性公司排行

《财富》世界 500 强（美国）	2020 年排位	2019 年营收（亿美元）
亚马逊	9	2 805
苹果公司	12	2 601
Alphabet（谷歌母公司）	29	1 618
微软	47	1 258
Facebook	144	706
《财富》世界 500 强（中国）	2020 年排位	2019 年营收（亿美元）
华为	49	1 243
京东	102	835

---

① 财富中文网. 2020 年《财富》世界 500 强排行榜［EB/OL］. http:// http://www.fortunechina.com/fortune500/c/2020-08/10/content_372148.htm, 2020-08-10.

（续表）

《财富》世界 500 强（中国）	2020 年排位	2019 年营收（亿美元）
阿里巴巴	132	731
腾讯	197	546
苏宁易购	324	389
小米集团	422	297

资料来源：根据财富中文网 2020 年《财富》世界 500 强榜单整理。

多年来，中国的传统媒体与世界财富 500 强无缘，有进一步被边缘化的风险。令人忧虑的是，传统媒体与网络巨头的差距正逐年拉大。

综合而言，FAANG（Facebook、Apple、Amazon、Netflix、Google）是全球 TMT 行业和移动互联网领域的领军者。中国互联网巨头 BATJ（百度、阿里巴巴、腾讯、京东）、新生代 TMD（今日头条、美团、滴滴）正在奋力追赶。传统媒体仍处于明显的劣势和守势。如果说传统媒体和网络媒体的用户规模是 1∶10 的差距，在资本实力上则是 1∶100 或更大的差距。这就是严峻的现实。

（二） 网络巨头的行业垄断和信任危机

互联网巨头的行业垄断并非新鲜话题。在全球移动终端领域，苹果公司具有绝对优势；在移动社交平台上，Facebook 一骑绝尘，占据全球移动社交媒体 80% 的市场份额；在全球云服务市场，亚马逊独领风骚；在搜索引擎领域，谷歌独占鳌头。这些平台型企业胜者为王、赢家通吃，大者恒大、强者恒强，在各自领域建立起超级垄断地位。2019 年年初，牛津大学路透新闻研究院发布报告，在详解传媒业发展趋势时强调：虽然传统媒体仍坚守"守门人"的角色，但是平台型公司正在议程设置上掌握越来越大的话语权①。

垄断必然压制市场创新，导致市场缺乏活力，最终损失的是社会公平

---

① 路透报告：关于新闻业的未来，每个人都需要知道这 5 件事［EB/OL］. http://finance. sina.com.cn/stock/relnews/us/2019-03-19/doc-ihrfqzkc5232966.shtml，2019-3-19.

正义。以超级巨无霸公司 Facebook 为例,在全球十款下载量最大的软件中,它就占据四席:Facebook 在全球拥有 29 亿用户,即时聊天软件 Whatsapp 有超过 20 亿用户,Messenger 和 Instagram 有超过 10 亿用户。数据分析公司剑桥分析违规获取 Facebook 5 000 万用户的隐私信息,并且将其用于服务特朗普竞选团队,引发世界一片哗然。社交工具 Snapchat、Twitter 旗下的视频网站 Vine 等一批创新型平台,都在 Facebook 的重重打压下偃旗息鼓。一旦发现竞争对手的创新产品,Facebook 便迅速复制其产品并将竞争者置于死地。2019 年 5 月,Facebook 的联合创始人克里斯·休斯在《纽约时报》发表评论文章《是时候拆分 Facebook 了》。文中写道:"Facebook 权力最成问题的一面是马克对言论的单方面控制。他有能力监控、组织甚至审查 20 亿人的谈话,这是史无前例的。"[①]2019 年 9 月,一项民意调查显示,近三分之二的美国人支持通过撤销最近的合并来拆分科技公司,例如 Facebook 收购了 Instagram,希望以此确保未来能够有更充分的竞争[②]。相比传统媒体,在科技巨头的超级平台上,广告可以更便宜、更高频次分发、更精准地投放,最终刺激了虚假信息的泛滥和民粹主义的崛起。

面向互联网巨头垄断的战斗几乎从未停歇。2017 年以来,欧盟对谷歌开出三张高额罚单,罚款总计 93.7 亿美元[③],原因在于谷歌利用其安卓操作系统阻止竞争对手,使用谷歌广告工具 AdSense 展示搜索广告等行为违反垄断法。2019 年,法国数据保护机构 CNIL、欧盟数据保护委员会、美国司法部分别对谷歌作出处罚决定或启动调查。受此影响,谷歌 A 类股在 2019 年 6 月 3 日下跌 6.12%,市值蒸发逾 470 亿美元。2019 年 12 月,欧盟委员会表示,欧盟反垄断监管机构考虑对 Facebook、亚马逊、苹果公司和谷歌等大型科技公司采取更加强硬的立场,迫使它们采取更多措

---

① 罗彬杰.拆分 Facebook 的时候到了[EB/OL]. http://tech.ifeng.com/c/7mZC69h9Bgl, 2019-05-10.

② PingWest.三分之二美国人支持拆分亚马逊和 Facebook 等科技巨头[EB/OL].http://finance.sina.com.cn/stock/relnews/us/2019-09-20/doc-iicezzrq7089387.shtml?source=cj&dv=2,2019-09-20.

③ TechWeb.欧盟对谷歌开出第三张天价罚单　累计罚款总额达 93.7 亿美元[EB/OL]. http://finance.sina.com.cn/roll/2019-03-21/doc-ihtxyzsk9224306.shtml,2019-03-21.

施,以确保公平竞争①。

在国内,历经多年的自由竞争和市场洗牌后,国内科技巨头已在竞争中占据巨大优势。通过不断的战略扩张,BAT 等巨头掌控了上下游资源,逐步形成生态闭环,进一步巩固市场垄断地位。互联网平台之间相互封杀端口(例如,微信封杀抖音、飞聊,百度主要推荐百家号内容)、选边站队、"双 11"电商平台二选一、利用市场优势随意提价、泄露个人隐私等行为,引发了人们对网络巨头的信任危机。

如今,主流媒体纷纷在商业平台上开设账号,借灶开火,借船出海,带来了一个不容忽视的后果:主流媒体被商业平台绑架,意识形态安全受到威胁。这些商业平台一旦完全服从且服务于资本游戏,将带来舆论市场被扭曲的严重后果。2020 年 6 月,国家网信办指导北京市网信办约谈新浪微博,针对微博在蒋某舆论事件中干扰网上传播秩序和传播违法违规信息等问题,责令其整改。此前,新浪微博删除了关于天猫总裁蒋某的热搜,因为天猫和新浪微博同属阿里巴巴集团。深入调查发现,热搜居然是一门生意。从热门关键词到粉丝、转发、评论、点赞等行为,都在网上明码标价。这加剧了人们对资本操控主流商业媒体的担忧。一旦意见的自由市场被资本侵蚀,舆论完全可能被资本左右(花钱买热搜、百度的竞价排名、抖音的直播打赏莫不如此)。这些现象值得监管部门警觉。

1. 3Q 大战:互联网不正当竞争第一案

奇虎 360 与腾讯之争,又称 3Q 大战,因案件涉及公司名气大、索赔金额高而备受关注。奇虎 360 以垄断为由起诉腾讯公司,在业界引起轰动。此案被称为"互联网不正当竞争第一案",是最高法审理的第一起反垄断案。此案判决树立了司法标杆。

战火自 2010 年燃起,源于奇虎 360 和腾讯明星产品间的"互掐"。彼时,从 2010 年各家互联网公司中报看,腾讯的半年度利润(37 亿元)超过百度(13 亿元)、阿里巴巴(10 亿元)、搜狐(6 亿元)、新浪(3.5 亿元)半年度

---

① 网易科技.欧盟或因反垄断打击美四大科技巨头:不仅仅罚款[EB/OL]. http://tech. 163.com/19/1211/11/F044530U00097U7T.html,2019-12-11.

利润之和,但腾讯产品的开发模式被广为诟病——"一直在抄袭,从未被超越"。奇虎360和腾讯在此后四年间,互诉三场。奇虎360最后败诉。

3Q大战是对互联网开放精神的一次拷问,一定程度上促进了中国互联网企业创新生态的营造。事后,腾讯做出重大改变:一是连续进行10场诊断会,举办第一次开放者大会,诚恳听取同行、客户与媒体的意见和建议;二是梳理腾讯核心能力,重新制定腾讯战略。此后,阿里巴巴、新浪等也纷纷宣布开放平台。中国互联网大踏步进入开放时代。

2. 百度魏则西事件:竞价排名广告屡禁不止

在全球搜索引擎领域,谷歌独领风骚;在中国搜索引擎市场,百度占据绝对垄断优势,360、搜狗、有道、中国搜索等竞争对手尚难撼动其行业地位。

2016年,百度因青年魏则西之死,被千夫所指。百度搜索医疗信息竞价排名广告引导魏则西走向莆田系医院,致其被耽误病情并最终死亡。此事让百度的声誉直落谷底,其竞价排名内幕随即被曝光:搜索排名靠前的医疗信息,依靠的不是医疗技术和患者口碑,而是赤裸裸的广告费竞价。

对此,舆论对百度一味追求盈利、纵容作恶的行为展开一连串的追问和声讨。国家网信办联合调查组在深入调查魏则西事件后,认定百度的竞价排名机制存在付费竞价权重过高、商业推广标识不清等问题,要求百度立即整改竞价排名机制,清理整顿医疗类等有关生命健康安全的商业推广服务[①]。在监管部门铁拳整治和社会舆论泰山压顶之下,百度随即承诺撤除疾病搜索置顶推广。

两年后,竞价医疗广告却又重回公众视野。媒体报道称,百度等多款主流搜索引擎仍存在搜索公立医院却出现民营医院、搜索疾病名称时跳出广告内容、搜索到的医院在治疗过程中擅自加价等不规范问题[②]。此

---

① 新华每日电讯.互联网企业价值观端正方能致远[EB/OL]. http://www. xinhuanet. com//politics/2016-05/11/c_1118843072.htm,2016-05-11.
② 经济日报.高仿医院再现,百度称已采取措施[EB/OL]. http://baijiahao. baidu. com/s? id=1601217153993528431,2018-05-23.

外,百度移动端被爆成为医疗广告重灾区,不当竞价排名重新抬头,并且在移动端更易实施"精准推送",搜索底线屡遭突破。使用相同的关键词进行搜索,在网页端和移动端的结果却大相径庭。大数据算法成为此类搜索引擎牟利的推手。

有分析认为,魏则西事件对百度的声誉造成了严重的打击,也影响了百度后续移动端业务的拓展。从市值看,截至 2020 年 3 月 2 日,百度公司市值为 418 亿美元,不到阿里巴巴的十分之一,并且已被京东、拼多多等赶超。过去所谓的 BAT 三足鼎立已变为 AT 双雄时代。

3. 今日头条虚假广告"二跳":无视监管,价值观再被拷问

2018 年 3 月,中央电视台《经济半小时》曝光今日头条在发布广告时存在"二跳"。"二跳"是指从正规产品页面跳转至按规定不能上线的产品页面。今日头条在二三线城市发布此类广告,员工可以帮助一些虚假医药广告避开审核流程,发布给广大用户,严重侵害消费者合法权益。事发后,今日头条在声明中指出,"本次违规行为正是四川分公司网服组两名员工以及南宁代理商员工在外部利益的驱动下,做出的逃避今日头条广告审核制度违规行为"①。

对此,舆论并不买账。今日头条内部追求利益最大化并忽视监管,仍然成为媒体和公众追问的重点,人民网发文痛批今日头条"价值取向出现了偏差,不拿监管当回事"②。当前,信息流广告已成为移动互联网领域最直接的变现方式。然而,信息流广告一路高歌猛进,违规问题也不断暴露出来,小错不断、大错常犯。今日头条的"二跳"广告,只是众多违规事件的一个缩影。

(三)移动平台和自媒体的行业乱象

1. 数据为王和侵犯隐私

正如蒸汽机革命推动工业经济蓬勃发展、计算机的诞生推动信息经

---

① 白金蕾.今日头条回应违规二跳:已处理涉事员工[N].新京报,2018-03-31(13).
② 人民网.别再以丑陋方式上头条[EB/OL]. http://media. people. com. cn/GB/n1/2018/0330/c14677-29899403.html,2018-03-30.

济滚滚向前、互联网的发明促进网络经济欣欣向荣,移动互联网的兴起则带动数字经济方兴未艾。移动互联网加速了跨界融合,使得整个社会的数字化转型大大提速。数字经济不仅包含信息传输、环球互联、网络世界,还覆盖客户行为、用户偏好、消费心理、雇员心态、社会动态等心理学、社会学范畴,包含移动终端、智能硬件、应用软件等信息技术,还可延伸至全民健康、智慧医疗、数字化教学、数字化文化、智能化媒体等领域①。

当数据成为数字经济时代的基础性战略资源和必备生产资料时,上至国家、下至企业,莫不将大数据战略作为迎接未来竞争的重要考虑。2017 年 5 月,《经济学人》杂志将数据资源称为"未来的石油"。在此背景下,网络巨头们无不尊崇"数据为王"的竞争法则。

高速发展的移动互联网具有可移动、可识别、可定位等特性,加剧了去中心化、高度开放性、交互性传播的趋势。个人信息一旦在网上泄露,就会快速地被广泛传播。2019 年 5 月,中央网信办披露了 100 款用户常用 App 申请收集使用个人信息权限的情况。在这些平台中,普遍存在收集用户通讯录、读取外置存储器、访问精准定位、获取用户账户等行为。一些平台在用户不知情的情况下拍摄、录音、读取日历、读取电话状态、读取短信等,一旦用户拒绝提供相关权限,则无法安装或正常运行 App。这些被曝光的现象反映了长期存在的普遍问题:贩卖个人隐私信息成为一条黑色产业链,个人隐私权的保护遭遇严峻的挑战。

针对网络巨头频繁侵犯用户隐私的问题,西方国家已经使出撒手锏。以欧盟为例,2018 年 5 月出台的《通用数据保护条例》(General Data Protection Regulation)规定:在未经当事人授权的情况下,所有能直接或间接识别的种族、健康状况、政治倾向、性取向等敏感信息,企业不得使用。违者最高将被罚款 2 000 万欧元或企业全球年营业额的 4％②。

2. 数据崇拜、数据造假和网络水军

当数据统治了世界,流量变现、粉丝经济、"上头条不如上热搜"便大

---

① 朱晓明.走向数字经济[M].上海:上海交通大学出版社,2018:60.

② 刘胜军.BAT 会被分拆吗?互联网巨头的"二选一"[EB/OL].https://tech.sina.com.cn/csj/2019-06-05/doc-ihvhviews6875078.shtml,2019-06-05.

行其道。下载量、粉丝数、在线人数、日活量、转化率、浏览量、点击量、播放量、转发量、评论量……这些量化指标,牵动着移动互联网产业链上下游各方的敏感神经。对于头部企业来说,产品下载量达到亿级只是基础门槛,例如,百度认为其核心资产是十多款下载量破亿的 App。对于广告主来说,一则广告的转化率的重要性远胜于浏览量。对于网红、"大 V"等自媒体作者而言,"10 万＋"是考察一篇文章引发关注度的重要尺度。整个移动互联网界都弥漫着"数据崇拜"的气息。人们被数据驱赶,时刻都有追求爆款的冲动。

流量数据的背后往往关系着巨大的商业利益,数据作弊如同鬼魅随行,成为行业顽疾:僵尸粉、黑公关、花钱买粉、刷单注水、代打流量、网络水军……衍生出一个庞大的灰色产业。《人民日报》对此评论称:"打开视频网站,数据攀比屡见不鲜,动辄上百亿的点击量被揶揄为'8 亿网民不够用';登录中介平台,刷量服务明码标价。"①平台方和第三方公司经常默契地形成"共谋",联合实施数据造假,骗取广告主的经济利益。

自媒体平台为了博人眼球,追求流量变现,有的通过粉丝打赏、广告发布、衍生品销售等实现盈利,有的则铤而走险,走上"黑公关"路线,收受"保护费"。针对自媒体敲诈勒索等违法犯罪活动突出的问题,2018 年以来,公安部组织各地公安机关深入调查,成功侦破"网络水军"团伙犯罪案件 28 起,抓获犯罪嫌疑人 67 名,关闭涉案网站 31 家,关闭各类网络"大 V"账号 1 100 余个,涉及被敲诈勒索的企事业单位 80 余家②。

3. 黄赌毒泛滥和低俗之风

对于一些自媒体平台而言,流量和阅读量就是一切。这就导致一些平台一味地迎合低级趣味,或贩卖心灵鸡汤,或炒作明星绯闻,或传播娱乐八卦,无所不用其极。在这些平台上,低俗、庸俗、媚俗的信息充斥其中,不乏垃圾信息污染眼球,拉低了受众的审美水平。更有甚者,为了迎合部分受众窥私猎奇心理,传播黄赌毒,突破"七条底线",背离社会主义核心价值观。当前,自媒体市场竞争白热化,一些自媒体人无视或无暇顾

① 人民时评.破除"唯流量"的行业顽疾[N].人民日报,2018-10-11(05).
② 熊丰.公安机关重拳打击"网络水军"违法犯罪[N].新华每日电讯,2018-12-09(02).

及基本的法治、道德观念，不择手段地标新立异，毫无底线地迎合受众，制造低俗话题。这些行为尤需引起业内人士和相关部门的警惕。

2018年5月，一名空姐深夜在郑州搭乘网约车遇害，消息迅速引爆网络。5月11日，主打女性内容、号称"有温度的自媒体"的微信公众号"二更食堂"在其头条推送文章《托你们的福，那个杀害空姐的司机，正躺在家数钱》，对案件进行低俗描述[①]，尤其是文章中对被害女性的恶俗描写，让读者感到极度不适。浙江省网信办会同杭州市网信办迅速约谈"二更食堂"负责人。11日晚，二更CEO李明公开致歉。13日，二更创始人丁丰再次致歉，并且宣布永久关停"二更食堂"[②]。关停之时，"二更食堂"在微博、微信等平台上已拥有上千万粉丝。

与此类似的是字节系的搞笑娱乐社区"内涵段子"，因为传播涉黄等恶俗内容，被永久关闭。此前，其市场估值曾高达百亿元。

4. 洗稿抄袭、造谣盛行和虚假信息

在自媒体时代，信息泥沙俱下、真假难辨。因为传播主体多元化、传播内容碎片化、传播渠道分散化、传播效果裂变化，自媒体给社会管理带来了新课题。截至2019年年底，中国的微博活跃用户数达到5.16亿，微信公众号超过2000万个，抖音国内日活跃用户数超过4亿。新媒体行业从业人数突破300万人。自媒体的移动营销，已成为庞大的产业。

因为自媒体内容生产门槛很低且缺乏严格的审核机制，加上碎片化、情绪化、病毒式传播速度快、范围广，所以洗稿抄袭、虚假信息、编造谣言等沉渣泛起，最终导致"劣币驱逐良币"。这种现象已成为威胁社会稳定、扰乱社会公共秩序的一个顽疾。2018年8月，《人民日报》连续三天刊文《自媒体，真真假假知多少》《自媒体，造假算盘不能打》《自媒体，良好生态如何培育》，全面报道了自媒体乱象，如流量造假、内容侵权、编造谣言等。

从2001年开始，《新闻记者》杂志每年公布"十大假新闻"。分析历年

---

① 叶铁桥.内容安全：内容创业公司的第一要素[J].青年记者，2018(10).
② 赵杰，卢长春.浅析自媒体报道中的二次伤害——以二更食堂报道"空姐打车遇害案"为例[J].西部广播电视，2018(7).

榜单可以发现一个明显的趋势：网络成为假新闻的高发区，自媒体又是其中的重灾区。以"2017年度十大假新闻"为例，有八条来源于网络和自媒体。社交媒体往往既是虚假新闻的策源地，又是二次传播的助推器和放大器。

自媒体时代，新闻领域经常出现"反转"。究其原因，很大程度上是因为自媒体为了抓人眼球，喜欢使用情绪化的、耸人听闻的标题或观点，缺乏求证，断章取义，所以常常"被打脸"。近年来的热点事件中，"反转新闻"屡见不鲜。例如，2017年9月发生的陕西榆林产妇跳楼案，究竟是医院还是家属拒绝产妇剖宫产请求致其腹疼难忍跳楼身亡？舆情多次出现反转，让人莫衷一是。

2020年以来，随着新冠肺炎疫情在全球暴发，自媒体上充斥着诸如"钟南山院士建议盐水漱口防病毒"、"武汉上空开始播撒消毒粉液"、"吸烟能预防病毒感染"等虚假消息。尤为恶劣的是，部分海外反华组织炮制了"武汉医院遍地死人"、"武汉火葬场烧尸体导致二氧化硫浓度上升"等谣言，一些人员甚至造谣"5G导致新冠肺炎流行"，引发5G基站被人纵火。这些谣言通过社交媒体大肆传播，加剧了民众的恐慌情绪，严重干扰了社会秩序和救灾防疫。

（四）西方国家技术垄断带来的网络安全问题

网络空间被誉为"第五空间"，是大国博弈的必争之地。中国是世界互联网大国，但是在芯片、操作系统等核心技术和基础研究领域仍然薄弱，大而不强，受制于人。移动互联网的原创技术、关键领域的"卡脖子技术"仍掌握在少数西方国家手中，网络安全问题不容乐观，国家安全和意识形态安全面临直接威胁。2018年，"中兴事件"将中国在高科技领域的发展短板暴露无遗，特别是在高端芯片领域。美国以中兴通讯向伊朗出售设备威胁其国家安全为由，实施"长臂管辖权"，对中兴通讯处以巨额罚款并派驻特别合规协调员，为中国高科技领域发展敲响警钟。华为公司的芯片虽有起色，但市场份额仍与三星、英特尔等全球十大芯片巨头存在明显差距。再以操作系统为例，安卓、iOS的核心技术仍由美国掌控。

2018 年 3 月起,美国不断挑起事端,与中国的贸易摩擦逐步升级。一开始,美国无端指责"中国多年的巨额贸易顺差占了美国便宜"、"中国窃取美国优秀技术"、"中国强制西方技术转移"、"中国在实施国家资本主义,对企业实施巨额补贴",要求中国在事关主权问题、核心利益问题上做出巨大让步。美国凭借强大的科技优势,一再对中国施压。为了把华为公司置于死地,美国先以威胁国家安全为名将华为公司的产品逐出美国市场;再调集一切手段,指挥盟友加拿大扣押孟晚舟,将华为公司排挤出美国市场;又断供芯片,切断操作系统供应,将华为公司从 IEEE、SD 等协会除名。联邦快递将华为公司送往别国的包裹"错发"至美国,阻止欧洲国家使用华为的技术。美国还将华为及其子公司列入所谓出口管制实体清单等,动用国家力量来打压中国这家高科技公司。

美国全面遏制华为公司的做法,与当年对待竞争对手日本东芝、法国阿尔斯通的做法如出一辙。1987 年,美国和日本爆发贸易战。美国为了打压日本半导体产业,以日本东芝公司向苏联出售设备威胁其国家安全为由,对东芝处以巨额罚金,逼迫其签下屈辱性条款。2009 年,法国阿尔斯通公司因为在电机技术等领域处于世界领先水平,被美国残酷打压,公司高管弗雷德里克·皮耶鲁齐出差至美国后被扣押。美国司法部给阿尔斯通开出巨额罚单。经过多年的调查,阿尔斯通惨遭肢解,被美国通用电气公司低价收购。2019 年年初,弗雷德里克·皮耶鲁齐和一名法国记者合著的《美国陷阱》一书在法国出版,引起巨大反响。这本书通过讲述皮耶鲁齐的亲身经历,揭露了美国政府打压美国企业竞争对手的内幕[①]。

面对美国的步步紧逼,中国政府予以坚定回击。2019 年 5 月 31 日,中国商务部宣布将建立"不可靠实体清单"制度,直指外国企业、组织针对中国实体实施封锁、断供或其他歧视性措施等四类行为。对于列入清单的实体,将依据中华人民共和国《对外贸易法》、《反垄断法》、《国家安全法》等相关法律法规和行政规章,采取必要的法律和行政措施。同时,中国积极向国际社会阐释坚持倡导多边主义,继续与世界分享发展红利。

---

① 央视网.《美国陷阱》作者皮耶鲁齐:希望华为不是下一个阿尔斯通[EB/OL]. http://news.cctv.com/2019/06/01/VIDEyIPQzzpaArJNSfU2GbwN190601.shtml,2019-06-01.

6月6日,工信部向中国电信等四家运营商发放5G商用牌照。5G时代的到来,为中国传媒业创造了"换道超车"的机会。

从实际效果看,随着中方做出有力回击,以华为为代表的中国高科技企业在海外拓展的步伐越走越快。在亚洲,泰国、马来西亚拒绝了美国的游说,将5G订单交给华为;在欧洲,德国、法国等国家选择华为作为首选的5G合作伙伴。据统计,截至2020年2月底,华为已在全球范围内拿到超过90个5G商业合同,其中一半以上来自欧洲市场①。

1. 技术封锁

美国打压以华为公司为代表的中国科技,一个重要原因在于,中国已成为世界第二大经济体,在5G、AI等先进技术领域正在迎头赶上。美国高度警惕中国后来者居上,所以要开展技术封锁,阻挡中国向高端产业链进步,阻止中华民族伟大复兴。

2019年4月,美国国防创新委员会发布《5G生态系统:对美国国防部的风险与机遇》。报告提出,美国国防部应倡导积极保护美国技术知识产权,以减缓中国电信生态系统的扩张。具体措施包括:建议美国政府调整贸易战略,来应对供应链漏洞;倡导通过关税惩罚有漏洞的代码,鼓励五眼联盟(美国、英国、澳大利亚、加拿大和新西兰五国情报组织)和北约合作国家采用相同的关税;建议美国外资投资委员会停止与有销售过带有后门和安全漏洞产品历史的公司进行交易。

除了华为、中兴等通信企业,中国的人工智能、安防、无人机领域也是美国防范的重点领域。2018年8月,美国商务部以国家安全和外交利益为由,将44家中国企业列入出口管制清单,实施技术封锁。据统计,截至2019年5月17日,中国大陆被纳入美国"实体清单"的实体有143家,中国香港有91家,中国台湾有1家,在其他国家的华为子公司有26家,中国企业总计261家,占美国"实体清单"总数的21.9%,仅次于俄罗斯,为"实

---

① 数码小 AI.5G 订单数刷新,爱立信76单,华为91单,中兴成最大黑马![EB/OL].
https://baijiahao.baidu.com/s?id=1660042346006989492,2020-03-02.

体清单"涉及企业数第二大国家①。

2019年5月,美国国土安全部发布名为《中国制造无人机系统》的通知,警告中国制造的无人机可能令美国企业数据面临泄露风险,将矛头直指世界上最大的消费级无人机制造商——大疆科技。同时,彭博报道称,美国正在考虑将旷视科技、大华科技、海康威视、美亚柏科和科大讯飞五家中国高科技公司纳入黑名单,断供美国公司提供的组件与软件②。

2019年5月16日,美国政府宣布将华为公司列入"实体清单",对华为及其分布在26个国家和地区的68家附属机构实行推定拒绝的许可证审查政策。8月19日,美国商务部宣布进一步将46家华为附属公司加入"实体清单"。华为被美国政府列入"实体清单"后,谷歌只允许华为手机使用安卓系统的开源代码,不允许其使用谷歌新版本安卓系统和GMS服务(包括Chrome浏览器、谷歌地图、YouTube等)。

2020年2月28日,美国参议院批准了《安全和可信通信网络法》,禁止使用联邦资金从"被视为存在国家安全威胁的公司"(如华为)购买电信设备。这一举措将对美国农村电信运营商产生重大影响。美国农村无线协会2018年的统计显示,大约25%的协会成员使用的是华为或中兴的设备③。

2020年第二季度以来,随着美国国内新冠肺炎疫情形势持续恶化,特朗普政府为转移国内矛盾,不断加大对中国科技企业的抹黑攻击。除了电信网络、人工智能等领域外,与所谓的"国家安全"风马牛不相及的娱乐短视频App TikTok(抖音国际版)和社交App微信也蒙受不白之冤。特朗普在8月6日发布行政命令,宣布将在45天后禁止任何美国个人及企业与TikTok母公司字节跳动进行任何交易,禁止美国个人及企业与腾讯公司进行与微信有关的任何交易。

---

① 21世纪经济报道.起底美国出口管制"黑名单":261家中企被纳入,华为是否会断供?[EB/OL].https://baijiahao.baidu.com/s?id=1634133187138478774,2019-05-21.

② 今日商讯.美方"黑名单"又扩增,中国企业:你有套路,我有退路[EB/OL].https://baijiahao.baidu.com/s?id=1634401291400293662,2019-05-24.

③ 雷锋网.美国立法禁用华为设备,斥资10亿美元补助小型电信运营商[EB/OL].https://tech.ifeng.com/c/7uSeSYnmWUN,2020-02-29.

此外,美国政府还出台政策,限制中国留学生赴美攻读航空学、机器人学、先进制造领域等专业,并且限制中国公民赴美进行学术交流。这些行径充分暴露了美国对中国技术封锁的企图。业界担心,美国反全球化的系列高压举措,可能导致中国在一些关键领域被迫与美国科技脱钩。

面对美国的技术封锁,华为正在奋力追赶,推出可替代的产品和服务。一个是鸿蒙系统,用来对标安卓;另一个是 HMS(华为移动服务),是在鸿蒙系统成熟之前的一个上层组件,包括连接鸿蒙和 HMS App 的能力,也包括华为自身提供的服务①。

2. 断网行动

2015 年,美国为了促进国内网络运营商的公平竞争,同时让世界各国放心使用美国技术,奥巴马政府制定了《网络中立法案》。法案规定:"禁止运营商封锁网站。"但是近几年来,关于废除这项法案的呼声此起彼伏。

在全球互联网建立之初,13 组根服务器中的 10 组由美国掌控,这给其他国家互联网安全带来了极大的威胁。为此,2015 年,中国下一代互联网工程中心牵头发起"雪人计划",联合国际互联网根运营机构、互联网域名工程中心等组织在中国、日本、印度、俄罗斯等 16 个国家完成 25 组新一代根服务器架设②。

2018 年 6 月,美国联邦通信委员会此前通过的废止《网络中立法案》决议正式生效③。这为断网行为解除了法律约束。如此,别国一旦与美国闹僵,美国可能采取断网的极端行动。

专家分析,从根服务器修改解析文件来断网的可能性和实际效果,并没有外界渲染得那么大,因为互联网基础设施在全球广泛分布,要做到彻底断绝与外部网络的通信,远比想象中要难。但是,其他国家也得保持警觉。

① AI 财经社.谷歌铁幕下华为发起最壮烈的突围,除了鸿蒙 OS 还要再造一个生态[EB/OL].https://tech.ifeng.com/c/7uZ9HIL30kv,2020-03-04.
② 央广网.美国废除"网络中立" 网络攻击或将更无忌惮[EB/OL].https://baijiahao.baidu.com/s?id=1605736477421269766,2018-07-12.
③ 又拍云.无"网络中立"的时代,我们该如何保证网络安全[EB/OL].https://www.jianshu.com/p/73f26344fbbd,2018-07-26.

3. 网络战争

美国和以色列通过震网行动瘫痪伊朗核工厂离心机的事件,被视为网络战争的经典案例。震网行动是历史上首次在没有爆发武装冲突、没有造成人员伤亡的情况下,通过虚拟空间对现实世界实施攻击破坏,达到以往只有通过实地军事行动才能实现的效果。它颠覆了传统作战观念,标志着网络空间作战进入实战化时代[①]。

所谓的"震网"其实是美国在 2009 年研发出的病毒程序。该病毒的特点是高超的隐蔽性和操控力。"震网"病毒在伊朗核设施离心机上潜伏了数星期后,在 2010 年 6 月被激活,造成伊朗千余台离心机因高温自毁,伊朗的浓缩铀项目因此陷入瘫痪状态。

事实上,震网行动只是全球网络战争的冰山一角。美国曾多次使用网络武器对利比亚等国家和组织的网络基础设施进行攻击。2019 年 3 月,委内瑞拉全国范围内发生严重停电事故,导致该国金融、交通和公共服务陷入一片混乱。多项证据显示,美国暗中主导了这场针对马杜罗政府的网络打击。

我国的网络安全问题不容小觑。中国互联网络信息中心 2020 年 4 月发布的《第 45 次中国互联网络发展状况统计报告》显示,2019 年,国家互联网应急中心监测发现并协调处置的境内被篡改网站数量有近 18.5 万个,其中包括政府网站 515 个。同期,境内还有约 8.5 万个网站被植入后门程序,同比增长约 259%[②]。

网络安全是国家安全不可或缺的组成部分。如今,为了应对虚拟世界的威胁,全球大国都已纷纷组建网络作战部队,形成战略威慑力量。

4. 网络窃听

2013 年 6 月,斯诺登将美国"棱镜计划"监听项目的秘密文档公之于众,曝光美国对多国领袖及本国公民进行监控的事实。德国总理默克尔的电话也被美国窃听,引发了西方阵营内部的相互猜忌。

[①] 刘康."震网"行动[N].解放军报,2017-05-19(10).
[②] 中国互联网络信息中心.第 45 次中国互联网络发展状况统计报告[EB/OL].http://cnnic.cn/hlwfzyj/hlwxzbg/hlwtjbg/202004/P020200428328733122672.pdf,2020-04-28.

　　据斯诺登披露,2007 年,美国情报机构启动"棱镜项目",进入微软、谷歌等 IT 企业的服务器收集情报信息,接触到大量个人聊天日志、存储数据、语音通信、文件传输、个人社交网络数据①。

　　2020 年 2 月,又一起美国窃听丑闻曝光。根据《华盛顿邮报》和德国公共广播公司的联合调查,美国情报部门自冷战时期至 21 世纪初,一直秘密控制瑞士加密公司克里普托(Crypto AG),并且利用该公司设备窃听全球120 个国家②。事实证明,美国是全球网络空间最大的国家级监听者,是名副其实的"黑客帝国",其监听行动已经到了肆意妄为、无法无天的地步。

　　"棱镜门"事件的爆发,引起了全球对信息安全的关注,给各国政府敲响了警钟。中国的数据安全意识也在不断提升,中国政府逐步加大 IT 国产化的力度,将核心基础设施的国产化与自主可控提升到战略高度。大体包括:第一,以国产 Linux 系统和 CPU 替代 Wintel 体系;第二,以高端服务器和数据库替代"IOE","IOE"即 IBM 的主机、Oracle 数据库和 EMC存储设备所构成的系统;第三,以国产工控操作系统替代 VxWorks③。

　　当前,我国网信领域的市场规模已居世界第二位,仅次于美国。但在以操作系统为代表的基础软件领域,Windows、安卓、iOS 等美国公司的操作系统牢牢占据我国操作系统的大部分市场。为了扭转操作系统"卡脖子"的问题,2019 年 12 月,两大国产操作系统厂商天津麒麟和中标软件强强整合,合并后的公司更名为麒麟软件有限公司,并于 2020 年 2 月完成更名、登记等相应的手续变更。业内人士认为,麒麟软件的横空出世标志着我国操作系统新旗舰正式起航。两家公司的强强整合将实现 1+1＞2的效果,为用户提供全面、完善、统一的操作系统版本和技术服务,为国产计算机贡献"中国大脑"④。

---

　　① 中国人民银行金融研究所课题组.对我国金融信息安全的观察与思考——基于"棱镜门"事件[J].吉林金融研究,2013(8).
　　② 中国新闻网.外交部:美国监听行动已经到了肆意妄为、无法无天的地步[EB/OL].https://baijiahao.baidu.com/s?id=1658768384494504568,2020-02-17.
　　③ 李楠.倪光南再谈核心技术自主可控:未来将替代 Wintel 体系[EB/OL].https://www.ithome.com/html/it/378926.htm,2018-08-24.
　　④ 人民网.我国操作系统新旗舰正式起航[EB/OL]. https://mbd. baidu. com/newspage/data/landingshare?pageType=1&isBdboxFrom=1&context=%7B%22nid%22%3A%22news_9250634564902083373%22%2C%22sourceFrom%22%3A%22bjh%22%7D,2020-03-05.

5. 政治打压和污名化

长期以来，美国基于冷战思维和意识形态偏见，经常以莫须有的理由对中国、俄罗斯等国家的媒体驻美分支机构进行政治打压。例如，2016年特朗普在美国总统大选中胜出后，俄罗斯操纵社交媒体帮助特朗普的传言就持续发酵，美国民主党和共和党为此大打口水战，至今仍莫衷一是。

自2018年中美贸易摩擦以来，美国不断以各种莫须有的理由打压中国驻美媒体机构和新闻工作人员，从登记"外国代理人"，到将他们列为"外国使团"，再到以所谓限制人数为名，实际上限期"驱逐"中国媒体驻美记者，不断升级对中国记者的打压行动，严重干扰中方媒体在美开展正常报道活动①。

2020年2月18日，美国国务院宣布将《人民日报》、新华社、中国国际广播电台、中国环球电视网和《中国日报》五家中国新闻机构在美国的分支列为外国外交使团。3月2日，美国国务院变本加厉，要求这五家新闻机构大幅削减在美国的员工数量，从总共160人减少到100人，并且称这五家媒体"不是独立的新闻机构"。根据美国法律法规，五家中国媒体的美国业务将被纳入美国《外交使团法》辖制范畴。他们需要像外国外交机构那样，向美国国务院报告工作人员的个人信息、出行计划、人事变动，以及机构租赁或拥有的不动产信息及其变化，不动产的变更也需征得美国国务院的批准。

南京大学国际关系研究院院长朱锋认为，此举是把原本正常的中美媒体的互派和互相常驻关系，直接同美国政府当前对中国政治体制的"政治定位"捆绑在一起。美国是有计划、有组织地要对中国"国家力量"在美国的存在全面施加限制，这是美国的国内法系统地将中国全面视为"另类"和"威胁"的挑战性做法②。

除了长期借"人权"、"民主"等借口无端向中国"泼脏水"外，在新冠肺

---

① 澎湃新闻.外交部：强烈谴责美国以莫须有理由打压中国媒体驻美机构［EB/OL］.https://www.thepaper.cn/newsDetail_forward_6318236,2020-03-04.

② 新民晚报.特朗普再对中国下手！被认定为"外交使团"，这五家中国媒体将得到什么"待遇"？［EB/OL］.http://kuaibao.qq.com/s/20200220A0NQ4J00?refer＝spider,2020-02-20.

炎疫情暴发后,美国政府高官及媒体借机大肆攻击中国,在没有任何事实根据的情况下,妄称新冠病毒是"中国病毒"、"武汉病毒",企图让中国背上制造疫情灾害的黑锅。

2020年2月,美国《华尔街日报》甚至发表了一篇以《中国是真正的"亚洲病夫"》为标题的评论文章,违背客观事实,违反职业道德,引起中国人民极大愤慨,也遭到国际社会的广泛谴责。为此,中国政府决定吊销《华尔街日报》三名记者的记者证。中国外交部发言人表示,那些公然发表辱华言论、宣扬种族歧视、恶意抹黑攻击中国的媒体,必将付出代价①。3月18日,针对美方打压中国媒体驻美机构行为,中国外交部宣布采取反制措施:中方对等要求美国之音、《纽约时报》、《华尔街日报》、《华盛顿邮报》、《时代周刊》五家美国媒体驻华分社向中方申报在中国境内信息的书面材料。同时,中方要求《纽约时报》、《华尔街日报》、《华盛顿邮报》部分美籍记者不得在中华人民共和国,包括香港特别行政区、澳门特别行政区继续从事记者工作②。

2020年8月,美国Facebook、Twitter等社交平台大搞"双重标准",宣称将对联合国安理会常任理事国中、俄、美、英、法的三类账号添加"官方背景"标签,限制其内容推广。但在实际操作中,只有中、俄媒体"中招",美、英、法政府相关账号却无事发生。据媒体统计,截至8月7日,中国的《人民日报》、新华网、中央电视台、《环球时报》、环球电视新闻网(CGTN)、财新网,以及俄罗斯的塔斯社、今日俄罗斯、卫星社等账号已被打上"官方媒体"标签。尤为可笑的是,与政治毫无关系的大熊猫广播账号"爱熊猫"(iPanda)也被Twitter标注为"国家附属媒体"③。

6. 清洁网络

2020年8月5日,美国国务卿蓬佩奥宣布"清洁网络"五大措施,即清

---

①　中国新闻网.外交部就新冠肺炎疫情、吊销华尔街日报驻京记者证等问题答问[EB/OL].http://www.chinanews.com/gn/2020/02-20/9098776.shtml,2020-02-20.

②　央视网.美国打压中国媒体驻美机构　中方公布反制措施[EB/OL].http://news.cctv.com/2020/03/18/ARTIlA15EN0dw342q4tRaBjU200318.shtml,2020-03-18.

③　郭涵.推特只针对中俄媒体账号贴"官媒"标签,网民戳破"双标"[EB/OL].https://www.guancha.cn/internation/2020_08_07_560515.shtml,2020-08-07.

洁运营商、清洁应用商店、清洁应用程序、清洁云端和清洁电缆。蓬佩奥宣称，要将 TikTok 和微信等中国 App 从美国数字网络中清除。

根据美国国务院官网，"清洁网络"计划具体措施包括：第一，清洁运营商，不受美国信任的中国电信运营商不能为美国和其他国家提供国际电信服务；第二，清洁应用商店，从美国应用程序商店中删除不受信任的中国软件；第三，清洁应用程序，阻止华为和其他不受信任的供应商预先安装或下载美国最受欢迎的应用软件；第四，清洁云端，保护美国最敏感的个人信息和商业知识产权，防止一些重要信息被阿里巴巴、百度、腾讯等中国公司运营的云端系统所获取；第五，清洁电缆，努力确保连接全球互联网的海底电缆传输的信息不会被破坏和泄露。

对此，中国外交部发言人汪文斌回应称，美方在拿不出任何证据的情况下，泛化国家安全概念，滥用国家力量，无理打压特定的非美国企业，这违背市场经济原则，也违反世贸组织开放、透明、非歧视原则，是赤裸裸的霸凌行径，中方对此坚决反对。美方把所谓的国家安全作为打压有关企业的理由，这根本站不住脚，不过是为自己寻找借口而已①。

二、政府规制：媒体融合发展管理取向的价值变革

从已有研究来看，媒体融合已经成为当代传媒行业发展的必然趋势，政府对行业的规制常常被认为是影响媒体融合进程的首要因素②。因此，新型主流媒体和现代传播体系的建立也离不开合理政府规制的保障，尤其是集中于移动互联网、手机电视、IPTV 领域的管理权限与规制纠纷，已经严重束缚了现代传播体系的形成和传播生产力的释放，更消解了新型主流媒体实现的产业基础。《关于推动传统媒体和新兴媒体融合发展的指导意见》也提到，"要一手抓融合，一手抓管理，确保融合发展始终沿着

---

① 财联社.美国又搞事情：蓬佩奥宣布"清洁网络"五大措施 处处针对中国［EB/OL］. http://finance.sina.com.cn/wm/2020-08-06/doc-iivhuipn7146397.shtml，2020-08-06.
② 蔡雯，黄金.规制变革：媒介融合发展的必要前提——对世界多国媒介管理现状的比较与思考［J］.国际新闻界，2007(3).

正确的方向推进"。面对媒体融合带来的新挑战,我国新闻传播管理机制创新迫在眉睫,传统媒体融合发展管理取向的价值变革也是当下需要特别关注的一个议题。

(一) 规制价值取向:强化对话沟通的传播治理机制

新闻传播管理机制是一个与现实传播格局对应并经过互动而不断演化的系统,不同传播格局需要不同的管理机制。媒体融合时代,新的传播格局将改变既有新闻传播管理机制。我国现有新闻传播管理机制是对应原有传统媒体传播格局的系统,即通过产权国有、行业垄断与区域垄断、行政化管理方式、内容审读等方式来保证政治力量对以传统媒体为主体的新闻传播话语权的全面掌控,进而使传统媒体专享议程设置权力,为施政纲领的实施提供优化的舆论环境。这一新闻传播管理机制对应的传播格局表现出媒介形态分立、行业边界与行政区域边界十分清晰、新闻传播系统作为行政体系的一部分参与社会活动等特征。然而,媒体融合改变了既有传播格局,对已有新闻传播管理机制所设定的管理机构、管理方式、管理目标和效果评估机制都产生了重大影响。媒体融合带来了媒介形态与产业边界的模糊,使得新闻传播活动在一个跨形态、跨区域的复合社会空间内进行。这一变化消解了基于行业与区域垄断的现有新闻传播管理机制的既有基础。同时,基于新传播技术而形成传播权力的去中心化趋势,使得议程设置功能的实现过程成为一个由"独白"转向"对话"的协商过程,即它是各传播主体综合素质全面竞争的过程,而不再是从属于行政体系的官方传播机构的专属行为。

技术融合和产业融合使得新闻传播治理机制创新势在必行,即必须从原来的"管理"理念转变为"治理"理念,政府对新闻传播活动的规范必须建立在各个治理主体高度协作发展的基础上,以适应变化的社会结构、传播技术和经济条件。因此,传播规制需要由政府管理机构的独白宣教转向行政力量与社会性规制力量之间的对话沟通,由行业内、区域内以垄断为主导价值的独白式管理模式转向以行业间竞争与合作为主导价值的对话式治理模式。

（二）规制目标：均衡竞争、垄断、合作之间的关系

从社会主义市场经济体制的确立过程来看，区域性与行业性的传媒垄断是我国传媒业资源配置效率偏低的主要原因，并且是恶性竞争的根源，即现有恶性竞争产生的主要原因在于传媒业能够被准许进入的竞争空间相对狭小，导致在有限的空间内涌入过多的资源，进而形成恶性对抗的局面。当然，基于我国传媒业具有事业和产业的双重属性，现有传媒业管理以话语权的控制为首要目标，经济性收益往往被作为次要考虑因素，主要是用来保障传播效率的激励机制和财政补贴机制。这两种机制发挥作用的基础恰恰是区域性与行业性的垄断，为获得垄断租金提供可能。但是，伴随着媒体融合趋势的演变，我国传统媒体行业正面临两个新挑战。

其一，产业融合、媒介形态多样化导致原有产业领域内领军者的能力结构出现缺口，要想维持优势地位，它们必须寻找能力互补的合作伙伴。因此，合作已经成为新传播技术推动下传统媒体演变的必然趋势。如何从竞争优势的打造转向合作优势的打造将是全球传媒业面临的共同问题。从 2001 年开始，我国传媒行业的合作开始由零星的跨媒体合作转向大规模的战略联盟。喻国明认为，我国传媒业已经进入"合竞时代"。所谓"合竞"，就是以彼此间资源共享、整合配置、价值链接的合作来共同参与更大规模的竞争[①]。

其二，对我国传媒业而言，产业融合模糊了区域与行业的边界，原有行政力量赋予传统媒体集团的区域性与行业性垄断基础将逐步被消解，这迫使我国现有传统媒体集团由垄断向竞争，进而向合作转化。在这一转化过程中，由于竞争还没有被充分培育，合作很有可能被传统媒体集团当作重新构建垄断的工具，形成所谓互不竞争的合谋局面。因此，类似于战略联盟一类的媒体合作具有超越竞争和重返垄断两种可能。如何结合当前的传媒业格局，引导媒体向超越竞争，而不是向重返垄断方向演进将是媒体融合发展所要首先考虑的问题。

由于我国传统媒体行业高度垄断的现状，行业规制首先要解决的关

---

① 喻国明."合竞时代"中国传媒业的发展模式与规则再造[J].传媒评论,2002(11).

键问题是如何促进竞争的产生,以及如何促进竞争顺畅地向合作转化;其次是解决如何放大基于垄断的积极效应这一层面的问题。这样才有可能形成更高层次、更具效率的合作;否则,合作的目标很有可能重新指向垄断,形成新的效率损失。同时,在我国,传统媒体作为官方媒体是横跨上层建筑与经济基础的特殊行业,由事业和产业两个部分组成。但现有关于竞争与合作的讨论主要集中于产业领域的效率问题,而对于如何通过竞争与合作在公共传播服务领域实现有效率的公平问题鲜有涉及。

针对上述问题,行业规制的目标也将产生新的变化,以保证传播管理的有效性。那么,媒体规制的目标结构中,竞争、合作与垄断是如何确定相互之间的关系呢? 在考虑媒体规制目标的时候,多数研究者认为,西方规制变革的核心价值取向是放松对垄断的管制,鼓励传媒集团在更为广阔的范围内通过兼并提高规模经济和范围经济效益。由于这些研究大部分忽略了西方政府是作为垄断的限制性力量,而非我国情景中政府作为传媒业垄断的支持性力量,因此,西方的媒体规制经验常常被简化为放松管制,即政府对市场力量的约束程度降低,释放更多基于市场机制的效率能量。这一前提是既有强大的市场力量作为一种积极的能量被放大,以更大范围内的垄断来代替之前的竞争,进而形成面向国际市场,或者融合媒体市场的竞争优势。

这一情况在中国却并非如此,甚至很多时候恰恰相反。首先,在放松管制的背景下,规制的首要目标是传播话语权的控制机制得到保证。这是与现有政治体制核心密切关联的一个规制目标。从当前的情况来看,任何与此目标相抵触的改革都不可能被实践。其次,市场竞争机制在传媒业的实现会因此受到牵制。作为现有改革进程的既得利益者,官方媒体普遍缺乏进一步市场化的动力机制,它们更多寄希望于政府强化垄断利益,而不是希望参与竞争。因此,政府力量在传媒行业的期待中应扮演强力扶持的角色,而不是简单地撒手不管,采用类似美国式的放松规制。

我们认为,竞争是市场经济与传媒业的灵魂,它是打破垄断坚冰,让媒体消费者权益和传播层面的公共利益得到保障的最重要前提。合作应该是比竞争更成熟、更理性、成长空间更大的一种资源配置方式。通过合作,能够使得处于较低经营层次的媒体组织获得更高层次的传播运行能力,而这同时也需要充分的竞争来保证。垄断力量是我们考察我国媒体融合背景下媒体规制变革时不可忽视的一个变量,并且只有在"竞争-合作-垄断"的三维分析框架内才能够透视我国媒体融合关系的演变,寻找到优化媒体融合效应切实可行的目标和路径。

反思上述问题时应当明确,关于传统媒体融合发展规制目标价值的确立应该结合我国传媒业"分类改革"的现实,在改善竞争与重塑垄断两个方向上考察对媒体融合行为所进行规制的价值,把是否能够带来社会传播资源配置效率的提升作为考察媒体融合行为价值是否实现优化的首要标准,并且依托媒体融合关系的分析,对构建传媒产业市场和媒体公共服务平台两种效率提升机制做出相应的探讨,这或许将突破原有研究仅限于产业领域或传播技术层面的讨论。

三、移动互联网时代政府规制的演变趋势研究

移动互联网的监管是一项庞杂的系统工程,涉及面颇广。从监管主体来说,包括政府监管、行业监管和行业自律;从监管对象来说,包括硬件制造商、渠道提供商、软件供应商(主要是平台提供方)、服务提供商(包括第三方服务提供方)、内容生产方与传播方等;从监管内容来说,静态的社会组织或企业机构、动态的传播行为(包括自媒体传播、国际传播、智能传播等)都属于监管的范畴;从监管机制来说,涉及法律、法规、制度、公约,以及相关的组织架构、组织体系。

行业垄断、机器人写稿、自媒体乱象等,莫不涉及移动互联网的监管问题。行业垄断往往与经济行为高度关联,已经游离于新闻传播学之外。机器人写稿带来了高效便利,也容易引发系统性风险。新华社已出台专门的管理办法,要求人员审核、人机协作,同时将机器人写稿限定于体育和财经等非政治领域。

限于篇幅,本章侧重探讨政府规制的监管体制和监管行为。

（一）监管体制改革：成立网信办，避免多头管理

1. 早期互联网监管：九龙治水，多头管理

在中国互联网诞生发展的早期，在监管体制上存在"九龙治水，各管一摊"的多头管理问题，造成了政出多门、职能交叉、权责不一、效率不高[①]，甚至政策冲突等问题。

从类型上看，在全国范围内，对互联网有监管职权的部门包括四类：工信部门和工商部门等接入管理部门，公安部门和国安部门等安全管理部门，新闻办公室和对外宣传办公室等内容管理部门，文化部门、新闻出版部门、广电部门等其他资质管理部门[②]。

从时间上看，在 2000 年以前，原信息产业部（2008 年并入工信部）是互联网监管的主导部门；2000 年 4 月，国务院新闻办公室成立网络新闻管理局，专门管理网络新闻传播事务[③]。此后呈现出由国务院新闻办主导，中宣部、新闻出版总署、广电总局、文化部、全国"扫黄打非"办公室、公安部等多部门、多口径参与的交叉管理局面。

在此期间，九龙治水式监管体制引发的最大争议莫过于 2009 年新闻出版总署和文化部围绕《魔兽世界》的网络游戏审批权引发的纷争。这场持续的部委"口水战"充分暴露了多头管理造成的协调不及时、规定不清晰、机制不明确等问题。

2. 成立网信办：统一规划，系统管理

2011 年 5 月，国家互联网信息办公室（简称国家网信办）正式成立。国家网信办的职责包括落实互联网信息传播方针政策和推动互联网信息传播法制建设，指导、协调、督促有关部门加强互联网信息内容管理，依法查处违法违规网站等[④]。

2014 年 2 月 27 日，中央网络安全和信息化领导小组宣告成立，习近平总书记任组长。该小组成为中国互联网管理的最高领导机构，网络安

---

① 詹新惠."九龙治水"的互联网管理能改变吗[J].青年记者，2013(23).
② 方兴东.中国互联网治理模式的演进与创新——兼论"九龙治水"模式作为互联网治理制度的重要意义[J].人民论坛·学术前沿，2016(3).
③ 陈建云.我国网络信息传播立法考察[J].当代传播，2005(4).
④ 李丹丹.互联网监管的三个"十条"有何意味?[N].新京报，2015-05-04(06).

全上升至国家战略高度。2018年3月,中共中央印发《深化党和国家机构改革方案》,将中央网络安全和信息化领导小组改为中共中央网络安全和信息化委员会①。

中共中央网络安全和信息化委员会及国家网信办的成立,改善了过去政出多门的管理弊端,构建了新的顶层设计和统筹协调能力,开启了一个对互联网上下游进行统一规划和系统管理的新时代。

(二) 不定期的清网行动：整顿微博、直播和自媒体乱象

国家网信办自成立以来,联合公安、文化、新闻出版广电等部门及各地"扫黄打非"办公室,聚焦网络文化环境问题,组织开展集中整治,严格市场监管,取得了出色的成效。

据统计,2019年,全国网信系统依法约谈网站2 767家,警告网站2 174家,暂停更新网站384家,会同电信主管部门取消违法网站许可或备案、关闭违法网站11 767家,移送司法机关相关案件线索1 572件。有关网站平台依据用户服务协议关闭各类违法违规账号群组73.7万个②。

自2013年起,我国持续开展"扫黄打非"的"净网行动"(见表5)。2014年,启动"护苗行动",全面清理有害少年儿童身心健康的淫秽、暴力、恐怖、迷信等信息;开展"秋风行动",对非法报刊和假记者等问题进行严厉打击。这一系列专项行动的持续实施,对于净化网络环境发挥了重要的作用。

表5　2013年以来国家网信办参与的主要专项行动

时　间	行　　动
2013年	"剑网行动"
2014年	打击"伪基站"专项行动
2014年	"扫黄打非·净网2014"专项行动
2014年	"整治网络弹窗"专项行动

① 新华社.中共中央印发《深化党和国家机构改革方案》(全文)[EB/OL]. http://www.xinhuanet.com/zgjx/2018-03/21/c_137054755_7.htm,2018-03-21.

② 中国网信网.2019年全国网信行政执法成效显著[EB/OL]. http://www.cac.gov.cn/2020-02/18/c_1583568767032468.htm,2020-02-18.

（续表）

时　　　间	行　　　　　动
2014 年	"剑网 2014"专项行动
2015 年	打击治理电信诈骗专项行动
2016 年	针对"魏则西事件"进行调查取证
2017 年	网络市场监管专项行动
2018 年	"净网 2018"、"护苗 2018"、"秋风 2018"
2018 年	整治侮辱英烈网络乱象
2018 年	网络文学专项整治行动
2018 年	打击"网络水军"违法犯罪
2018 年	"清朗行动"
2019 年	"清源"、"净网"、"护苗"、"秋风"、"固边"行动
2019 年	"清朗"、"网剑"、"剑网"、"网上扫黄打非"行动

资料来源：根据国家网信办官网信息整理。

　　除了全国范围内的专项活动外,各地网信部门也加大常态化行政执法力度,灵活运用约谈、关停等惩戒处罚方式进行有效监督管理,深入整治网络生态突出问题,取得了阶段性成果。以 2019 年为例,针对未获得互联网新闻信息服务资质、违规登载新闻信息,以及社会各界反应强烈的侮辱英烈、低俗色情等互联网乱象,各地网信系统果断"亮剑",约谈搜狐、新浪、华尔街见闻、阅文集团等公司,责令其立即全面深入整改。

（三）互联网立法不断完善,突击整顿与日常监管相结合

　　1994 年是中国互联网元年。20 多年来,伴随着互联网产业的快速发展,中国高度重视互联网立法工作。2014 年发布的《中共中央关于全面推进依法治国若干重大问题的决定》提出,加强互联网领域立法,完善网络信息服务、网络安全保护、网络社会管理等方面的法律法规,依法规范网络行为①。

---

　　①　新华社.中共中央关于全面推进依法治国若干重大问题的决定[EB/OL].http://www.gov.cn/zhengce/2014-10/28/content_2771946.htm,2014-10-28.

　　近年来,中国互联网立法的步伐紧跟产业的脉络,立法效力层级显著提升,已形成以《网络安全法》为主干,《互联网信息服务管理办法》等行政法规、司法解释、政策文件和部门规章为补充的互联网传播法律体系(见表6)①,为中国互联网产业的健康发展筑牢了法律的地基。

　　尤其在互联网规模爆发式增长、新生事物层出不穷的情况下,互联网立法也需要与时俱进,其焦点应集中在三个方面。一是针对新业态的法律监管问题。例如,滴滴等移动出行应用在诞生初期很长时间"打擦边球",与原有针对出租车的监管法规相冲突。二是垄断企业的自律问题。例如,新浪微博和腾讯微信在各自领域内都已经是绝对的寡头垄断,"大而不能倒",使法律的威慑力相形见绌。三是法律的透明度问题。例如,微博平台近年来有过几次大规模封号行为,其中不乏粉丝数近千万的"大V"被封,事后也未见官方说明原因。这些封号行为中哪些是监管部门依法作出的决定,哪些是新浪公司自己的判断,犹未可知。

表 6　中国互联网传播法律体系

类　别	发布时间	发布机构	管　理　规　定
法律	2000 年 12 月	全国人大常委会	《全国人民代表大会常务委员会关于维护互联网安全的决定》
	2004 年 8 月		《中华人民共和国电子签名法》
	2012 年 12 月		《全国人民代表大会常务委员会关于加强网络信息保护的决定》
	2016 年 11 月		《中华人民共和国网络安全法》
	2018 年 8 月		《中华人民共和国电子商务法》
	2019 年 10 月		《中华人民共和国密码法》
行政法规	1994 年 2 月	国务院	《中华人民共和国计算机信息系统安全保护条例》
	2000 年 9 月		《互联网信息服务管理办法》
	2000 年 9 月		《中华人民共和国电信条例》
	2001 年 12 月		《外商投资电信企业管理规定》

---

①　网信办.互联网新闻信息传播法律体系[EB/OL].http://www.cac.gov.cn/xzfg.htm.

（续表）

类　别	发布时间	发布机构	管　理　规　定
行政法规	2001 年 12 月	国务院	《计算机软件保护条例》
	2002 年 9 月		《互联网上网服务营业场所管理条例》
	2006 年 5 月		《信息网络传播权保护条例》
	2014 年 8 月		《国务院关于授权国家互联网信息办公室负责互联网信息内容管理工作的通知》
司法解释	2004 年 9 月	最高人民法院、最高人民检察院	《最高人民法院、最高人民检察院关于办理利用互联网、移动通讯终端、声讯台制作、复制、出版、贩卖、传播淫秽电子信息刑事案件具体应用法律若干问题的解释》
	2013 年 9 月		《关于办理利用信息网络实施诽谤等刑事案件适用法律若干问题的解释》
	2019 年 10 月		《关于办理非法利用信息网络、帮助信息网络犯罪活动等刑事案件适用法律若干问题的解释》
	2012 年 12 月	最高人民法院	《最高人民法院关于审理侵害信息网络传播权民事纠纷案件适用法律若干问题的规定》
	2014 年 8 月		《最高人民法院关于审理利用信息网络侵害人身权益民事纠纷案件适用法律若干问题的规定》
政策文件	2014 年 5 月	网信办联合多个部委	《关于加强党政机关网站安全管理的通知》
	2015 年 4 月		《关于变更互联网新闻信息服务单位审批备案和外国机构在中国境内提供金融信息服务业务审批实施机关的通知》
	2016 年 8 月		《关于加强国家网络安全标准化工作的若干意见》
	2018 年 3 月		《关于推动资本市场服务网络强国建设的指导意见》
	2019 年 7 月		《云计算服务安全评估办法》
	2019 年 11 月		《网络音视频信息服务管理规定》
	2019 年 11 月		《App 违法违规收集使用个人信息行为认定方法》

类　别	发布时间	发布机构	管　理　规　定
部门规章	1997 年 12 月	公安部	《计算机信息网络国际联网安全保护管理办法》
	2000 年 11 月	国务院新闻办公室、信息产业部	《互联网站从事登载新闻业务管理暂行规定》
	2005 年 9 月		《互联网新闻信息服务管理规定》
	2004 年 7 月	国家广播电影电视总局	《互联网等信息网络传播视听节目管理办法》
	2007 年 12 月	国家广播电影电视总局、信息产业部	《互联网视听节目服务管理规定》
	2009 年 4 月	国务院新闻办公室	《外国机构在中国境内提供金融信息服务管理规定》
	2011 年 2 月	文化部	《互联网文化管理暂行规定》
	2011 年 12 月	工业和信息化部	《规范互联网信息服务市场秩序若干规定》
	2013 年 7 月		《电信和互联网用户个人信息保护规定》
	2017 年 8 月		《互联网域名管理办法》
	2014 年 8 月	网信办	《即时通信工具公众信息服务发展管理暂行规定》
	2015 年 2 月		《互联网危险物品信息发布管理规定》
	2015 年 2 月		《互联网用户账号名称管理规定》
	2015 年 4 月		《互联网新闻信息服务单位约谈工作规定》
	2016 年 6 月		《互联网信息搜索服务管理规定》
	2016 年 6 月		《移动互联网应用程序信息服务管理规定》
	2016 年 8 月		《网络借贷信息中介机构业务活动管理暂行办法》
	2016 年 8 月		《公开募捐平台服务管理办法》
	2016 年 11 月		《互联网直播服务管理规定》
	2017 年 5 月		《互联网信息内容管理行政执法程序规定》
	2017 年 5 月		《互联网新闻信息服务管理规定》

（续表）

类　别	发布时间	发布机构	管　理　规　定
部门规章	2017 年 5 月	网信办	《网络产品和服务安全审查办法》
	2017 年 5 月		《互联网新闻信息服务许可管理实施细则》
	2017 年 6 月		《国家网络安全事件应急预案》
	2017 年 8 月		《互联网跟帖评论服务管理规定》
	2017 年 8 月		《互联网论坛社区服务管理规定》
	2017 年 9 月		《互联网用户公众账号信息服务管理规定》
	2017 年 9 月		《互联网群组信息服务管理规定》
	2017 年 10 月		《互联网新闻信息服务新技术新应用安全评估管理规定》
	2017 年 10 月		《互联网新闻信息服务单位内容管理从业人员管理办法》
	2018 年 2 月		《微博客信息服务管理规定》
	2018 年 11 月		《具有舆论属性或社会动员能力的互联网信息服务安全评估规定》
	2018 年 12 月		《金融信息服务管理规定》
	2019 年 1 月		《区块链信息服务管理规定》
	2019 年 8 月		《儿童个人信息网络保护规定》
	2019 年 12 月		《网络信息内容生态治理规定》

资料来源：根据国家网信办官网信息整理。

（四）技术创新与制度保障并重

1. 移动互联网去中心化传播的挑战

移动互联网时代的一个重要特点是，传播者不再是单一的信息提供者，每个人都可以利用平台进行信息传播，网民既是传播者也是受众。传播方式为泛中心化、去中心化。

以 2019 年现象级电影《流浪地球》为例，用户在影院看完电影后，会通过社交媒体向好友推荐，在豆瓣打分评价，在知乎参与问答互动，去电商平台购买周边产品，甚至会去雪球等财经社区分析电影对上市公司的股价影响。矩阵式的信息传播(见图4)又会吸引新的人群去看电影,从而使得信息传播呈现指数级增长趋势。

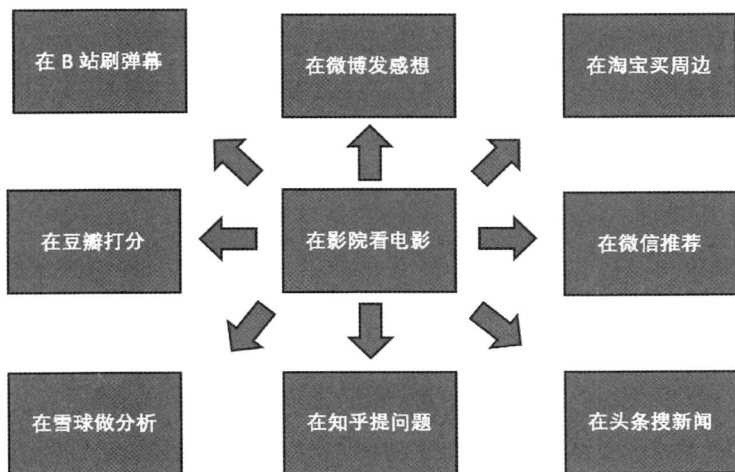

图4 《流浪地球》的传播矩阵

(资料来源:根据公开信息整理)

在这一传播过程中,单一平台的突发事件经常会引发连锁反应,进而产生新议题,扩大信息传播的深度和广度。例如,《流浪地球》在豆瓣上评分持续下滑,引发人们在社交媒体上热烈讨论,正反方在微博、知乎、哔哩哔哩等平台上针锋相对,原本不相关的《战狼2》、《星际穿越》等影片也受到牵连,甚至有大量用户为了报复跑去苹果应用商店给豆瓣打一星评价①。

去中心化、跨平台、矩阵式传播无疑增加了监管的难度。一方面,网民不但可以自主获取想要的信息,而且可以在短时间内成为传播的中心;另一方面,传播网络中已很难确定传播源头,当信息在各个平台互动时,仅仅控制一两个传播路径已无法阻止信息的扩散。

2. 用户深度参与、实时互动的监管挑战

在PC互联网时代,文字和图片是信息传播的主要方式,而视频对于

_____

① 叶承琪.《流浪地球》豆瓣上"被差评" 粉丝为报复给豆瓣app怒打一星[EB/OL]. http://panorama.eastday.com/p/n1158386/u1ai12241660.html,2019-02-12.

拍摄的要求较高,传输过程也比较烦琐。在移动互联网时代,随着智能手机的普及,技术和流量已不再成为障碍,"有图有真相"逐渐进化为"有视频有真相"。

尤其在突发事件中,事发地点的行人通过手机拍摄视频并将其在社交媒体上发布,在时效性上远胜于传统媒体,彻底打破了传统媒体对新闻的垄断报道。公众从被动的信息接收对象变为主动的信息发布者和传播者。同时,随着弹幕、直播等新型媒介形式的出现,用户的互动更为深度、多向、实时,传播内容和传播互动的重要性已经并驾齐驱。

对于这个问题,习近平总书记在中共中央政治局第十二次集体学习时指出,伴随着信息社会不断发展,新兴媒体影响越来越大。我国网民达到 8.02 亿,其中,手机网民占比 98.3%。新闻客户端和各类社交媒体成为很多干部群众,特别是年轻人的第一信息源,而且每个人都可能成为信息源。有人说,以前是"人找信息",现在是"信息找人"①。

以弹幕和直播为例,弹幕是年轻网民喜闻乐见的视频浏览形式,拥有即时性、高参与等优势。通过发送弹幕(见图 5),远隔千里的网民可以实

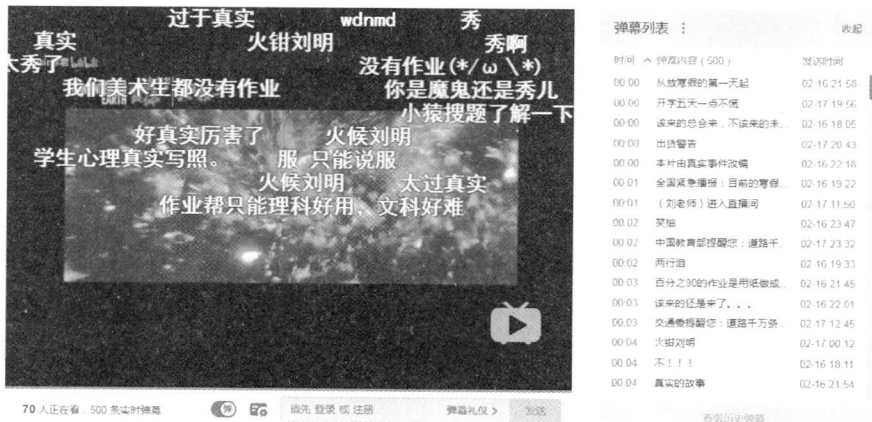

图 5　弹幕交流界面

(资料来源:哔哩哔哩官网)

---

①　求是.习近平:加快推动媒体融合发展　构建全媒体传播格局[EB/OL].http://cpc.people.com.cn/n1/2019/0315/c64094-30978511.html,2019-03-15.

时分享感想,组成虚拟的电影院和交流社区。直播同样如此,在直播过程中,观众发表感想、送出礼物,主播则实时回应。直播的内容和形式可以应观众的要求迅速做出改变。

用户互动形式的变化使得传统事后监管的模式已难以适应互联网快速发展的要求。与此同时,直播和弹幕对互动实时性有着很高的要求,要求先审后播的难度非常大,现有的监管技术手段还不足以做到事中同步监管或者事前预判监管。

3. 推动技术创新,人工智能与传统审核相结合

随着网民规模逐年扩大以及各类新兴媒体不断出现,网络信息的数量和密度呈爆发式增长态势。以直播平台为例,据小葫芦直播平台统计,2018 年全平台直播弹幕条数高达 452 亿条①。如此海量的信息,在人力和技术方面都不可能通过传统的简单机器审核或人工审核的方式进行治理。

常见的弹幕审核方式有敏感词屏蔽、词库过滤和违规用户屏蔽等。国内最大的弹幕视频网站哔哩哔哩采用"关键词过滤+人工审核"的方式来监管弹幕内容②。爱奇艺、优酷等视频网站也都建有自己的屏蔽词库,根据弹幕中的关键词进行屏蔽。

由于关键词拦截的方式较为滞后和刻板,各个视频平台近年来都在大幅扩大人工审核团队规模,提升审核的准确性。2017 年,Facebook 宣布组建近8 000 人的团队来进行直播审核,同时设立内容审核委员会,确保审核人员构成多元化③。在国内,字节跳动公司提出将 6 000 人的运营审核队伍扩充至10 000 人,快手宣布将审核团队由 2 000 人扩充至 5 000 人④。

2019 年 1 月,中国网络视听节目服务协会发布《网络短视频平台管理规范》,重申弹幕在管理上应当先审后播。业内普遍认为,这对于各类视

---

① 小葫芦直播平台.2018 年度全平台直播行业白皮书[EB/OL]. http://games. sina. com. cn/wm/2019-02-26/doc-ihrfqzka9427329.shtml,2019-02-26.

② 云中漫笔.先审后播,弹幕迎良性发展[EB/OL]. http://www. xinhuanet. com/politics/2019-02/15/c_1124116541.htm,2019-02-15.

③ 葛明驷.视听新媒体自我规制:多重语境与路径选择[J].西南民族大学学报,2018(8).

④ 飞扬热点科技.先审后播的后弹幕时代,平台还可以怎样监管弹幕内容?[EB/OL]. http://www.sohu.com/a/282352508_120010282,2019-03-12.

频和直播平台无疑是一个巨大的考验。传统的"机器审核＋人工审核"已无法满足海量实时互动的需求，引入大数据、云计算、人工智能等前沿技术是大势所趋。

随着技术的快速发展，人工智能的审核方式将为视频内容审核提供多维精细的分析，通过文本分词、词性标注、语法结构分析、词组位置分析等手段①，结合大数据的算法分析，实现对涉黄、暴力、辱骂等有害弹幕的识别，第一时间过滤不良有害内容。

在审核功能以外，人工智能技术还能帮助视频平台实现从视频识别、处理、分发到播放的全链条智能化，使得内容生产端与内容消费端的连接更加精准，为用户提供更好的视频服务体验②。

4. 深化制度变革，完善以网信办为主导的监管体制

网信办成立后，在相当程度上集中了互联网内容的管理工作，但是"九龙治水"的多头管理体制依然存在。

在中央立法层面，《网络安全法》首次以立法的形式明确了对网络领域的监管问题。但是具体分析《网络安全法》的条文可以发现，该法律着眼于对整个互联网网络安全体系框架的建构，在规定监管主体的时候，主要使用的是"国家网信部门及有关部门"的字样，各行政机关对于互联网治理的具体分工依旧模糊③。

在实际执行层面，管理交叉的问题依旧突出，互联网治理的结构框架不够清晰，不同部门之间制定的标准不一的情形仍然存在。除网信办外，近年来其他部门也陆续出台了对互联网细分领域进行监管的规定。尤其在互联网金融领域，2017 年以来爆出数以千计的平台"爆雷跑路"等问题，银保监、证监、央行、网信、地方金融局之间监管协调问题屡见不鲜。

---

① 网络传播杂志.直播平台如何有效进行弹幕管理[EB/OL].http://www.cac.gov.cn/2017-02/21/c_1120499123.htm,2019-02-21.

② 钛媒体 App.网宿发布新一代智慧云视频平台,人工智能加速 CDN 产品升级[EB/OL].http://baijiahao.baidu.com/s?id=1601064119017416132,2018-05-21.

③ 付士成,郭婧滢.社交媒体治理视角下的互联网法律监管与行业自治[J].天津法学,2017(3).

在制度建设层面,网信办的行政组织定位依旧模糊。当前,网信办是互联网监管的主导部门,但是作为"办公室"的网信办,法律地位难以界定。同时,由网信办制定的部门规定属于什么样的法律性质等问题也没有明确说明。这些都在司法实践中带来适用法律的困惑。

党的十八大以来,党中央将全面依法治国纳入"四个全面"战略布局,加强党对全面依法治国的集中统一领导。为了进一步解决多头管理问题,建议通过立法的形式明确网信办在行政组织意义上的地位,明确网信办的管理事项和管辖范围,明确网信办与工信部、国家新闻出版广电总局等管理部门的关系。

5. 疏堵结合,针对"翻墙"行为实施监管

"翻墙"行为是指网民绕过国家网络管控,实现对被屏蔽网络内容的访问。其中,VPN(virtual private network,虚拟专用网络)是最常见的"翻墙"工具。中国建有国家防火长城(GFW),美国的 Google、Facebook、Twitter、YouTube、Wikipedia 等网站被屏蔽,网民无法直接登录。

在法律法规层面,网民"翻墙"行为是被明令禁止的。这对维护国家意识形态安全,保障国家安全,防止恐怖主义、分裂主义和敌对势力开展思想渗透具有特殊意义。根据工信部 2017 年发布的《关于清理规范互联网网络接入服务市场的通知》,未经电信主管部门批准,不得自行建立或租用专线(含虚拟专用网络)等其他信道开展跨境经营活动。基础电信企业向用户出租的国际专线,应集中建立用户档案,向用户明确使用用途仅供其内部办公专用,不得用于连接境内外的数据中心或业务平台开展电信业务经营活动[1]。近年来,各地时常传出网民因"翻墙"行为而获罪的新闻[2]。

然而,"翻墙"行为在国内长期游走于灰色地带,在监管上存在一定的弹性和模糊性。民间使用 VPN 等工具浏览被屏蔽网站的人群相当庞大,

---

① 工业和信息化部.关于清理规范互联网网络接入服务市场的通知[EB/OL].http://www.miit.gov.cn/n1146290/n4388791/c5471946/content.html,2017-01-22.

② 正义网.男子私自搭建 VPN 服务器非法获利 50 余万元,被判刑 5 年半[EB/OL].http://news.youth.cn/sh/201712/t20171221_11183885.htm,2017-12-21.

法难责众。据研究机构统计,中国的 VPN 用户可能多达 9 000 万[①]。

"翻墙"行为普遍发生的现实原因有三个方面。第一,随着中国改革开放的逐步深化,国际交往日趋频繁,在中国工作、学习和生活的外国公民与日俱增。2019 年,外国出入境人数达到 9 767.5 万人次[②],已接近 1 亿人次。这个群体大都随身携带手机、平板、路由器等上网工具,对于"翻墙"浏览海外网站具有合理需求。第二,国内科研院所的工作人员也需要利用海外网站及时了解外部世界。第三,中国也需要利用海外阵地开展国际传播,打造全球化的传播矩阵,在海外社交媒体上开设账号。据人民日报海外网统计,2018 年,中央企业在 Facebook、Twitter、YouTube、Instagram 四大平台的整体开通率高达 47.9%[③]。

(五) 网络实名制的利与弊

互联网具有开放性、虚拟性、匿名性、交互性等特点,网络管理一直是世界性难题。为了打击网络谣言、遏制语言暴力、防止信息泄露,一些国家开始实行网络实名制,并且通过立法的形式予以执行。公民上网,必须在实名状态下注册、登录。

网络实名制对网民形成了震慑效果,对于净化网络空间具有积极意义。但是,它从实施之初就争议不断。反对者认为,政府的过度监控剥夺了公民的隐私权。而且,针对没有国界的"地球村"网民而言,单一国家实施实名制困难重重,网民可以通过 VPN"翻墙"等手段绕开监管。在具体实施中,网络实名制的效果也与预期相去甚远。

1. 韩国实名制失败的教训

韩国作为世界上首个强制推行网络实名制的国家,从 2007 年推行网络实名制,到 2012 年因涉及违宪被判决废止。具体来看,韩国网络实名

---

① 北京商报.只剩下门缝的 VPN 何去何从[EB/OL].http://www.xinhuanet.com//tech/2017-02/07/c_1120421682.htm,2017-02-07.
② 人民日报海外版.2019 年全国出入境 6.7 亿人次[EB/OL].http://www.gov.cn/shuju/2020-01/06/content_5466711.htm,2020-01-06.
③ 人民日报海外网.2019 国企海外社交媒体运营与舆情应对研讨会在京举行[EB/OL].https://baijiahao.baidu.com/s?id=1630605525377106532,2019-04-12.

制在执行中面临的诸多困境值得引以为戒。

第一，抓大放小的逆向激励。2007年6月，在韩国网络实名制政策推出之初，由于担心给中小网站带来过高的技术成本，只对日均访问量在30万以上的35家大网站执行该政策。2009年4月，实名制范围扩大至所有日均访问量超过10万的网站①。网站实名制的差别对待造成不同网站间义务不均等，引起市场混乱。韩国网民为避免身份信息被记录，更倾向去中小网站，直接导致大型网站收入锐减。很多网站为规避法律，开始弄虚作假，不显示、不计算或少计算日均访问量。

第二，"限韩不限洋"的双重标准。2009年4月，YouTube拒绝执行实名制政策，退出韩国市场，引发大量韩国用户转投YouTube英语版本。面对国内用户带来的压力，2011年3月，韩国政府给予Facebook等社交网站豁免权，可以不执行实名制政策。事实证明，面对美国在互联网领域的压倒性优势，韩国的实名制实际只能约束本国网站。

第三，认证机制不健全，技术不成熟。韩国的网络身份认证技术多次被破解，在实名制推行伊始就出现了大量的身份证伪造工具，网民可以轻而易举地用伪造身份绕过实名制。

第四，实名制效果极其有限。调查统计显示，韩国实施实名制两个月后，恶意网帖仅减少2.2%。另一项研究显示，诽谤跟帖数量从13.9%降低到12.2%，仅降低1.7个百分点②。

第五，信息泄露造成巨大损失。韩国网站信息安全保障制度不健全，造成众多网民隐私被暴露。在2011年7月和11月，多个韩国大型网站遭到黑客攻击，总计近5 000万名用户信息被泄露。频频发生的信息泄露事件，引发民众对网络实名制的空前质疑③。

2. 实名制无法"包治百病"

2017年，中国开始大规模推进网络实名制认证。当年6月施行的《网

---

① 中新网.韩国第一个推行实名制　适用访问量较大的网站[EB/OL]. http://www.chinanews.com/it/it-itxw/news/2010/05-05/2264488.shtml, 2010-05-C5.
② 曾思雪.韩国网络实名制的废除及现状[J].新闻研究导刊,2015(6).
③ 冯伟,王超.韩国网络实名制成败对我国的启示[J].中国信息安全,2015(11).

络安全法》规定,网络运营者为用户办理网络接入、域名注册服务,办理固定电话、移动电话等入网手续,或者为用户提供信息发布、即时通讯等服务,在与用户签订协议或者确认提供服务时,应当要求用户提供真实身份信息①。此外,网信办也陆续出台部门规章,要求在评论跟帖等服务中实行实名制。

从近几年实名制在中国的效果看,确实起到了减少网络暴力、打击网络犯罪、净化网络环境的作用,一大批在网络上造谣生事、肆意谩骂的"喷子"被曝光,一度猖獗的网络诈骗势头也得到有效遏制。在 2020 年抗击新冠肺炎疫情中,网络实名制就帮助网信部门和警方迅速查处了一批肆意传播虚假信息、制造煽动地区歧视、恶意攻击医护人员的违法分子。例如,广东省中山市警方抓获在朋友圈发表辱骂抗击疫情领军人物钟南山的涂某,江苏省盐城市警方抓获在微博辱骂盐城援鄂医疗队的闫某②。

但与此同时,曾在韩国出现的信息泄露、技术规避等问题或多或少也在中国重演。前车之覆,后车之鉴。韩国的教训告诉我们,实名制不能"包治百病",不可能一蹴而就、一劳永逸。中国在推进网络实名制的过程中,应高度重视顶层设计,结合本国特点和网络发展情况,制定稳健的实名制推进路线图。本着循序渐进的原则,充分尊重网络的虚拟性,保护网民合法的言论自由。同时,要加大对公民隐私的保护力度,严惩信息泄露、信息盗用等违法行为,在实名认证、身份鉴别等环节引入前沿技术,增进民众对信息安全的信心。

---

① 新华社.(受权发布)中华人民共和国网络安全法[EB/OL]. http://www.xinhuanet.com/politics/2016-11/07/c_1119867015.htm,2016-11-07.
② 每日经济新闻.他恶语辱骂钟南山,被拘 15 天![EB/OL]. http://finance.sina.com.cn/wm/2020-02-27/doc-iimxyqvz6241911.shtml,2020-02-27.

>>> 第七章　移动互联网时代新闻传播创新案例

在数字化浪潮的冲击下,传媒业积极推动数字化转型,应对新的挑战,适应外部环境,确立竞争优势。本章分为国内篇和国外篇两个部分,分别考察移动互联网时代国内外传统媒体的演进路径与变革方向。国内篇中,既分析了《人民日报》、新华社、中央广播电视总台等中央媒体,也跟踪了上海报业集团、上海广播电视台、东方网等地方主流媒体。国际篇中,既分析了《纽约时报》《华盛顿邮报》等传统报业,也研究了电视媒体和通讯社,如CNN、BBC、路透社、美联社。这为本书提供了国际化视野和宏观坐标体系。

上篇　国　内　媒　体

一、中央媒体:做好主力军、主渠道、主阵地

(一) 传媒"国家队"布局移动端,"两微一端"成为主阵地

PC互联网时代,人民网、新华网、央视网是国内新闻网站的"国家队"和领军品牌,也是主流媒体争夺舆论主导权的中坚力量。进入移动互联

网时代,赛道发生转换,百度、阿里巴巴、腾讯、今日头条等一度领跑,新闻网站变成传统媒体,从并跑者变成跟跑者。移动传播群雄逐鹿,平台型网络巨头一骑绝尘,吸引了绝大多数受众的注意力,后进者只能奋力追赶。

中央媒体在抢抓移动互联网机遇的进程中,大致经历了三个阶段:第一,探索阶段,从手机报、WAP 网站、与 Kindle 或 iPhone 合作等入手;第二,重塑渠道阶段,布局微博、微信、客户端、小程序等;第三,媒体平台化阶段,即开放平台、布局生态,既开放自家平台给社会化生产者,也在其他平台上开辟自家阵地。在此,我们着重探讨后两个阶段。

1. 争夺舆论制高点,布局"两微一端"等

中央媒体布局移动互联网时发现,本轮竞争比 PC 互联网时代更加残酷,产业链上下游更长,参与主体更多。竞争者中既有传统媒体和 IT 巨头,也有跨界而来的运营商,还有海量的自媒体用户。移动互联网入口处已盘踞着一批巨头,它们牢牢钳制着网络入口。

与此同时,App 成为重要的内容入口,应用商店的运营方掌握着生杀大权。拥有 iOS 系统的苹果公司,握有 App Store;拥有安卓系统的谷歌,握有 Google Play;拥有 Windows Phone 系统的微软,也曾有 Microsoft 应用商店。此外,华为、小米、360 等公司都有自己的应用商店。

布局"两微一端",成为中央媒体的现实选择。2010 年被称为微博元年,新浪微博风靡一时,成为各家媒体的必争之地。截至 2020 年 8 月 12 日,"@人民日报"微博粉丝数达到 12 065 万,中央广播电视总台旗下的"@央视新闻"、新华社旗下的"@新华视点"微博粉丝数分别达到 11 274 万和 9 815 万(见表 7)。"两微一端"等平台成为中央媒体传递主流声音、争夺舆论话语权的重要窗口。

表 7　三大中央媒体在新浪微博上的粉丝数(截至 2020 年 8 月 12 日)

媒　体	新 浪 微 博 矩 阵	
	账　号	粉　丝　数
《人民日报》	人民日报	12 065 万
	人民网	7 643 万
	环球时报	2 838 万

（续表）

媒　　体	新　浪　微　博　矩　阵	
	账　　号	粉　丝　数
《人民日报》	环球网	2 100 万
	侠客岛	793 万
	人民日报评论	431 万
	人民日报海外版	369 万
	学习小组	249 万
	证券时报网	218 万
新华社	新华视点	9 815 万
	新华网	7 248 万
	新华国际	1 519 万
	新华社中国网事	1 379 万
	环球杂志	1 375 万
	参考消息	1 300 万
	瞭望	1 265 万
	半月谈杂志社	1 093 万
	瞭望东方周刊	739 万
	新华体育	500 万
中央广播电视总台	央视新闻	11 274 万
	央视财经	3 525 万
	央视网	1 159 万
	国际在线新闻	544 万
	中央人民广播电台	517 万
	CGTN	500 万
	央广网	449 万
	国际在线	399 万
	央视影音	187 万
	央视新闻评论	178 万
	央广视讯	30 万

资料来源：根据公开信息整理。

　　2012年,微信横空出世,腾讯拿到移动互联网的超级船票。微博的扩张势头得到遏制。2018年年底,腾讯对外宣布,微信用户数超过10亿,微信是网民接触移动互联网的重要入口。新闻媒体、政府与企业、自媒体成为内容生产的三支主力军。为了营造内容生态圈,微信开放端口,允许新闻媒体入驻订阅号,开放小程序。新榜的一项统计显示,截至2018年10月,微信公众平台账号约有3 704.5万个,其中,个人账号2 060万个,机构类账号1 644.5万个。微信粉丝数超1 000万的账户有167个,粉丝数超100万的账户有3 191个,粉丝数超10万的账户有6.34万个。在粉丝数超过1 000万的账户中,有《人民日报》、新华社、中央广播电视总台等国家级媒体(见表8)。"学习小组"、"侠客岛"、"牛弹琴"等微信公众号成为知名品牌。

表8　三大中央媒体的微信平台粉丝数(截至2020年3月)

媒　　体	微 信 公 众 号		小　程　序	
	账　号	粉　丝　数	名　　称	最高曝光量
《人民日报》	人民日报	2 200万+①	人民日报	无数据
	侠客岛	1 163万	两会超级答人	10万
	人民网	1 123万	人民日报FM	10万
	环球时报	844万	人民日报数字报	无数据
	学习小组	696万		
	环球网	386万		
	人民日报评论	328万		
	海外网	48万		
新华社	新华社	1 500万+	新华社微悦读	239万
	新华网	1 000万	新华答题	15万
	瞭望智库	940万	新华网思客	1.8万
	参考消息	778万		
	半月谈	417万		

---

　　① 序多多.微信公号洞察:人民日报粉丝已突破2 000万,泛内容公号如何借生态突围?[EB/OL].http://www.xudoodoo.com/detail/1019.html.201810,2018-10-17.

（续表）

媒 体	微 信 公 众 号		小 程 序	
	账 号	粉 丝 数	名 称	最高曝光量
新华社	牛弹琴	389 万		
	新华视点	135 万		
	中国证券报	128 万		
	新华每日电讯	123 万		
	财经国家周刊	94 万		
	瞭望	69 万		
	经济参考报	39 万		
	新华网思客	37 万		
	新华国际头条	34 万		
	瞭望东方	18 万		
	奇趣潭	17 万		
	新华新青年	16 万		
	新华视界	11 万		
中央广播电视总台	央视新闻	1 000 万＋	央视微视频	无数据
	央视财经	754 万	央广新闻 lite	无数据
	央视网	345 万		
	CCTV 焦点访谈	183 万		
	央广新闻	123 万		
	网络新闻联播	71 万		
	国际在线	18 万		
	中国网络电视台	10 万		

资料来源：新榜。

微博、微信的渠道分别掌控在新浪和腾讯手中，传统媒体要借船出海，其市场化运营的掣肘甚多（如发稿次数、广告露出方式等），渠道受制于人。"叫好不叫座"，成为难言之痛。

打造 App 矩阵成为传统媒体走向全媒体集团的另一个战略考量。借助政治优势、人才优势、品牌优势,加上掌控新闻采集权和发稿权,三大中央媒体 App 经过几年的运行,逐渐聚拢起数亿级别的粉丝规模,成为当之无愧的头部媒体(见表9、表10)。虽然与今日头条、腾讯新闻等市场化媒体的粉丝规模仍有差距,但人民日报、新华社、央视影音等奋起直追,已跻身中国新闻类 App 第一方阵。原创稿量、用户下载量和转发量等稳步提升,用户美誉度和活跃度不断提高,中央媒体的传统优势开始向移动端拓展。尽管 App 运营成本要比微博和微信公众号高很多,但是运营主体的权限可以更高,市场化手段也更灵活。

表9 三大中央媒体旗下主打 App 及宣传语

《人民日报》	新　华　社	中央广播电视总台
1. 人民日报:有品质的新闻 2. People's Daily: Read China 3. 环球时报:联接中外,沟通世界	1. 新华社客户端:新主流,新体验 2. 新华网(原为新华炫闻):引领品质阅读 3. 参考消息:纵览外国媒体每日报道精选 4. 中国搜索:国家权威搜索 5. 瞭望智库:欢迎严肃的研究者 6. 中国证券报:因为专业,所以权威 7. 上海证券报:最专业的财经新闻媒体 8. 经济参考报:新华社主管　经济参考报社主办 9. 半月谈:党媒助力公考 10. 新华社电视(CNC):讲好中国故事,传播中国声音 11. 新华国际:直击新闻现场	1. 央视影音:掌上央视,无限视界 2. 央视新闻:看得见的新闻 3. 中央电视台:相识　相伴相知 4. 央视频:有品质的视频社交媒体 5. 云听:中央广播电视总台高品质声音聚合分发平台 6. 央视财经:最有价值的财经新闻 7. CCTV 微视:看电视的朋友圈 8. CGTN、CGTN HD: See the difference 9. 央广新闻:大新闻都在这里 10. 中国广播:中国广播,声音新力量 11. 中国之声:大新闻都在这里 12. 央广云电台:新广播,新乐趣 13. China News、China Radio、China TV:在信息的海洋中带您导航,陪您去周游世界

资料来源:根据公开信息整理。

表 10　三大中央媒体 App 下载量(截至 2020 年 8 月 12 日)

媒体	App 下载量		
	名　称	安卓系统	总下载量 (来源:官方口径)
《人民日报》	人民日报	3.38 亿	2.4 亿①
	环球时报	976.6 万	
	People's Daily	189.9 万	
	手机人民网	28.2 万	
新华社	新华社客户端	2.39 亿	3.1 亿(截至 2019 年 1 月)
	新华网客户端	569.1 万	2 000 万以上(截至 2019 年 1 月)
	半月谈	856.1 万	
	参考消息	663.9 万	
	中国搜索	149 万	
	上海证券报	61.1 万	
	瞭望智库	58.5 万	
	经济参考报	31.4 万	
中央广播电视总台	央视影音	5.05 亿	
	央视新闻	1.38 亿	
	CCTV 微视	1.10 亿	
	中国广播	2 083.1 万	
	央视财经	1 596.4 万	
	China Radio	925.5 万	
	央广新闻	388.2 万	
	央视新闻＋	410.2 万	
	央广云电台	103.5 万	
	中国之声	63.3 万	

资料来源:酷传/七麦数据。

① 海外网.海外华文媒体代表齐聚人民日报社:"祖国是我们的坚强后盾"[EB/OL].http://www.sohu.com/a/233938858_115376,2018-06-04.

2014年6月,人民日报App上线。它始终坚持以内容为根本,以技术为引领,不断做大平台。截至2017年6月,中央部委、地方政府等2 000余家机构入驻移动政务发布厅。

2014年9月,新华社客户端上线,截至2020年上半年,累计下载量达3.1亿,用户活跃度逐渐提高。全媒体直播态产品"现场新闻",引领新闻业态重大变革。作为"现场新闻"在线生产的"中央厨房","现场云"平台已成为国内最大的新闻直播平台。2018年12月,新华网启动视频化战略,将视频业务作为构建内容新生态的战略支点。新华网媒体创意工场也正式成立,并且将"新华炫闻"App升级为"新华网"App。

中央广播电视总台在融合发展中,聚焦视频业务,主打央视频、央视影音、央视新闻、云听等客户端,注重原创内容,聚合独家IP资源(如世界杯版权等),同时聚焦社会热点,回应公众关切,得到各界广泛认可。2019年11月,号称我国首个国家级5G新媒体平台——中央广播电视总台"央视频"5G新媒体平台正式上线。这是中央广播电视总台基于"5G+4K/8K+AI"等新技术全新打造的综合性视听新媒体旗舰。它标志着中央广播电视总台媒体融合迈出了关键性步伐[①]。2020年3月,音频客户端"云听"上线,代表移动音频"国家队"入场。"云听"依托中央广播电视总台的内容资源,主打听精品、听广播、听电视三大板块,聚焦泛文艺、泛知识、泛娱乐,通过知识付费、互动打赏、广告营销等业务功能[②],实现中央广播电视总台的创新转型。

2. 聚合流量与粉丝,推动媒体平台化

随着传播渠道的多元化,社会进入万物皆媒的泛媒体时代。在此背景下,传统主流媒体必须搭建全媒体报道平台,形成全生命周期的内容生产传播链条,内容生产与分发并重,推进媒体平台化,聚合流量与粉丝。一方面,要将平台开放给第三方,允许其他机构入驻,比如搭建聚合平台

---

① 央广网.总台"央视频"正式上线[EB/OL].http://jx.cnr.cn/2011jxfw/bwzg/20191120/t20191120_524866187.shtml,2019-11-20.

② 央广网.中央广播电视总台音频客户端"云听"正式上线 移动音频"国家队"入场[EB/OL].http://ent.cnr.cn/zx/20200305/t20200305_525003853.shtml,2020-03-05.

"人民号"、"现场云"和央视新闻移动网等；另一方面，入驻第三方平台，利用别人的平台实现内容分发。

"人民号"于2018年6月上线。它依托人民日报客户端，为媒体、党政机关、各类机构、企业、优质自媒体和个人提供移动端内容生产与分发全流程服务。如今，已吸纳入驻媒体7 000余家，日均推送原创资讯3 500余条。

作为信息总汇，新华社高度重视新形势下供稿线路的更新迭代，专门组建了全媒编辑中心。为了满足新媒体客户的个性化需求，新华社专门设置了新媒体专线、短视频专线、县级融媒体专线。从2017年起，新华社客户端建立"现场云"平台，向用户免费提供智能化工具和平台化服务，采编人员即采即拍即传，平台方即收即审即发，已形成集约高效的生产体系。

中央广播电视总台重视自主可控平台建设，旗下央视新闻移动网自2017年2月上线至今，主要以优质新闻短视频与资讯类移动直播内容聚拢用户群，并且通过自有UGC系统获取优质用户生产视频内容。截至2018年5月，央视新闻移动网累积用户超千万，日均发布短视频566条，日均直播13场，矩阵号已入驻312家平台[①]。

为了争夺高端内容，百度、阿里巴巴、腾讯和今日头条等纷纷启动平台化战略，斥巨资推出内容创业计划和平台开放策略，吸引高品质内容生产者，构建起自己的生态圈。例如，百度的百家号、爱奇艺，阿里系的新浪微博、新浪看点号、优酷土豆、UC浏览器的大鱼号，腾讯的微信公众号、企鹅号、小程序、腾讯视频、趣头条、快手，字节系的头条号、抖音、火山小视频、西瓜视频，一点资讯的凤凰号，网易的网易号，搜狐的搜狐号……这些内容聚合平台，为政府、媒体和网民的信息传播提供了免费渠道。

除多渠道分发传统资讯外，中央媒体纷纷在第三方平台发力视频业务（见表11）。人民网与腾讯、歌华有线合作打造的"人民视频"，以短视频为主。"人民日报"抖音账号粉丝数率先在所有账号中突破1亿。中央广播电视总台发挥视频制作专业优势，秉承"新闻立台"的取向，重点依靠

---

① 央视网.央视新闻移动网用户破千万［EB/OL］.http://www.cctv.com/2018/05/22/ARTIBVcbrQNjA1RuKZHp80eR180522.shtml，2018-05-22.

"央视新闻"发布视频资讯。2019 年 2 月,中央广播电视总台与抖音合作开通春晚官方抖音账号,开展系列活动,助力春晚传播。

表 11　三大中央媒体在第三方平台上的粉丝状况
(截至 2020 年 8 月 12 日,单位: 万人)

媒　体		阿　里　系			腾　讯　系			
		新浪看点号	优酷	UC浏览器大鱼号	腾讯新闻企鹅号	腾讯视频	趣头条	快手
《人民日报》	人民日报	√	—	1.3	367	14.5	—	4 367
	人民网	√	4	60.1	72.4	1.4	80.4	2 384
	人民视频	—			13.6	5.3	3.1	599
新华社	新华社	√	0.16	67.6	15.5	0.78	22.2	2 385
	新华网	—	2.3	6.4	14.8	1	15.9	117
	新华社现场新闻				—			265
中央广播电视总台	央视新闻		4.5	88.2	325	28.8	19.2	4 364
	央视一套	—		1.4	4.6	7.8	—	—
	央视网新闻		1.6	23.9	288	12.2		
	央视网	√	0.95	6	7.4	5.6	0.24	83
	小央视频	√	2.1	3.5	15.6	6.4	3.6	—
	央视频		1.1	2.1	0.18	0.5		263
	央视财经	√	—	19.1	62.4	8.5		677
	央视网视频	—						677

媒　体		字　节　系				百　度　系	
		今日头条	抖音号	火山小视频	西瓜视频	百家号	爱奇艺
《人民日报》	人民日报	1 143	10 499	—	1 143	892	0.5
	人民网	1 163	4 204	1 000	1 163	140	0.19
	人民视频	—	85.9			11	
	人民日报海外网	1 333			1 333		

（续表）

媒　　体		字　节　系				百　度　系	
		今日头条	抖音号	火山小视频	西瓜视频	百家号	爱奇艺
新华社	新华社	3 336	3 336	—	3 336	543	—
	新华网	2 162	2 162	2 000	2 162	395	9.9
	新华社客户端	309	—		309	65	
中央广播电视总台	央视新闻	8 315	9 299	9 000	8 315	1 152	全频道直播
	央视网新闻	2 493	—		2 493	888	
	央视一套	1 122	1 122		1 122	—	
	央视网	483	2 194	2 000	483	122	
	小央视频	658	655	656	658	32	
	央视频	451	330	—	451	171	
	央视财经	851	850	338	851	58	
	央视新闻移动网	809	—		809	90	全频道直播
	央视网快看	—	1 479	1 000	—	—	
	央视综艺		276	103		8.7	

资料来源：根据公开信息整理。

注："—"表示"无"；"新浪看点号"未显示粉丝数，用"√"表示开通账号；凤凰号、网易号、搜狐号未统计。

5G浪潮来临后，移动传播的场景化、视频化、去中心化的特征将更趋明显。网民接收资讯的场景将极大丰富，网民对优质视频内容的需求将大大提高。当前，传统媒体在移动端可提供的原创视频、聚合视频产能还严重不足。即使"全员视频"成为记者的基本素养，聚合用户视频也要成为媒体的现实任务。

（二）提升中国国际传播力，打造海外社交媒体矩阵

中央媒体要履行好党的耳目喉舌职责，必须统筹国内国外两个大局，讲好中国故事，传播中国声音。近年来，中央媒体不断增强国际传播能力建设，开辟新的传播渠道，创新话语体系，不断增强传播力、引导力、影响

力、公信力，面向世界生动展示中国形象，打造外宣的新窗口、新名片、新平台。

2016 年以来，三大中央媒体同步开启英文客户端建设，完善对外传播格局。2016 年年底，中国国际电视台(CGTN)开播并同步上线 CGTN 新版客户端。2017 年 10 月，人民日报英文客户端上线。2018 年 1 月，新华社英文客户端上线。至此，三大中央媒体在对外传播领域的新闻客户端全部配齐。

落地海外社交媒体平台是三大中央媒体加强国际传播能力建设方面的另一个重要布局。谷歌的 Google ＋、Facebook、Twitter、YouTube、LinkedIn、Instagram、Pinterest、VK、LINE 等社交媒体平台，成为中央媒体"出海"的重要窗口。中央媒体纷纷开设账号，开展国际传播，吸引全球受众，彰显中国气派，体现文化自信。

《人民日报》开设的"People's Daily"，入驻 Facebook、Twitter、YouTube、Instagram、Apple News 五大平台，2017 年总阅读量超过 50 亿。截至 2018 年 4 月，"People's Daily" Facebook 账号粉丝数突破 4 350 万，粉丝数、活跃度和互动数位居全球报纸媒体第一[①]。

新华社在海外社交媒体平台上的"New China"账号在 Facebook、Twitter、YouTube、Instagram、LINE、VK 六大平台上使用 19 种语言发稿，总粉丝数突破 1 亿，主账号发稿量、浏览量、互动量等核心指标跻身世界主流媒体账号第一方阵。截至 2020 年 3 月，新华社在六大海外社交媒体平台上开设 50 个账号，日均发稿量达 800 条，浏览量超 4 000 万次，互动量超 30 万次。这为我们面向海外受众展示真实、立体、全面的国家形象提供了直接通道，为有效开展国际舆论引导和舆论斗争创造了有利条件。

CGTN 作为中央广播电视总台近年来着力建设的新国际传播机构，在海外社交媒体的布局上同样收效显著。CGTN 已入驻 Facebook、Twitter、YouTube、Instagram、Google ＋、Pinterest、Tumblr。截至 2018 年 12 月，CGTN 在 Facebook 和 Twitter 上的粉丝数超过 8 323 万，

---

① 海外网.你没看错! 人民日报海外社交平台粉丝数全球纸媒第一[EB/OL].http://m.haiwainet.cn/middle/3543598/2018/0604/content_31328253_1.html,2019-06-04.

Facebook 账号上的粉丝数领先 BBC News、CNN International、RT 和 Al Jazeera English 等国际主要传播机构账号。YouTube 平台运营的主账号全球点击量居国内主流媒体首位①。中国国际广播电台发挥多语种传播优势,构建起庞大的海外社交媒体矩阵,收获大量粉丝。截至 2017 年 10 月,该台 43 个语种在境外社交媒体开设账号 111 个,粉丝数超过 5 400 万②。其中,泰米尔语 Facebook 账号粉丝数达 120 万以上,超越 BBC 成为海外泰米尔语媒体中粉丝最多的账号;老挝语 Facebook 账号粉丝数达 130 万,占老挝总人口近 1/6,超过老挝国家通讯社等五个主流媒体 Facebook 账号粉丝数之和;普什图语社交媒体账号粉丝数占该国移动用户的三分之一③。

表 12　三大中央媒体在海外社交媒体上的粉丝情况
(截至 2020 年 9 月 10 日,单位:万人)

媒 体	账 号	Facebook	Twitter	YouTube	Instagram
《人民日报》	People's Daily, China	8 500	700	10.2	110
新华社	China Xinhua News	8 400	1 260	95.4	130
中央广播电视总台	CCTV	4 900	100	94.2	82
	CGTN	10 900	1 380	184	230

资料来源:根据公开信息整理。
注:2020 年以来,部分海外社交媒体对中国媒体采取限止主动搜索等措施。

(三) 科技赋能＋资本运作,提升主流媒体综合实力

信息技术日新月异,移动终端全面普及,产品形态多姿多彩,业务模式花样翻新,媒体生态与竞争格局不断重塑。面对激烈的竞争,主流媒体

---

① 中国新闻出版广电网.中国国际电视台(CGTN)优兔全球点击量破 3 亿次[EB/OL]. http://www.xinhuanet.com/zgjx/2017-11/22/c_136770768.htm,2017-11-22.
② 戴元初.日益走近世界舆论场中心的中国力量——2017 中国媒体国际传播实践述评[EB/OL].http://media.people.com.cn/n1/2018/0802/c40628-30192190-2.html,2018-08-02.
③ 中国新闻出版广电报.中国国际广播电台:理念创新带动媒体融合[EB/OL].http://media.people.com.cn/n1/2017/1123/c40606-29662542.html,2017-11-23.

被迫应战。三大中央媒体借助政治优势、内容优势、品牌优势、人才优势等，利用新兴科技不断提高新闻生产和传播效率（见表13），同时开展资本运作，整合资源，壮大实力。

2015年6月，新华网组建国内首个新闻无人机队，此后在天津滨海新区爆炸、深圳滑坡事故等重大报道中大展拳脚。11月，新华社推出自主研发的"快笔小新"机器人写稿系统，成为国内首个使用写稿机器人的媒体机构。2017年年底，新华社发布全球媒体首个人工智能平台"媒体大脑"，生产了第一条MGC视频新闻。2018年全国两会期间，"媒体大脑"升级推出九期数据可视化视频产品；世界杯期间，"媒体大脑"大显神威，一个月内生产短视频3.7万条，最快一条视频生产仅耗时6秒。依托"媒体大脑"，新华社正在构建以智能技术为基础，以人机协作为特征的智能化编辑部。2018年11月，新华社推出全球首个合成新闻主播——"AI合成主播"，首开新闻领域实时音视频与AI真人形象合成的先河。AI合成主播运用最新人工智能技术，与真人主播具备同等播报能力，可逼真地模仿不同风格主持人的声音、口型。12月，拥有一流技术和装备的新华网媒体创意工场投入运行，为新华社打造完备的创意产品孵化体系，布局融媒产业生态圈提供强大技术支撑。

表13　三大中央媒体在新兴技术领域的主要动作

媒　体	时　间	主　要　内　容
《人民日报》	2017年1月	新媒体平台人工智能机器人"小融"上线
	2018年6月	推出移动新媒体聚合平台"人民号"、人民日报"创作大脑"、智慧党建平台
新华社	2015年6月	组建国内首个新闻无人机编队，用于新闻航拍
	2015年11月	推出可以批量编写新闻的写作机器人"快笔小新"
	2017年12月	推出"媒体大脑"（智能媒体生产平台）
	2018年11月	推出"AI合成主播"
	2018年12月	新华网启动视频化战略；新华网媒体创意工场揭牌
	2019年2月	新华社联合搜狗公司推出全球首个"AI合成女主播"

媒　体	时　间	主　要　内　容
中央广播电视总台	2017 年 9 月	试点"声纹识别技术"，实现电商边看边买
	2017 年 10 月	CGTN 融媒中心正式投入运营
	2018 年 1 月	利用人工智能模拟人声为纪录片《创新中国》配音
	2018 年 7 月	与阿里巴巴共同打造多模态视频＋音频人工智能剪辑技术"快影"
	2019 年 2 月	中央广播电视总台"全国县级融媒体智慧平台"暨央视网新版全终端正式上线
	2019 年 11 月	中央广播电视总台旗下短视频旗舰"央视频"App 正式上线
	2020 年 3 月	高品质声音聚合分发平台"云听"正式上线，聚焦泛文艺、泛知识、泛娱乐三大品类，主打听精品、听广播、听电视三大板块

资料来源：根据公开信息整理。

　　科技改变的不只是新闻生产与信息传播方式，它也为传统媒体创新优化业务体系、管理体系和组织体系提供助力。《人民日报》自主研发的"中央厨房"即是其中的标杆。2016 年 2 月，"中央厨房"正式上线，强化移动优先、一体发展理念，再造新闻生产流程以适应全媒体环境，成为《人民日报》在媒体融合发展史上的标杆性探索。10 月，基于"中央厨房"，《人民日报》探索启动"融媒体工作室"计划，打破部门藩篱，盘活各方资源，组织跨界生产，使得全媒新闻生产力、创新力显著提升。截至 2019 年 2 月，《人民日报》共组建"麻辣财经"、"一本政经"、"学习大国"、"侠客岛"等 45 个工作室，260 多名编辑、记者参与其中。成立两年多来，不少工作室已在各自垂直领域形成专业品牌，为主流新闻信息产品注入新活力。2017 年 1 月，《人民日报》上线新媒体平台人工智能机器人"小融"。2018 年 6 月，《人民日报》推出移动新媒体聚合平台"人民号"和人民日报"创作大脑"，标志着其在人工智能探索方面实现实质性进展。"人民号"通过算法推荐技术的不断优化，已初步形成具有主流价值导向的"党媒算法"。"创作大脑"也通过人工智能技术，为《人民日报》和"人民号"内容创作者实现智能写作、推荐、分发，提升内容生产与传播效率。

中央广播电视总台成立后,提出"台网并重、先网后台、移动优先"的发展战略,以"大象起舞"的决心拥抱数字化。总台高度重视新兴技术和产品创新,"5G＋4K"直播的工作模式逐渐成为其新常态。2018年10月,总台开播4K超高清频道,日均播出8小时原创节目;12月,与三大运营商和华为公司签约,合建首个国家级"5G新媒体平台"。此外,"数据中台"在央视网落地,为其组织生产、聚合内容、多屏分发提供支撑。"数据中台"由央视网联合阿里巴巴等建设,是一个集成统一的数据采集、计算、萃取、交换和算法能力的平台,实现内容、平台与用户的准确连接,进而推动内容的精准分发和服务的精准触达。

表14　三大中央媒体旗下上市公司的资本运作

媒　体	合作对象	时　间	主　要　内　容
《人民日报》（人民网）	深南资产	2017年4月	出资3 000万元,参与投资设立人民网壹号文化产业股权投资基金
	中国人保	2017年5月	双方共同出资5 000万元组建人民健康网
	铁血网	2017年8月	出资720万元入股铁血网,占铁血网总股本的1.5%
	爱乐帮科技	2017年11月	转让所持有的人民澳客36.67%股权,成交金额9 931万元
	浦东科创集团	2017年11月	出资1.5亿元参与投资设立人民浦东招银文创产业股权投资基金
	腾讯、歌华有线	2018年3月	合资成立人民视听科技有限公司
新华社（新华网）	阿里巴巴	2017年4月	新华网、新华新媒文化传播有限公司、中国经济信息社、杭州阿里创业投资有限公司、杭州数问云投资合伙企业共同设立新华智云科技有限公司
	重庆腾亿	2017年9月	转让所持有的中证金牛(北京)投资咨询公司25%股权,成交金额为4 090万元
	上海朴银	2017年12月	出售所持有的北京星程同创信息咨询公司100%股权,成交金额5 200万元
	自然人	2018年6月	转让所持有的道有道(北京)科技股份公司股份562.12万股,总计8 000万元
	—	2018年9月	转让所持有的亿连科技24%股权,挂牌价格不低于1.68亿元

(续表)

媒　体	合作对象	时　间	主　要　内　容
中央广播 电视总台 (中视传媒)	德清朴华	2018年1月	出资5 469万元,参与认购宁波梅山保税港区朴华惠新股权投资合伙企业
	德清朴华	2018年1月	出资1亿元,与德清朴盈共同发起设立朴华融合媒体股权投资合伙企业
	宁波梅山港	2018年11月	出资1亿元,参与投资设立朴盈国视(上海)股权投资基金

资料来源:根据公开信息整理。

通过上市、收购、兼并、重组等资本运作手段,补充财力,壮大实力,提升治理水平,实现员工激励,是主流媒体增强综合竞争力的重要手段。人民网、新华网、中视传媒作为中央媒体旗下的上市公司(见表15)尽管与市场化媒体的市值、收入、利润等都还存在巨大差距,但仍是主流媒体参与资本市场竞争的重要力量。2018年3月,中央网信办和中国证监会共同出台《关于推动资本市场服务网络强国建设的指导意见》,为新型主流媒体打造互联网平台开展融资提供了有利的政策环境。当然,在主流媒体的股权结构中,政府绝对控股的比例偏高,资本运作的手段仍趋稳健。

表15　三大中央媒体旗下上市公司主要业绩(单位:亿元)

媒　体	上市公司	2018年		2019年		最新市值 (2020年 8月12日)
		收　入	利　润	收　入	利　润	
《人民日报》	人民网	16.9 (+21%)	2.1 (+139%)	21.50 (+26.95%)	3.36 (+57.48%)	220
新华社	新华网	15.7 (+4%)	2.8 (+0.4%)	15.69 (+0.04%)	2.87 (+0.98%)	129
中央广播 电视总台	中视传媒	8.1 (+13%)	1.1 (+39%)	8.55 (+5.54%)	0.89 (-21.51%)	54

资料来源:根据公开信息整理。

传统主流媒体进军新媒体主要存在三大短板:一是资本实力,二是技术手段,三是体制机制。牵手IT巨头,有利于其弥补技术短板,触达更多受众,占领新媒体阵地。三大中央媒体在做强做大互联网平台的实践中,与BAT等巨头的合作不在少数(见表16)。例如,"人民号"由百度提供技术支持;"媒体大脑"由新华社与阿里巴巴合资公司新华智云自主研发;中国国际电视总公司与阿里巴巴在云平台、大数据、移动客户端、信息化平台建设等方面进行合作;人民网、腾讯、歌华有线宣布将成立视频合资公司,共同发力直播和短视频领域,人民网持股60%。

表16　三大中央媒体重要的战略合作

媒　体	合作对象	时　间	主　要　内　容
《人民日报》	腾讯	2016 年 6 月	在中国媒体融合云平台、多媒体发布厅等领域展开具体合作
	今日头条	2017 年 4 月	在大数据研究及新媒体指数榜单方面进行深度合作
	百度	2018 年 6 月	《人民日报》入驻百度百家号,百度百家号将为移动传播聚合平台"人民号"提供技术支持
	搜狗	2018 年 9 月	共同构建面向党媒的 AI 技术赋能平台
新华社	阿里巴巴	2017 年 4 月	共同设立新华智云科技有限公司
	百度	2018 年 2 月	双方将在内容分发、人工智能、搜索等方面展开合作,共同探索全新媒体运营模式
中央广播电视总台	阿里巴巴	2018 年 4 月	在云平台、大数据、移动客户端、信息化平台建设等方面进行合作
	中国移动	2018 年 7 月	在 5G 技术研发、4K 超高清频道建设等六大领域合作
	上海市政府	2018 年 10 月	建立长三角总部和上海总站
	中国移动、中国电信、中国联通、华为公司	2018 年 12 月	5G 业务战略合作

资料来源:根据公开信息整理。

二、上海媒体:积极转型,守正创新,打造新型主流媒体

（一）上海报业:打造自主可控的新媒体矩阵

2013 年 10 月,为打造具有强大传播力和竞争力的新型主流媒体,解放日报报业集团和文汇新民联合报业集团整合重组,正式成立上海报业

集团,成为中国第一大报业集团。与此同时,集团旗下的《解放日报》、《文汇报》、《新民晚报》、《东方早报》、《新闻晨报》等都开始发力新媒体平台建设。相较电视,报业的资产较"轻",上海报业集团转型动手早、行动快、成效大。上观新闻、澎湃新闻、界面新闻等新媒体项目相继涌现,它们错位发展、蒸蒸日上。经过五年多的实践,上海报业集团已从传统报业集团,蝶变为拥有报刊、网站、"两微一端"等多传媒业态的传媒机构。2018年,上海报业集团对外宣称,初步建成"三二四"的新媒体战略布局。"三"是指上观新闻、文汇和新民三大融媒体平台;"二"是指澎湃新闻和界面新闻两大现象级新媒体;"四"是聚焦四大细分领域——国际传播、财经服务、综合信息服务、个性化信息产品领域,推出第六声(SIXTH TONE)、SHINE、摩尔金融、周到、唔哩等平台(见表17)①。

<h4 style="text-align:center">表17 上海报业集团旗下新媒体集群</h4>

类　别	名　称	定　位　与　特　色
时政类App	澎湃新闻	专注时政与思想
	上观新闻	讲好上海故事,传递权威声音
	文汇客户端	以人文为底色的新闻资讯平台
	新民客户端	上海市民喜闻乐见、国内知名的新型主流媒体
财经资讯服务媒体	界面新闻	中国移动财经领先品牌
	财联社	致力于打造中国的彭博
	蓝鲸财经	中国财经记者的信息服务平台
	摩尔金融	与投资高手为伍
民生服务类新媒体	周到	扎根上海,服务民生
	新闻晨报全媒体	上海最新锐的都市媒体传播平台
	唔哩	为"90后"打造的好玩的新闻资讯
国际传播新兴媒体	SIXTH TONE	上海视角、中国故事、国际格局
	SHINE	讲述上海故事,传播中国声音

资料来源:根据公开信息整理。

① 报业转型.上海报业集团组建五周年总结报告[EB/OL].http://www.sohu.com/a/272498044_654813,2018-10-31.

　　上海报业集团坚持打造自主可控平台,坚持掌握内容生产能力和议程设置能力,坚持"技术引领＋资本驱动",在残酷的市场竞争中站稳脚跟。难能可贵的是,在报业收入普遍断崖式下滑的情况下,上海报业集团聚焦主业、逆势飞扬,经营形势基本面稳定,2018 年总收入达 35.29 亿元,其中,媒体收入同比增加 30.48％。据上海报业集团党委书记、总裁裘新介绍,其新媒体用户数持续增长,媒体主营业务收入逼近集团总收入的一半;新媒体收入占媒体主营业务收入的一半;新媒体创新服务收入占新媒体收入的四成以上,具体包括版权内容服务、财经信息服务、第三方服务输出(内容、技术、审核等)、信息流内容分发及交易服务、自媒体广告服务、整合营销服务等。这标志着集团主业经营基本实现新旧动能转换①。

　　上海报业集团旗下媒体的微博矩阵在业界具有广泛影响。值得一提的是,截至 2020 年 8 月 12 日,《新闻晨报》官方微博粉丝数为 3 751 万(见表 18),在全国都市报中高居榜首,在全国日报中排名第三。

表 18　上海报业集团旗下媒体微博粉丝数(截至 2020 年 8 月 12 日)

机　　构	微博账号名称	粉丝数(万)
上海报业集团	新民周刊	2 951
	新闻晨报	3 751
	澎湃新闻	2 537
	界面新闻	973
	澎湃视频	642
	新民晚报新民网	410
	东方体育日报	227
	文汇报	170
	上海日报-SHINE	43
	上观新闻	30

资料来源：根据公开信息整理。

---

　　①　上海报业集团.上海报业集团召开"推动媒体融合向纵深发展"动员大会暨 2019 年度工作会议[EB/OL].http://www.sohu.com/a/296178182_161419,2019-02-21.

我们将重点梳理新媒体澎湃新闻、上观新闻、界面·财联社的发展情况。

1. 澎湃新闻：专注时政与思想的原创新闻 App

2014 年 7 月，澎湃新闻正式上线。它背靠上海报业集团，脱胎于《东方早报》，立志成为中国第一时政品牌。创立伊始，澎湃新闻即获得 3 亿多元投资。2016 年 12 月，上海国资战略入股澎湃新闻，六家国有企业投资 6.1 亿元。12 月底，《东方早报》休刊，澎湃新闻彻底脱胎。

经过四年多的快速发展，澎湃新闻已成为全国媒体融合转型标杆、拥有亿级用户的时政新媒体领先品牌，成功跻身新闻客户端第一阵营。作为上海乃至全国最具改革活力的新媒体，澎湃新闻已进入中国互联网原创新闻第一方阵。截至 2018 年年底，澎湃新闻 App 下载量达 1.46 亿，日活跃用户数超 1 000 万；澎湃新闻官方微博粉丝达 2 537 万，日均阅读量达 5 571 万。其主要受众为知识分子和白领人群。在中央网信办发布的月度"中国新闻网站移动端传播力总榜"上，澎湃新闻六次位列第一。各级政府纷纷将澎湃新闻作为重大主题宣传的首选阵地之一。

澎湃新闻大力倡导全媒化、平台化、全球化，致力于搭建全媒体生产传播平台，成为严肃的内容供应商。在移动互联网时代，机器人自动抓取新闻已成为家常便饭。同一条重大新闻发出后的短短数秒中，就可能实现全平台落地。新闻 App 如果想仅仅依靠时效性和独家性立足，是不现实的。澎湃新闻可谓深谙此道，所以它坚持以深度报道见长，重视思想争鸣，广邀名家开设个人言论栏目。澎湃新闻实行 24 小时发稿机制，建立三审机制和扁平化栏目小组。

澎湃新闻的成功，有四点经验值得总结：一是《东方早报》原班底的采编队伍为其提供了人才保障，很好地处理了存量和增量的关系；二是上海国资系统的战略入股奠定了雄厚的财力基础；三是坚定原创内容的发展思路得到了政府和市场的认可；四是坚持移动优先的发展策略，高度重视技术投入并建立起多元化的盈利模式，初步经受住市场的考验。

除了传统广告外，澎湃新闻还开展整合营销、版权销售、第三方技术服务等业务。2018 年，其版权输出收入超过 4 000 万元，技术输出收入同比增长 251％。澎湃新闻的技术团队拥有一系列软件著作权和专利，并且自主研发国内领先的融媒体解决方案"澎π"系统，可提供从管理模式到技术平台的一体化解决方案。全国各地有融媒体建设需求的政务客户纷纷上门寻求合作。

2. 上观新闻：定位精品阅读新闻类 App

2014 年 1 月上线的上观新闻，是解放日报社出品的深度阅读新媒体。作为上海市委的新媒体发布平台，它致力于成为全国地方党报媒体融合转型的先行者、上海新闻的第一报道者、一锤定音的最权威信源。它及时发表权威观点，已成为传递市委市政府声音的重要渠道。伴公汀、康平路、直通 200 号等品牌栏目拥有大批忠实粉丝。

2016 年 3 月，《解放日报》在全国党报中率先实施深度融合、整体转型，成立融媒体中心。融媒体中心进一步优化采编流程，强化"中央厨房"模式下的采编互动协同。原有采编力量打通，并且通过公开招标，成立约 80 个栏目小组，同时面向《解放日报》、上观新闻供稿。《解放日报》致力于打造精品党报，上观新闻是党报在互联网发声的主阵地。

解放日报社对外宣称，上观新闻要做"党报转型的自贸区"，先行先试，简政放权。其考核体系以传播力、影响力为标准，由此倒逼采编等部门，释放出巨大的竞争压力和改革活力。

3. 界面·财联社：中国移动财经领先品牌

界面新闻诞生于 2014 年 9 月，是上海报业集团联手小米科技、腾讯、360、海通证券、国泰君安、联想弘毅、卓尔传媒推出的新一代财经商业新闻网站，国有绝对控股，后曾获蓝色光标 3 500 万元增资。界面新闻获批互联网一类新闻牌照，是中国反应最迅速、影响范围最广的财经新媒体之一。在国家互联网信息办公室指导、中国互联网发展基金会主办的首届"两微一端"评选中，界面新闻曾获 App 影响力十佳。在中央网信办发布的月度"新闻网站 App 传播力总榜"上，曾连续上榜。

财联社蓝鲸系人民日报社旗下《证券时报》战略投资新媒体，旗下拥有财联社、蓝鲸财经、蓝鲸财经记者工作平台和浑水等业务模块。它在金融信息服务领域颇具影响，24 小时不间断地为专业投资者提供付费的财经信息服务等。2015年7月,蓝鲸传媒获得A轮融资,鼎晖资本领投,磐石资本和瑞业资本跟投,金额为5 000万元;2016年6月,获得B轮融资,由天风证券旗下天风天睿领投,小米、猎豹等跟投,金额过亿①。

2017年年底,界面新闻通过换股的方式,完成与蓝鲸·财联社的整体合并。整合后的界面·财联社由上海报业集团主管主办,定位于主流财经新闻集团和财经通讯社,集"媒体+资讯+数据+服务+交易"于一体,立志做中国版的彭博。界面·财联社号称"中国原创商业新闻第一品牌",2018年财经信息服务收入同比增长183%(2019年预算收入同比增幅高达210%),整合营销服务和自媒体服务均稳健增长,市场估值超过50亿元。整合营销服务以"策划+内容"为驱动,为企业客户提供个性化、定制化的服务,比如帮助企业搭建内容中心,重要战略事件传播,上市公司财报解读,舆情预判、预警和培训等②。

合并完成后,界面、财联社、蓝鲸财经、摩尔金融等品牌仍相对独立地存在。

财联社——权威、专业、快速的财经通讯社。财联社App下载量为2 300万,重点面向证券领域机构投资者,提供7×24小时电报式快讯、要闻、研报、智能投顾等服务。

蓝鲸财经——中国财经记者的信息服务平台,也是国内领先的自媒体服务平台。财经记者社区高度活跃,可提供采访通讯录、专家推荐等实用服务,是行业记者交流分享的服务平台。蓝鲸财经号称拥有2万多家自媒体资源,可覆盖3亿粉丝。

摩尔金融——投资者教育与服务平台。重点面向高净值个人投资者,提供知识付费服务,打造线上投资者教育与服务的一站式平台。原创研投文章累计超过10万篇,累计付费用户超过10万人。未来愿景是打造卓越的新型财经资讯提供商。

---

① 证券时报.重磅!界面与蓝鲸·财联社整体合并,估值或达50亿元[EB/OL].https://baijiahao.baidu.com/s?id=1593654753987805585,2018-02-28.

② 上海报业集团.上海报业集团召开"推动媒体融合向纵深发展"动员大会暨2019年度工作会议[EB/OL].http://www.sohu.com/a/296178182_161419,2019-02-21.

（二）上海广播电视台：融合发展，奋力前行

2014 年 3 月，原上海文化广播影视集团和上海广播电视台、上海东方传媒集团有限公司整合，成立新的上海广播电视台、上海文化广播影视集团（SMG）。上海广播电视台是中国产业门类最多、产业规模最大的省级新型主流媒体及综合文化产业集团。截至 2020 年 4 月，拥有员工超过 1.7 万人。旗下拥有广播、电视、平面媒体，共计 13 套广播节目、10 个电视频道（含 1 个国际频道）、15 个全国数字付费电视频道和 6 种报纸杂志等。

面对互联网的冲击，上海广播电视台推动创新、"颠覆电视"的改革步伐从未停歇。早在 2002 年，上海电视台就曾提出"两个转变"：从为播出而制作转变为市场而制作，从地方性的广播电视播出机构转变为面向华语世界的内容提供商、发行商和运营商①。

多年以来，上海广播电视台新媒体布局的重心在百视通，最终推动其在 2011 年年底借壳上市。2015 年 6 月，东方明珠和百视通重组，上海东方明珠新媒体股份公司鸣锣开市，成为上海广播电视台旗下统一的产业平台和资本平台上市，标志着上海广播电视台的融合发展进入新阶段。东方明珠曾作为中国首家文化类上市公司，1994 年在上海证券交易所挂牌上市，是国有文化企业经营的标杆。上海广播电视台通过此次重组，将 70％以上的经营性资产业务注入上市公司，使上市公司成为一家互联网媒体企业②。东方明珠拥有多渠道视频集成与分发平台，可以为用户提供视频内容服务、视频购物、文化娱乐旅游、数字营销及游戏等传媒和娱乐产品。作为多元化产业布局最完整的文化传媒上市公司，东方明珠用户已突破亿级规模。2017 年上海广播电视台的营收中，66％依赖上市公司东方明珠（包括新传媒业务、版权运营、电视购物、文化地产等），20％为传统媒体广告，14％为其他业务。

东方明珠曾尝试用股权激励的方式凝聚团队、提振士气、提升绩效，在传媒行业内一时引起轰动。但是，近几年来高管流失频繁，实际运行效果不及预期，正向激励作用有限。一方面，股权激励锁定期长达数年，"金

---

① 常永新，周瑜，李兆丰.跨媒介跨产业　打造媒体"小巨人"[J].新闻战线，2011(3).
② 上海市人民政府新闻办公室.文化上海[M].上海：上海科学技术出版社，2016：41—42.

手铐"的时间太长,不利于人才流动,一些有认购资质的人因此主动放弃了机会。另一方面,近几年资本市场不景气,员工几年前认购的优惠股价反而不如后来在二级市场的股票价格,在一定程度上挫伤了员工和高管的积极性。

东方明珠原本是地方广电集团推进新媒体转型的旗舰,但是近年来,改革步伐趋缓。面对新媒体的冲击,特别是湖南广电、广东广电等地方军团咄咄逼人的进攻,东方明珠的收入逐年下滑。反观湖南广播电视台,坚持节目在自有平台独播,大有后来居上之势。其上市公司芒果超媒的最新市值已远超东方明珠,2016—2018 年的收入分别为 32.2 亿元、82.7 亿元、96.6 亿元,增速惊人。2019 年 5 月,芒果超媒完成 20 亿元定向增发。其中,中国移动斥资 16 亿元,持股 4.37%,成为第二大股东。芒果 TV 不仅获得了资本注入,而且得到了运营商的渠道资源。在三家地方广电集团上市公司的排行榜中,东方明珠的利润依然领先,但是差距在逐年缩小(见表 19)。

表 19　三家地方广电集团旗下上市公司业绩(单位:亿元)

广电集团	上市公司	2016 年		2017 年		2018 年		市值(2020 年8 月 12 日)
		收入	利润	收入	利润	收入	利润	
上海广播电视台	东方明珠	194.4(同比+5%)	29.3(同比+1%)	162.6(同比−16%)	22.3(同比−24%)	136.3(同比−16%)	20.1(同比−10%)	348
湖南广播电视台	芒果超媒	32.2(同比+15%)	0.6(同比−30%)	82.7(同比+157%)	7.1(同比+975%)	96.6(同比+17%)	8.6(同比+21%)	1 093
广东广播电视台	新媒股份	3.0(同比+69%)	0.5(同比+73%)	4.5(同比+46%)	1.1(同比+117%)	6.4(同比+44%)	2.1(同比+87%)	268

资料来源:根据公开信息整理。

近年来,国内广播电视业普遍出现受众流失、广告和收视率下滑的状况,上海广播电视台也难以幸免。长期以来,上海广播电视台在移动端发力时,内部一直没有形成合力,资源分散、相互内耗,错过了黄金时期。以微博为例,上海广播电视台可谓点多面广、处处开花,但是规划不足、布局凌乱,没有形成旗舰类的爆款产品或现象级项目。

表 20 上海广播电视台旗下媒体微博粉丝数(截至 2020 年 8 月 12 日)

机 构	微博账号名称	粉丝数(万)
上海广播电视台	看看新闻 KNEWS	1 250
	东方卫视番茄台	873
	第一财经 YiMagazine	419
	宣克炅	163
	五星体育	110
	第一财经	104
	话匣子 FM	87
	第一财经广播	66
	BesTV 百视通	43
	东方购物	15
	阿基米德 FM	35

资料来源:根据公开信息整理。

2018 年,上海广播电视台旗下的电视频道无一盈利,转型的压力十分巨大。某种程度上说,广电转型比报业难度更大:一是现有资产很"重",人员、机器、设备、场地等开销巨大,历史包袱沉重;二是"船大难掉头",新媒体端的盈利难以迅速对冲持续下滑的广告收入;三是人才结构老化,缺乏互联网基因和相关技能。

如今,上海广播电视台的新媒体平台,除了互动电视、移动电视外,还包括:百视通,看看新闻网、看看新闻 App、Knews24 互联网新闻频道,Shanghai Eye 新媒体矩阵,阿基米德,一财网、一财 App 等。笼统而言,其新媒体布局可以用"1+3"来概括:百视通、看看新闻、第一财经、阿基米德。根据 2019 年第一季报表,东方明珠新媒体公司营业收入为 25.71 亿元,净利润为 5.62 亿元。其中,东方明珠的九成业务收入来自视频购物、媒体网络(包括百视通、文广互动、广告业务等)、版权交易、文旅消费。移动互联网业务的比重并不高。

我们将着重探讨看看新闻、第一财经和阿基米德在移动互联网时代媒体的转型实践。

1. 看看新闻：原创视频新闻的新媒体平台

2016 年 6 月，上海广播电视台电视新闻中心成立融媒体中心，迈出整体转型的关键一步。融媒体中心由原东方卫视和上海电视台的新闻团队、外语中心团队和看看新闻网团队联合组建，着力打造以"原创＋视频聚合"为特性的看看新闻 Knews 客户端，以及面向海内外的 24 小时互联网视频新闻流 Knews24。

看看新闻 Knews 作为上海广播电视台的官方新闻客户端，口号为"叩击时代"，力争打造独树一帜的原创视频新闻品牌，直播是其最大亮点。其原创新闻覆盖东方卫视、百视通互联网电视（OTT）、IPTV、手机电视和看看新闻客户端，以及海内外多个社交平台。截至 2020 年 8 月 12 日，其微博粉丝有 1 250 万，抖音粉丝有 1 066.7 万，百家号粉丝有 628 万。

看看新闻的节目内容主要来自 SMG，UGC 太少，缺乏娱乐内容支撑，加上缺乏互联网人才，激励机制不足，总体影响力有待提升。其发稿量单薄、聚合度不够、互动性和娱乐性不足的问题，直接导致用户数偏少、人气聚合力弱，难以形成全国性的声势和影响。

多年以来，国内网络视频领域过度竞争，已经筑起很高的护城河。腾讯视频、爱奇艺、优酷土豆三大巨头拥有平台优势和全产业链优势；字节系的抖音、西瓜视频、火山小视频等异军突起，拥有技术优势；广电系的央视影音、芒果 TV 掌握垄断性的稀缺节目资源；"市场新贵"哔哩哔哩、AcFun、快手裹挟着强大的资本力量；运营商系的咪咕视频拥有渠道优势。它们给市场追随者造成了巨大的竞争压力。

在视频网站的"红海"中，看看新闻要从市场化媒体"虎口夺食"，争夺受众、流量和资源，难度可想而知。当前，其盈利模式主要依赖广告，但是在整个集团的收入占比还很少。

2. 第一财经：新型数字化财经全媒体

第一财经成立于 2003 年 7 月，旗下媒体形态囊括电视、日报、周刊、新媒体(含网站、App、社交媒体矩阵),拥有独立的商业数据中心、研究院、英文互联网 Yicai Global(一财全球),是国内创办最早、规模最大的财经全媒体集团,目标是成为中国最具公信力、全球影响力的新型数字化财经媒体和信息服务集团①。

长期以来,第一财经对标国际财经巨头道琼斯、路透和彭博,将自己的核心业务分为两部分:一是聚焦传媒内容,侧重跨媒体发展,涉及电视、广播、日报、杂志、出版、网站、通讯社等全媒体领域;二是提供媒体衍生产品,包括财经公关产品(如论坛、榜单、会展、培训等业务)和财经资讯产品(如指数、数据库、行业报告、金融资讯终端等)。

全媒体覆盖的目标如今已基本实现(除了通讯社)。在财经视频领域,第一财经一直走在行业前列,覆盖中国大陆、新加坡及东南亚 110 万家订户,全天直播近 13 个小时。通过 YouTube 触达全球用户。其内容经常被彭博、道琼斯、日经新闻、赫芬顿邮报、商业内幕等西方主流媒体转载。2015 年 4 月,东方财经浦东频道正式亮相。

财经公关产品已形成一批财经品牌,如中国最佳商业领袖奖年度峰会、技术与创新大会等,在业界具有广泛影响。凭借巨大的影响力,第一财经已成为世界经济论坛、博鳌亚洲论坛、国际货币基金组织等国际组织的中国媒体伙伴。

在财经资讯产品方面进展相对缓慢。一直以来,财经资讯产品的业务比重都很低,因为此类智库型产品非常依赖专家型的高端从业人员。如要打造出金融资讯终端,需要大量复合型的金融科技人才,还要雄厚的财力,以及产业链上下游的支撑,特别是市场的认可。这在传统的电视体系架构下,操作难度是可想而知的。

为了应对数字化浪潮,第一财经在 PC 互联网时代推出了一财网,2017 年的网络点击量超过 1.7 亿次。在移动互联网时代,第一财经大力推进媒体融合,整合各个平台的内容生产力量,完善"中央厨房"。第一财经客户端是其内容分发的重要出口,在财经资讯类 App 中下载量名列前

① 第一财经.连接中国与世界,"一财全球"来了![EB/OL].https://www.yicai.com/news/5081216.html,2016-08-31.

茅,单个用户平均使用时长居于前列。其在 Facebook、Twitter、Instagram 等西方社交媒体上的粉丝数超过 200 万。2015 年 6 月,第一财经和阿里巴巴举行签约仪式,阿里巴巴投资 12 亿元入股第一财经,双方围绕大数据业务开展战略合作。

如果从收入比重、受众构成来看,第一财经的业务重心仍在传统领域,其在媒体融合的道路上还任重道远。

3. 阿基米德:移动音频业务的探路者

阿基米德隶属于东方广播中心(东方广播公司),是上海广播电视台广播业务数字化、移动化的重要出口。上海广播电视台对外宣称,其拥有全国第一个广播融媒体中心,运营内核就是阿基米德。

作为一款新型广播应用,阿基米德已覆盖全国上千个广播电台节目。受众可与主持人在线互动,可参加节目组发起的各种线下活动。其直接竞争对手包括中国最大的音频产业公司喜马拉雅,以及市场化媒体蜻蜓 FM、荔枝 FM 等。

在上海广播电视台的媒体阵营中,广播板块创造的利润在 2016—2017 年曾占到三分之一。这主要得益于三点:一是广播属于轻资产,投入的人力资源等成本较少;二是汽车广泛普及,交通频率迎来发展春天;三是广播频率仍属于行政垄断的稀缺资源。

但是,2018 年以来,面对数字媒体的冲击、传统广告业的不景气,东方广播中心已经感受到阵阵寒意,收入和利润都开始下滑。智能终端普及、车联网时代到来后,网民完全可以绕开传统的广播渠道接收资讯,广播开始进入下行通道,受众和广告流失加剧。在此情况下,推动数字化转型成为东方广播中心必须打通的"华山天险"。

作为国有企业,人员能进不能出、劣币驱逐良币的问题历来比较突出。上海广播电视台长期执行事业单位企业化运营的管理模式。对于如何形成行之有效的激励机制和约束机制,人力资源管理部门有着积极的探索。

其一,解决编制身份差异问题。对事业编制人员执行只出不进、人出编销的政策。事业编制根据国家规定缴纳职业年金,企业编制没有。这是两者在待遇上的唯一差异。

其二,设置双通道,开展"栋梁计划"。为了留住并凝聚人才,上海广播电视台从 2006 年开始人力资源改革,将员工的职业发展路径分为管理岗和专业岗,实施晋升双通道。管理岗可以沿着行政职务方向发展,专业岗可以沿普通岗、中级岗、资深岗、首席岗的路径发展(如主播、导播、资深导播、首席导播)。薪酬体制、培训机会等与之配套。东方广播中心从 2016 年起开始实施"栋梁计划",以留住核心人才。根据历史综合考评数据,设定头部 40%(后调整为 30%)进入核心人才库。优质资源向其倾斜,目的是把头部频率的头部主持人、编播人员留住。"栋梁计划"不唯年龄、不唯职称,以岗定薪,竞聘上岗,择优录取。

其三,工资总额与 KPI(key performance indicator,关键债效指标)挂钩,严格管控人员。每年核定利润指标,严控人力成本,倒逼改革。对于中层干部,变身份管理为岗位管理,台里对中层干部实施高管管理,任免、考核、定薪都由台里定。例如,融媒体中心的班子成员的任免、考核、定薪、调整都由台集团负责管理,下一级职能部门由融媒体中心党委自行管理。所有机构调整都要报备,防止干群超配。

(三)东方网:"资本 + 技术"驱动媒体融合

东方网成立于 2000 年 5 月,是全国重点新闻网站、中国互联网企业百强。东方网拥有中、英、日三个语种版本,旗下传播矩阵包括:新闻门户东方网,"翱翔"、"东方头条"客户端,东方智库,东方网"微博 + 微信"平台,1 站视频短视频平台,智橙生活电商平台,《城市导报》。它坚持专业化、市场化、资本化的发展方向,积极推进媒体融合发展,目标是建成以科技创新为引领的、"新闻 + 政务 + 服务"的新型主流传媒集团[①]。

在中国互联网协会、工业和信息化部信息中心联合发布的 2015 年"中国互联网企业 100 强"排行榜中,东方网连续第三年进入榜单,是地方新闻网站中唯一入榜网站。在中央网信办发布的"中国新闻网站综合传播力 2018 年上半年榜"中的"省级新闻网站综合传播力榜"中,东方网排名第一。

---

① 何继良.东方网:迈向新型主流媒体集团[EB/OL].http://media.people.com.cn/n1/2018/0814/c14677-30228207.html,2018-08-14.

2012 年 3 月,东方网完成转企改制,由上海市国资委控股,注册资本 9.97 亿元。2015 年 12 月,东方网在新三板挂牌。截至 2020 年 8 月 12 日,市值约为 83.7 亿元。东方网由上海市国资委控股,东方明珠等 30 余家国有企业和媒体共同参股。东方网全集团共有员工约 1 800 人。

东方网以传媒业务为主体,以政务服务和智慧社区 O2O 民生服务为支撑,确立了"一体两翼"的战略布局,同步发展 B2B 电子商务、贸易业务。连续 15 个财务年度实现盈利。在"新闻+政务"方面,东方网为 160 余家政府机构提供服务,内容包括网宣服务、政务技术服务、机房建设与网络信息安全,已覆盖上海超过六成的委办局。当前,东方网正在开展上海区级融媒体中心市级平台建设。在"新闻+服务"方面,东方社区信息苑发挥专业化、社会化优势,依托"中央厨房"建设,围绕互联网+、社会热点、传统文化、党建服务等主题,研发形成 200 余项公共文化产品。在电商领域,东方网开展名特优产品代运营业务和 B2B 业务,同时开展跨境会展、贸易等。

东方网技术团队主要分布在下属全资或控股的专业化子公司,可开展软件开发、信息安全、多媒体制作、AI 算法研究等业务。AI 开放平台为在研产品,可广泛应用于内容环节,如新闻自动配图、智能剪图、错别字识别、多媒体文字提取;人物定向识别、图像场景识别、色情图片/视频识别、智能用户画像,可用于内容审核和内容分发。

东方头条是东方网实施数字化转型的代表之作,但是它并非东方网自身培育的。东方头条于 2015 年上线,原本由上海嵩恒网络科技有限公司开发。该公司成立于 2014 年,是一家基于大数据分析的互联网技术公司。东方网全资子公司上海东方网投资有限公司持有嵩恒网络 20.36% 的股权。东方头条上线当年,其日活跃用户数便跃升至 1 600 万,其中 App 用户达 380 万。

东方头条的核心竞争力在于,它依靠大数据、AI 等技术,基于机器学习的算法推荐,实时处理海量数据,可以精准地推送信息。盈利板块包括品牌广告、流量广告经营、技术服务等。如今,东方头条的成功模式已被复制到各省市的地方头条产品,累计近 20 个。

2018年年底，东方网斥资7亿元，收购嵩恒网络14％的股权。至此，东方网及全资子公司将持有嵩恒网络约34％股权，成为嵩恒网络第一大股东。东方网的意图就是要取得东方头条的主导权。嵩恒网络承诺，2019—2021年度经审计的扣除非经常性损益后归属于母公司的净利润合计不低于12亿元。届时业绩不及承诺的90％，则以现金方式向东方网进行补偿。如果承诺兑现，超出12亿元部分的50％将由嵩恒网络支付给公司管理团队①。

东方网由上海市委宣传部负责年度考核，考核指标以目标责任书的方式下达。考核围绕社会效益和经济效益两项指标，考核占比为7∶3。社会效益指标主要考核是否出现重大采编、报道失误，以减分项方式体现；经济效益指标为近三年年均净利润不低于6 000万元，并且每年环比增幅不低于8％。东方网对下属子企业实行"抓大放小"的管控模式，重点关注净利润一项考核指标，倡导在市场竞争中培植独立业务。

2020年5月29日，上海报业集团和东方网集团宣布联合重组。省级报业集团和省级新闻网站重组合并，这在国内媒体融合史上可谓首开先河。

下篇　国　外　媒　体

长期以来，报纸与平面媒体竞争，电视与广电媒体拼杀，通讯社之间视同行为冤家……然而，数字化技术打破了市场竞争的边界，彻底改变了传统的游戏规则。面对移动互联网技术的冲击，西方传统主流媒体一度面临与国内同行类似的发展难题：观众老化、受众流失、客户减少、收视下滑、影响力削弱……它们既要与同行在传统领地里残酷竞争，又要面对跨越市场边界的科技巨头的降维打击。以谷歌为例，尽管广告是其最大业务支柱，但是它拥有世界排名第一的搜索引擎、视频网站YouTube，还推出谷歌新闻网站、谷歌新闻应用、谷歌快讯（Google Alerts）等撒手锏，可

---

① 犀牛之星原创.豪掷7亿买下这家"新媒体"控制权，东方网旗下"东方头条"估值已达50亿！[EB/OL].http://www.sohu.com/a/281270988_505254,2018-12-12.

以轻易地聚合全球热点新闻,把新闻内容价值拓展至移动端,即时推送新闻内容,对传统媒体产生了巨大威胁。

由于缺乏对移动互联网产业链(芯片、电信运营、终端、平台、应用服务、软件开发等)的掌控力,在互联网巨头咄咄逼人的攻势下,一批传统媒体在大浪淘沙中败下阵来。报业受到的影响首当其冲,大多进入不景气通道,或直接停刊(例如 2012 年美国《新闻周刊》宣布停止发行纸质杂志),或主动裁员(例如美国最大的报业连锁机构甘尼特公司、新闻集团旗下的《华尔街日报》),或开启收费模式(如《纽约时报》),或被人收购(例如《华盛顿邮报》被亚马逊公司收购,英国《金融时报》被日本经济新闻社收购),或推动业务转型。电视行业同样面临开机率下滑的难题,被迫拥抱移动互联网,走上全媒体的发展道路。这些传统媒体中,有政府背景的,受冲击相对较小;纯粹市场化的,受冲击则较大。它们在新科技力量的推动下,在资本力量的裹挟下,积极推动移动化、社交化、智能化、可视化和平台化,开启转型发展的征程。不管是通讯社、报纸、刊物、广播还是电视,它们在把握移动互联网发展机遇时,都有着类似的布局,都踏上了崭新赛道,比如与电子书 Kindle、硬件商苹果公司开展合作,开通移动客户端,入驻 Facebook、Twitter、YouTube、Instagram 等社交媒体(见表 21、表 22),打造全媒体传播矩阵等。这些硬件终端和社交平台有利于传统媒体进一步拓展母体影响力,便于其开展品牌营销,也可以为其沟通用户、聚合粉丝提供窗口,还可以向其 App 和网站引导流量。

表 21　西方主流媒体在社交媒体平台上的粉丝数
(截至 2020 年 9 月 10 日,单位:万人)

类　　别	媒　　体	Facebook	Twitter	YouTube	Instagram	LinkedIn
通讯社	路透社	470	2 230	51.8	320	8.4
	美联社	82	1 440	138	49.4	18.7
	法新社	52.6	190	78.2	62.7	5.7
报刊	《纽约时报》	1 700	4 720	312	1 020	541
	《华盛顿邮报》	670	1 620	141	360	134

（续表）

类 别	媒 体	Facebook	Twitter	YouTube	Instagram	LinkedIn
报刊	《卫报》	840	900	142	360	27.7
	《金融时报》	400	660	47.3	210	590
	《华尔街日报》	660	1 800	236	310	810
	《经济学人》	940	2 490	159	510	1 147
广播电视	CNN	3 600	4 970	1 060	1 060	247
	CNN Breaking News	—	5 860	—	—	—
	CNN International	1 800	—	—	—	—
	CNN Politics	—	360	—	100	—
	CNN-News18	—	—	166	—	—
	CNN Business	—	—	—	120	299
	半岛电视台	—	630	574	—	—
	半岛电视台新闻	—	170	—	—	—
	Russia Today	0.3 (2020 年 3 月)	1.76 (2020 年 3 月)	398	77	—

资料来源：根据公开信息整理。

表 22 西方主流媒体在 Facebook 上的总点赞数（截至 2020 年 9 月 10 日）

类 别	媒 体	总点赞数（万人）
通讯社	路透社	446
	美联社	78
	法新社	51
报刊	《纽约时报》	1 742
	《华盛顿邮报》	648
	《卫报》	840
	《金融时报》	400
	《华尔街日报》	654
	《经济学人》	931

（续表）

类 别	媒 体	总点赞数（万人）
广播电视	BBC NEWS	5 200
	CNN	3 350
	Russia Today	0.29（2020 年 3 月）

资料来源：根据公开信息整理。

注：Russia Today 的数据为 2020 年 3 月统计，其在 Facebook 和 Twitter 上的账号于 2020 年 9 月被关停。

西方主流媒体在数字化转型的进程中，莫不高度重视 AI、大数据、云计算、区块链等新兴技术的应用，莫不竭尽全力地推进业务资本化、市场化、全球化。市场集中度越来越强，AI 等新兴科技最终可能成为少数几家大公司的游戏。传统媒体的转型与新媒体的勃兴，伴随着力量的此消彼长，权力和资本的转移，以及影响力的让渡。在这一轮数字化浪潮中，传统媒体的采集力、传播力、影响力、受众覆盖面，以及经济实力和核心竞争力总体上受到削弱，受众和广告主对其依赖度降低。一批数字化传媒巨头成为赢家。大者恒大，强者愈强。

一、报业突围：科技赋能媒体创新

（一）《纽约时报》：数字转型领航者

搜索引擎、社交媒体和移动互联网的兴起，彻底改变了人们的阅读习惯，报纸早已不是首要的新闻信息来源。昔日的报业巨头风光不再，只有向死而生的改革才能求得九死一生。

《纽约时报》拥有近 170 年的悠久历史，是全球最有影响力的报刊之一。在互联网的冲击下，在报业普遍遭遇寒冬的大背景下，《纽约时报》积极布局新媒体，主动作为，逆势飞扬，呈现出生机勃勃的发展气象。2019年，其收入达 18.12 亿美元，净利润为 1.4 亿美元，市值从 2018 年的 36 亿美元跃升至 53 亿美元（见表 23），这充分证明了资本市场和投资者对其数字化转型的积极认可。难能可贵的是，2018 年《纽约时报》的付费订户数量达 430 万,其中,付费数字订户为 340 万(比 2017 年增长 80 万),数字收入(包括广告收入和订阅收入)达 7.09 亿美元,占总营收的四成多。到 2020 年年底,它将迎来标志性的转折点——数字收入占比过半。2018 年第四季度,《纽约时报》数字广告收入首次超过印刷广告收入,同比增长 32%。其国际订户覆盖 200 个国家和地区,已占数字新闻订户的 16%。面向未来,《纽约时报》制订了雄心勃勃的拓展规划:到 2025 年,订阅业务超过 1 000 万用户,巩固其在新闻业的领导地位。2018 年,《纽约时报》可支配现金达 8.26 亿美元,记者多达 1 550 名,创下历史新高,人数是《华盛顿邮报》的两倍。在报纸行业普遍削减人员的情况下,《纽约时报》近几年来持续扩充人手,在人力资源方面下足血本,实属不易。

表 23　《纽约时报》的财务数据(股票代码：NYT,单位：亿美元)

年份(年)	营业收入	净利润	市值(截至 12 月 31 日)
2015	15.79(−0.59%)	0.553 3	21
2016	15.55(−1.51%)	0.164 3	21
2017	16.76(+7.73%)	0.717 5	30
2018	17.49(+4.35%)	0.682 1	36
2019	18.12(+3.64%)	1.4	53

资料来源：根据东方财富网资料整理。

《纽约时报》之所以能够取得令同行艳羡的成绩,归功于其未雨绸缪,坚定不移地推进数字化转型,孜孜不倦地推动技术创新、产品创新和营销创新,走在报业转型的国际前沿。

1. 技术创新：利用 AI、5G 和区块链驱动转型

(1) 利用 AI 和大数据技术开展用户跟踪分析

2019 年,《纽约时报》通过机器学习技术,研发了一款名为"TAFI"(Twitter and Facebook Interface)的智能化分析工具。该工具能够实时抓取人们在主要社交媒体平台上的兴趣点,如用户喜欢的文章、关注的账户等,然后据此进行数据分析,研判潜在用户,调整优化其在各个端口的内容发布策略,精准定位目标用户,匹配相关内容。未来,这款工具的功

能、适配性、适用范围将从社交媒体平台进一步扩展到 Google、Reddit 和 Snapchat 等平台。

借助智能化的新技术和新工具,《纽约时报》改变了传统的用户分析方式,改变了跟踪像素的传统套路(监测分析应用于网站的日志 Cookie 和追踪代码 JavaScript),更加重视用户数据隐私保护。"TAFI"还可以使《纽约时报》减少对付费社交平台和第三方广告技术公司的依赖,从而节省营销成本。

早在 2015 年,《纽约时报》就开始利用 AI 系统开展语义识别和智能管理,通过稿件的标签化来提高记者的工作效率,通过 Perspective API 工具管理读者评论,强化互动。

(2)设立 5G 新闻实验室

《纽约时报》一直走在技术更新的最前沿。2019 年 1 月,《纽约时报》在美国拉斯维加斯消费电子展上宣布,成立 5G 新闻实验室,未来的新闻故事会根据时间、读者所在地提供交互性、沉浸性的 3D 流媒体影像,让读者身临其境地看新闻[①]。美国移动网络运营商 Verizon 将作为《纽约时报》的合作伙伴,为其提供 5G 技术支持。

5G 具有高速率、大容量、低延时的特征,将重塑新闻生产流程,大大提升新闻生产和传播的效率,使得新闻生产的场景更加丰富多元,生产成本大大降低。5G 能够为《纽约时报》优化内容采集、加工、生产、分发等工作方式大大助益,提升用户体验感和参与度。新闻采集的手段不再局限于记者的观察记录,而是广泛应用摄像头、AR 眼镜、智能传感器,通过大数据、云计算、人工智能技术(图像识别、语音识别、机器学习等),全天候、无死角地实时采集相关信息,并且将其可视化,投递到各个内容分发平台。借助 5G 技术,记者可以独立完成现场直播,不需要仰仗庞大的技术支撑团队。这些丰富的流媒体内容也可以创造全新的收费模式。未来的新闻内容不再局限于文图和视频,它将呈几何级数的增长趋势,数据挖掘

---

① 齐鲁商报.国际消费电子领域现新风向,《纽约时报》宣布建 5G 新闻实验室 未来可以身临其境地看新闻[EB/OL].https:// http://www.yybnet.net/news/caijing/201901/8570074.html,2019-01-13.

工程师在新闻生产中的地位越来越重要。记者必须学会人机协作的技能，才可能具有竞争力。

（3）利用区块链技术开展版权保护

盗版和著作权侵权问题一直是传统媒体进入网络平台的痛点。借助区块链技术则可能有效地解决这一难题。区块链是一种不易篡改、可以溯源的分布式账本，对于信源认证、版权保护、内容审核、广告效果监测、舆情分析等具有重要应用价值。早在 2018 年，百度公司就推出了图片版权保护的区块链平台"百度图腾"。

此前，美联社与区块链初创公司 Civil、法国最大的电信公司奥兰治 Orange 都有过关于区块链方面的合作。2019 年，《纽约时报》与 IBM 开展合作，探索利用区块链超级账本架构和分布式账本等技术对新闻版权进行身份验证，其首个应用项目选择在新闻摄影领域。《纽约时报》认为，图片或视频的元数据至关重要，包含拍摄时间、地点、作者、编辑情况等。若这些信息一并存储在区块链平台，对于版权追踪、打击假新闻意义重大，防止社交媒体、门户网站等平台随意篡改和盗版。2019 年年底，《纽约时报》与 Adobe、Twitter 联合发起"内容真实性计划"，通过身份验证的新型系统，以打击类似换脸技术的假新闻。

2. 产品创新：新型数字产品吸引年轻受众

长期以来，报业产品单一化与盈利模式简单化相伴而生，收入仅局限于报刊发行费和广告费。《纽约时报》在转型的过程中有效地解决了这一难题。如今，《纽约时报》事实上已经成为一家全媒体机构。从某种程度上说，它正在向科技型公司进化。

为了适应数字化平台网民的需要，开拓新的订户市场，《纽约时报》共推出 67 种时事通讯产品（Newsletter）。这些高品质的内容，在移动平台上招徕了大批忠实粉丝。在音频领域，《纽约时报》打造了广受欢迎的播客产品每日新闻（The Daily）。这款产品是苹果公司 2018 年下载量最高的播客，拥有 800 万月度听众，七成以上为 40 岁以下年轻人，三成听众来自美国以外的市场。其他播客产品还有《跟随纽约时报》和《纽约时报书评》等。此外，《纽约时报》充分利用亚马逊智能语音平台 Alexa，为其旅

游、图书和流行专栏的读者提供额外的音频内容。另外,《纽约时报杂志》
还制作了音频版本"Audiozine"。2019 年 6 月,《纽约时报》推出全新的电
视节目《每周新闻》(*The Weekly*)。

App 是报业转型的标准配置。早在 2014 年 4 月,《纽约时报》就推出
全新移动应用 NYT Now。其内容分为两部分:一是 News Feed 的信息
流,提供《纽约时报》的标题、照片和新闻要点;二是人工挑选的信息流,主
要汇总其他新闻网站的照片和摘要等。

《纽约时报》还积极布局垂直类媒体,做好分众化、差异化传播,以拓
展新的收入来源。2019 年第二季度,其旗下的美食领域 App "Nyt
Cooking"订阅量超过 25 万。2019 年 5 月,《纽约时报》发布了育儿网站的
测试版,希望将来把它打造为独立的付费订阅产品。

3. 营销创新:推动数字付费订阅

2011 年,因为高层看到纸媒的黯淡前景,《纽约时报》推出付费墙制
度,以扭转传统业务的颓势。《纽约时报》坚信,人们愿意为高品质、差异
化、权威性的内容买单,雇佣最优秀的人才,创造真正有价值、稀缺性的新
闻信息,会吸引人们为之慷慨解囊。它聚焦于增加订阅量,尤其是数字订
阅,尽力吸引潜在客户。2012 年,《纽约时报》推出集文字、视频、数字化于
一体的新媒体深度报道《雪崩》,次年获得普利策新闻奖。数字付费订阅
和付费墙制度一起被列为传统媒体转型的标志性事件,具有旗舰性的引
领价值。

数字收入主要包括数字订阅收入和数字广告收入,而后者的高低则
在某种程度上取决于前者——只有足够大的发行量,才能支撑起世界级
品牌的巨大影响力。为了获得更多的数字订户,《纽约时报》不遗余力地
做大增量客户、保住存量客户。除了开发新闻通讯、播客产品,《纽约时
报》把吸引年轻读者看作未来的命脉所在。它通过免费推出育儿内容等
策略,不断培育潜在的年轻受众。为了留住订户,它不断推出订户专享活
动,不断改善客户体验。为适应数字出版快节奏化需求,2017 年,报社实
施全新采编流程,增加记者比重,削减文字编辑职位。目的是突出讲述新
闻故事的方式,适应新媒体平台传播分发的需要。与此同时,《纽约时报》

成立读者中心,以增强与读者的互动。这一年,报纸营收增长 7.73％,达到 16.76 亿美元,数字订户超过 260 万,数字订阅收入增长 46％,数字广告收入增长 14％。

数字化产品面向全球发行,要比传统产品更便捷、更低廉。《纽约时报》坚定不移地执行国际化的营销战略,取得了卓越成效。自 2016 年年初开始,它开展了为期三年的全球扩张计划,首期投入 5 000 万美元为非美国读者制作数字版。为此,《纽约时报》组建国际数字增长团队,加速实现国际业务的拓展。

2019 年年初,苹果公司收购数字杂志服务提供商 Texture,积极推进内容聚合业务。用户每月仅需支付 10 美元,即可在 Apple News 中无限量访问 200 多种报纸和杂志。此举带给传统报业巨大的竞争压力。《纽约时报》、《华盛顿邮报》尚未与苹果公司开展合作,因为它们都有自己的数字订阅服务,基本订阅费都在 15 美元。

(二)《华盛顿邮报》:"用户在哪里,就把新闻推送到哪里"

久负盛名的《华盛顿邮报》因为陷入经营困境,2013 年被迫委身下嫁,以 2.5 亿美元的身价出售给电商公司亚马逊。此后,稔熟新媒体技术的亚马逊创始人贝索斯对《华盛顿邮报》进行了全面改造,坚持以读者为中心,声称"用户在哪里,就把新闻推送到哪里"①。《华盛顿邮报》一直重视写稿软件的研发升级,同时利用 AI 开展数据挖掘(如知识地图 Knowledge Map)。2016 年里约奥运会期间,《华盛顿邮报》推出智能软件系统 Heliograf,此后该系统不断更新升级。技术与内容的深度融合推动报社 2018 年用户数激增 30％。

1. 鼓励可视化数据新闻,用融合报道讲好新闻故事

作为与《纽约时报》、《华尔街日报》、《金融时报》、《经济学人》等齐名的世界级媒体,《华盛顿邮报》的时政报道独树一帜、广受瞩目。贝索斯接手《华盛顿邮报》后,鼓励记者、编辑、摄影师、可视化设计师、程序员等通

---

① 陈怡.用户在哪里,就把新闻推送到哪里——《华盛顿邮报》的创新发展实践[J].新闻业务,2019(30).

力协作,用文字、音频、视频、图表、VR 等全媒体手段讲述新闻故事。一批优秀的新闻作品脱颖而出。

2016 年 4 月,《华盛顿邮报》的数据新闻作品《990 人在 2015 年被警察击毙》获得普利策新闻奖国内新闻报道奖。这个作品包含 9 篇图文报道和 1 篇数据库可视化。这个美国警察枪击的数据库由《华盛顿邮报》原创,它包含被害者的种族、被害环境、是否携带武器等信息,全面记录了 2015 年全美警察枪击案。最终分析显示:"未带凶器的黑人被警方射杀的可能性,是未带凶器的白人的 7 倍。"普利策新闻奖委员会的评价是:"利用全国性的数据库来分析警察开枪射击的频次和原因,并推测最有可能的受害者是谁,极具启发性。"①值得一提的是,《华盛顿邮报》一直崇尚新闻自由和价值独立,监督美国政府的一举一动,此举也导致报社与政府的关系紧张。2019 年 10 月,美国白宫宣布不再订阅《华盛顿邮报》和《纽约时报》。美国总统特朗普声称,这两家报纸充斥着假新闻。2020 年 3 月,特朗普的竞选团队针对《华盛顿邮报》提起诉讼,指认这家报纸不当影射竞选团队与俄罗斯的关系,涉嫌诽谤。

《华盛顿邮报》还尝试使用游戏、歌曲、诗歌等交互式新闻报道形式,使新闻故事更加引人入胜。例如,它通过游戏直播平台 Twitch 推出"与政客一起玩游戏"等节目。Twitch 的用户平均年龄在 35 岁以下,他们正是《华盛顿邮报》想要触达的新媒体平台潜在受众。此前,BuzzFeed、NBA 等已在 Twitch 平台上开展直播或点播业务。借助 Twitch 平台,编辑记者可以与受众实时互动,受众之间也可以深度交流。通过这个平台,《华盛顿邮报》大大拉近了与观众的距离,增强了用户黏性。

2. 重视视频和播客,广泛吸引年轻受众

为了确保受众在不同设备平台上可以顺畅地浏览《华盛顿邮报》的内容,2013 年起,报社开始涉足视频领域。从长视频到短视频再到纪录片,报社不断创新。2013 年,《华盛顿邮报》推出电视直播节目《邮报电视》。当时管理层寄予厚望,想把它打造成为"政治届的 ESPN"。但是,节目最

---

① 付聪:《华盛顿邮报》式的数据新闻能在中国实现吗? [EB/OL]. http://finance.sina. com.cn/roll/2016-04-26/doc-ifxrpvcy4469016.shtml, 2016-04-26.

终未能得到用户认可。2015年9月,该项目更名为"华盛顿邮报视频",内容从电视风格的长篇叙事转向短视频。这一变化迅速带来数字用户的激增。2017年,《华盛顿邮报》视频员工从年初的40人增加到70人,效果立竿见影,当年就获得多项艾美奖。2018年以来,《华盛顿邮报》增加了10个纪录片专职岗位,出品多部纪录片。其中,《12秒的枪声》在翠贝卡电影节上播出并获得好评。此外,报社专门组建了一支6人的智能语音工作团队专注于播客,每天推出20分钟的新闻播客"邮报报道",受到各界广泛关注。

3. 重视内容分发,入驻各大社交媒体平台

为了拓展全球影响力,吸引新的受众,《华盛顿邮报》在Facebook、Twitter、YouTube上都有官方账号,针对不同的社交平台,制作差异化的视频内容,总粉丝数超过2 000万。2019年,《华盛顿邮报》入驻抖音海外版TikTok,每周更新5个视频,时长从10分钟到2小时不等。TikTok在全球有5亿活跃用户,三分之二在30岁以下。其中,美国用户超过2 700万。TikTok连续多个季度在苹果App Store下载量排名第一(超过Instagram和Snapchat)。尽管当前还没有相对清晰的盈利模式,但《华盛顿邮报》高层看到了抖音的巨大前景,希望将抖音培育为其新的收入渠道。

二、广电变革:全媒体运作,国际化布局

(一) CNN:移动优先,全媒运作

成立于1980年的CNN(美国电视新闻网)可谓电视界的后起之秀,但却是全球电视界执牛耳者。它的一举一动牵动着全球新闻业的敏感神经。1995年,CNN创建官方网站,走上数字化转型的大道。此后,它一直致力于推动转型改革,大力发展新媒体,实施媒体融合战略。2016年,CNN投入2 200万美元发展新媒体。在"移动优先,全媒运作"的战略定位指引下,CNN对其内容制作、技术支持、网点布局、广告经营等都做出适当调整。截至2016年4月,CNN已有新媒体员工近700人。

表 24　CNN 主要信息

概　况	CNN
员工数量	4 000 多人(2019 年)
总部	美国佐治亚州亚特兰大
产品与服务	1. 电视 　CNN(全天 24 小时播出) 　CNN 国际台(CNNI)(面向 180 多个国家和地区。有四大版本:欧洲版、亚洲版、拉美版和美国版) 　CNN 简明新闻频道、金融频道、体育频道 　CNN 机场电视网 　CNN 西班牙语节目 2. 广播 　CNN 国际频道、巴西频道、智利频道、印度频道、印尼频道、日本频道、瑞士频道、机场频道 3. 新闻订阅 　CNN Newsource(与 1 000 多个新闻机构合作) 4. 网站 　CNN.com 5. 电影 　CNN Films 6. App 　CNN
分支机构	区域总部包括阿布扎比、香港、伦敦。记者站遍布全球 36 个城市。亚太地区包括北京、东京、首尔等 7 个城市
在中国	CNN 国际覆盖全球 221 个国家和地区,主要播放新闻、时事资讯和财经节目 CNN 国际亚太是针对亚太地区的电视新闻网络。主要频道有今日亚洲、CNN 早新闻(亚洲版)和亚洲新闻

资料来源:根据公开信息整理。

1. 战略定位:从电视媒体转型为全媒体机构

CNN 多次对外宣布,内部已不存在纯粹的电视记者岗位,所有的电视记者必须全部转型为全媒体记者,电视新闻机构顺应转变为全媒体机构。CNN 的新传媒业务部门主要分为:前端——数字新闻采集节目部,负责策划、跨平台协调、新闻推送、社交、新闻邮件、热门趋势、搜索引擎优化、数据分析等;后台——数字新闻编辑部,负责视觉制作、图片新闻、评论、互动新闻制作、数字可视化、视频等;受众端——数字产品部,负责移动端、网页及移动优化、通信、可穿戴设备、直播流、音频互动、OTT TV 等多种产品和技术的开发。

2. 开放平台:鼓励参与式新闻,做好内容聚合

2006 年 8 月,CNN 推出内容聚合平台 iReport(我报道)。它鼓励全球普通民众将自己制作的新闻作品上传至 CNN 网站,本质上是新闻众筹。CNN 承诺不对原始素材进行修改,但要求上传者须遵守版权保护规定与法律责任条款。CNN 刊发前要经过严格的审核程序,并且建立起完备的奖励机制。此举相当于开放了 CNN 自家平台,有利于调动各路线人,聚合优质内容。为了提升普通民众的新闻素养与专业操守,CNN 开设线上教程,对非专业人士进行培训。这种内容生产方式被学界称为参与式新闻[①]。

3. 移动先行:多屏联动,确保第一时间触达受众

CNN 坚持"移动先行"的发展策略。它在转型初期就打通了所有的数字化渠道,可将其遍布世界的 4 000 多位记者采集的信息快速传送到全球每个角落,确保受众随时随地了解全球最新头条新闻和原创新闻,以及最新的实时博客、分析和评论。有了 CNN 的移动服务,受众可以阅读最新的新闻故事、彩色照片,观看直播、流媒体视频,点播最新视频剪辑,接收 CNN 突发新闻警报[②]。CNN 实现了多屏联动,使受众观看 CNN 成为生活中的一部分。

CNN 除了打造自己的移动新闻客户端外,还登录苹果公司的 Apple News。受众可以直接浏览 CNN 频道或精选新闻,收看新闻直播。在全球主流的智能电视上(如苹果电视、安卓电视、三星电视、Roku、亚马逊 Fire TV 等),受众都可以毫无障碍地观看到 CNN 的实时新闻。在可穿戴设备方面,CNN 与 Apple Watch 有深度合作,其软件预装在三星智能手表上。在智能家居的声控设备上,CNN 也有超前布局。例如,在 Amazon Echo、Google Home 上,观众只需要说:"嗨! 什么是最新新闻?"

---

① 常江."参与式新闻"的理念与中外实践——以 CNN iReport 和新华社"我报道"为例[J].中国记者,2014(7).

② 参见 https://edition.cnn.com/specials/mobile-Apps.

"喂！打开 CNN！"这些声控设备就会自动播放 CNN 快讯，充满酷炫感。在 VR 领域，CNN 也有大胆的尝试。用户可以在手机上浏览 CNN 提供的虚拟现实视频，感受 360 度无死角的视觉体验，体会身临其境的沉浸感。CNN 还在 Facebook、YouTube、Twitter、Instagram 等平台上打造社交媒体传播矩阵。CNN 在 Facebook 上的粉丝数和点赞数在全球主流媒体中名列前茅。近年来，CNN 在 Facebook 上的特刊类新闻节目《去那里》深入探讨全球问题，受到各界广泛关注。此前，CNN 在 Snapchat 上推出新闻频道"The Update"，但由于 Snapchat 计划取消内容许可费，CNN 感到没有明确的盈利模式，于 2017 年年底撤离该平台。

（二）BBC：在内外交困中艰难转型

创建于 1922 年的 BBC 是世界上第一个公营广播公司，总部位于英国伦敦。作为世界上最大、最受人尊重的广播公司之一，它拥有 2.2 万名员工，以 40 多种语言面向全球传播，分支机构遍布全世界，在国际上具有巨大号召力。这家传媒巨擘长期扮演着"英国之声"的角色，因为秉持"不偏不倚、公平、公正、客观"的新闻报道原则而享誉世界。2019 年，BBC 世界新闻频道在全球的收视家庭总数为 4.65 亿，成为英国主导和影响国际舆论话语权的重要渠道。多年来，BBC 因为有纳税人的电视牌照费供养，不必为生计发愁，总体发展风格趋于稳健甚至保守。BBC 拥有广播、电视、网站、乐团等，总体而言还是一个传统型媒体。2012 年，关于一组性虐待儿童的报道使 BBC 陷入深重的声誉危机。最终，高层人士地震，总裁引咎辞职。2013 年，霍尔临危受命，出任 BBC 总裁。在他的带领下，BBC 呈现出改革新气象。2019 年，BBC 总收入为 48.89 亿英镑。

表 25　BBC 主要信息

概　况	BBC
员工数量	22 401 人（2019 年）
总部	英国伦敦

（续表）

概　况	BBC
产品与服务	1. 电视 英国：BBC 一台、二台、三台（通过网络播出）、四台，新闻频道、国会频道，儿童频道 CBBC、CBeebies 国际：BBC 世界新闻、英国电视频道、美国频道、地球频道、第一频道、加拿大频道、娱乐台、儿童频道、食物频道、盖尔语频道 付费网络电视：英国盒子（BritBox） 2. 广播 BBC Radio 1 台、2 台、3 台、6 台（音乐），4 台（非音乐娱乐节目、新闻、纪实节目），直播 5 台（新闻、体育综合与评论） BBC 亚洲网（多语种广播） BBC Radio 4 Extra（演说、喜剧和戏剧） BBC Radio 5 Live Sports Extra（体育） 3. 新闻订阅 BBC News 4. 网站 www.bbc.co.uk；bbc.com 5. 音乐 BBC 交响乐团、BBC 合唱团 6. App BBC News
分支机构	遍布全球 29 个城市。亚太地区包括北京、香港、新加坡等 9 个城市
在中国	BBC 中文网是一个中文新闻时事网站，以汉语普通话和广东话进行广播 BBC 世界服务为英国官方对外广播机构。1941 年向中国播出汉语普通话和广东话节目。截至 1996 年 12 月，使用 40 种语言，每天累计播音约 108 小时，其中，汉语普通话每天播出 6.5 小时，广东话 1 小时 45 分钟

资料来源：根据公开信息整理。

BBC 推动数字化转型，主要体现在三个方面。

1. 积极布局社交媒体平台，拓展母体影响力

放眼欧洲，没有一家全球性互联网公司能够与 FAANG 一争高下。传统媒体大鳄也没有培育出完全属于自己的新媒体平台，只能选择与美国科技巨头合作。作为传统电视媒体，BBC 充分认识到新媒体代表着未来和方向。为此，它通过开发新智能编辑工具、做强短视频、抢占新媒体入

口等方式来对冲影响。BBC 在 Facebook、Twitter、YouTube、Instagram、LinkedIn、Snapchat、Tumblr、Pinterest 等各大社交媒体平台上都有官方账户,总粉丝数超过 1.6 亿。截至 2020 年 3 月 9 日,在 Facebook 上,BBC 收获的点赞量超过 5 000 万,BBC NEWS 的粉丝数高达 5 100 万;在 Twitter 上,BBC Breaking News 的粉丝数达 4 170 万;在 Instagram 上,BBC NEWS 的粉丝有 1 130 万(见表 26)。这些渠道成为 BBC 拓展全球影响力的重要通路。

表 26　BBC 系列账号在各大社交媒体平台上的粉丝数
(截至 2020 年 3 月 9 日,单位: 万人)

账　　　号	Facebook	Twitter	YouTube	Instagram	LinkedIn
BBC News	5 100	2 700	651	1 130	564
BBC	230	—	814	220	153
BBC Breaking News	—	4 170	—	—	—
BBC News Night	—	—	51.8	—	—
BBC Travel	—	—	—	150	—
BBC Science News	—	140	—	—	—

资料来源: 根据公开信息整理。

2. 利用 AI 推动智能化生产,提高工作效率

早在 2012 年,BBC 便推出了语义识别人工智能机器人 Juicer。机器人的任务是把海量数据用智能化的方式联结起来,每天分析来自全球新闻机构的 RSS 信息推送。这样,记者通过关键词检索便能快速找到高匹配度的内容清单。未来,Juicer 还将加入交互性功能[①]。

2019 年,BBC 启动名为 Salco(semi-automated local content,半自动生产本地内容)的人工智能实验项目,探索数据处理、报道生产和编辑审核全流程的智能化。BBC 新闻实验室与英语地区团队合作尝试通过半自动化生产,为读者带来更多有数据支撑的优质报道。Salco 可基于原始数

---

① 小苗说科技.编辑室的 AI 机器人在做什么? 那些独家新闻也许出自它们之手![EB/OL].https://www.sohu.com/a/256421027_100275731,2018-09-27.

据,生成丰富的图表报道,根据设计模板自动生成丰富的新闻报道。

第一步,BBC 从国家医疗体系(NHS)每月发布的原始数据中,开展数据处理,提取感兴趣的内容。BBC 新闻实验室根据分析需要构建 Python 脚本后,连接 NHS 数据,建立报道模型。第二步,基于记者专业积累生成模板,自动编写稿件。自动将数据转换为文章被称为自然语言生成(natural language generation,NLG)。BBC 新闻实验室使用第三方工具 Arria NLG Studio,可以使记者生成将数据转换为新闻报道所需的复杂模板。BBC 新闻实验室不断更替迭代,优化模板,改进报道。第三步,为每篇稿件生成图表。深度工具包是 BBC 实现新闻报道数据可视化的工具。BBC 新闻实验室与维护 IDT 的数据呈现团队合作构建了可填充数据图片的图片模板系统,报道发布时会被自动呈现为图像,从而强调其中的重要数据。每篇报道都有属于自己的 JSON(JavaScript object notation,JS 对象简谱)呈现。第四步,报道审核。预览自动化生成稿件,由专业人员进行质量把控。第五步,稿件发布。将报道发布到恰当的位置和主题页面。BBC 新闻实验室预计,一旦对 Salco 制作的新闻质量建立信心,报道过程将会完全自动化。

3. 打造音视频点播平台,拓展国际化业务

2020 年年初,BBC 总裁霍尔发表新年讲话,宣布改革蓝图:2027 年前,把至少三分之二在伦敦的职位迁到外地,裁减传统媒体平台,大力打造旗下视频点播平台 BBC iPlayer 和音频平台 BBC Sounds,以拓展国际市场[①]。然而,随后霍尔请辞并宣布将于夏季离任。

霍尔请辞的背后隐藏着诸多无奈。一方面,BBC 面临美国互联网巨头,以及 Netflix、Amazon Prime Video 等流媒体巨头的激烈竞争,这两家公司的流媒体订阅服务覆盖全球约 200 个国家和地区;另一方面,2020年,英国首相约翰逊暗示,正在考虑取消电视收听许可证,这将严重动摇 BBC 的生存根基。对于总人口不足 6 700 万的英国人来说,观看任何电视频道、录制直播节目,或使用 BBC 点播服务 iPlayer,都需要获得电视许可

---

① 参考消息.BBC 总裁宣布改革蓝图后请辞　英国传媒"百年老店"内外交困[EB/OL]. https://tech.sina.com.cn/roll/2020-01-22/doc-iihnzahk5759099.shtml,2020-03-02.

证。英国法律规定，BBC每年向纳税人收取电视牌照费，纳税人不缴纳电视许可证费用属于违法行为。BBC与英国政府每隔11年达成《皇家宪章》(*Royal Charter*)。这份纲领性文件对BBC的资金来源、运作方式、由谁负责和发展方向做出规划。2019年，BBC的电视许可证收入为37亿英镑，约占其总收入的四分之三①。这种"旱涝保收"的运营模式，一直被英国民众诟病。

2020年2月，英国《星期日泰晤士报》网站报道，英国政府正在制定一份BBC改革方案，计划取消许可费，代之以订阅模式；强迫BBC出售该公司61个电台中的绝大多数，但保留第三、四电台；减少BBC全国电视频道数量；缩小BBC网站的规模；增加对BBC国际台的投资。不过，BBC董事会主席克莱门蒂却不认同政府的看法。他反复声明，削弱BBC就是削弱英国力量②。可以预料的是，在改革的道路上，BBC前路不易。

三、通讯社转型：技术引领，智能驱动

通讯社作为信息总汇、"媒体的媒体"，长期以来以媒体为主要客户和服务对象。数字化时代到来后，通讯社遭遇科技型公司带来的巨大挑战。在移动互联网时代，通讯社面临多重考验：传统媒体客户市场萎缩，动摇了通讯社的生存根基；信息过载的网络时代，媒体面临无人愿意买单的尴尬境地；通讯社缺乏强势传播平台，无法直接面向终端受众，产生有效的盈利模式。在此背景下，西方老牌通讯社纷纷走上数字化转型发展的道路，以巩固和提升国际传播力。在新技术的引领和驱动下，它们快速推动媒体融合发展。

（一）路透社：科技驱动转型，创新赢得未来

2008年，路透集团和汤姆森集团合并，成立汤森路透集团。其主要业

---

① 参考消息.BBC总裁宣布改革蓝图后请辞 英国传媒"百年老店"内外交困[EB/OL].https://tech.sina.com.cn/roll/2020-01-22/doc-iihnzahk5759099.shtml,2020-03-02.

② 中国新闻网.BBC是否大刀阔斧改革？英国首相与顾问意见相左[EB/OL].http://www.chinanews.com/gj/2020/02-19/9096513.shtml,2020-02-19.

务包括金融市场、风险管理、税务与会计、法律、新闻业务。汤森路透约有6万名员工,遍布全球100多个国家和地区,总部位于纽约。汤森路透的股票在多伦多和纽交所上市交易(代码:TRI)。在金融资讯与数据服务领域,汤森路透的主要竞争对手是彭博社。其旗舰产品为金融交易终端Thomson Reuters Eikon,用户超过40万名专业人士。在新闻领域,汤森路透的传统竞争对手是美联社、法新社、新华社、盖蒂等。路透社作为汤森路透集团的子公司,自称为全球最大的国际多媒体新闻提供商,拥有遍布世界各地的200多个分社、2 800多位记者,以20多种语言对外发稿[①]。

2018年,路透社播发200多万条独立新闻稿、140万条新闻提示(news alerts)、77万张图片和11.7万条视频。路透新闻营收比2017年增长25%,主要得益于向Refinitiv提供新闻和编辑内容获得的新收入。根据与Refinitiv的约定,路透新闻在未来30年的协议期内,每年至少将获得3.25亿美元的收入。

根据2019年汤森路透集团在纽约证券交易所上市公司的财务报表,汤森路透集团收入为59.06亿美元,同比小幅增长;利润为15.64亿美元,同比大幅下滑(见表27)。其中,路透新闻收入为6.3亿美元,仅占集团总收入的10.67%;全球印刷业务收入为6.93亿美元,占比11.73%。2018年,路透新闻收入为3.7亿美元,占集团总收入的6.73%;全球印刷业务收入为7.28亿美元,占比13.23%。由此可以看出,路透新闻业务实现较大幅度的增长,其在集团的地位越来越突出。

表27 汤森路透在纽交所上市公司财务数据(股票代码:TRI,单位:亿美元)

年份(年)	营业收入	归母公司净利润	市值(截至12月31日)
2019	59.06	15.64	356
2018	55.01	39.33	235
2017	52.97	13.95	205

资料来源:根据东方财富网资料整理。

---

① 参见汤森路透集团官网[EB/OL].https://www.thomsonreuters.cn/zh.html.

在汹涌澎湃的网络浪潮下,路透新闻业务之所以能够快速发展,得益于其致力于推动数字化转型,利用人工智能、区块链等技术提升新闻生产与传播的效率,打造开放平台,广泛聚合内容,推动组织结构变革以适应全媒体传播趋势,同时高度重视人才队伍建设。

1. 利用人工智能,赋能新闻生产

2016年,路透社开发AI新闻追踪器(News Tracer)。该工具可以快速鉴别新闻真假,通过算法自动过滤虚假新闻,提高新闻发稿时效。路透社与人工智能公司Graphiq合作研发推出智能化的新闻发布工具。该工具面向全球提供互动数据可视化功能。使用者可以通过路透社Open Media Express访问数据,并且可将该应用嵌入外部网站,用全新手段展示新闻故事。

后来,汤森路透集团专门成立了由科学家、工程师、设计师组成的汤森路透实验室、汤森路透人工智能与认知计算中心,致力于将自然语言学习、机器学习、深度学习、数据挖掘、文本分析、人机交互等最新技术应用到新闻传播业[①]。

2018年,路透社启用AI新闻助手Lynx Insight的AI。它能够帮助记者寻找新闻线索,采集分析数据,撰写新闻稿件。已有数十位路透记者试用了这款编辑工具,未来还将推广应用。

2. 打造开放平台,聚合优质内容

路透社一直将视频业务作为发展重点,1992年成立路透电视部并与外界建立广泛联系,后来打造了数字化传播平台Reuters TV新闻客户端。但是,仅仅依靠自产内容显然无法满足互联网时代网民的海量需求。为了推动音视频业务的跨越式发展,路透社于2017年5月启用多媒体平台Reuters Connect。此后,路透社与美联社、BBC、《今日美国》、PBS、《国家地理》、美国视频新闻网站Cheddar、日本数字媒体聚合公司Aflo、韩国娱乐主流媒体Star News等数十家媒体签订合作协议。除了大型媒体,该平台的合作伙伴还包括职业网球联合会ATP、饮料企业红牛等,甚至包括

---

① 新华社"人工智能时代媒体变革与发展"课题组.国内外媒体应用人工智能的现状及影响[J].新闻记者,2020(2).

一些 UGC 机构。平台上既提供重大突发事件的照片与视频,也提供珍贵的历史档案,还提供体育、娱乐等轻松内容,以满足传统新闻市场之外的潜在客户。成立不到三年,Reuters Connect 的视频内容池容量猛增,从成立之初的 500 万条激增到 1 700 多万条,大大提升了路透社的影响力和竞争力。

3. 调整组织架构,迎接未来挑战

汤森路透对组织架构的调整相当频繁。2016 年,汤森路透出售知识产权与科技业务。2018 年 10 月,汤森路透以大约 170 亿美元的价格,将金融与风险业务 55％的股权出售给黑石集团管理的私募股权基金。此后,其金融与风险业务并入新成立的 Refinitiv 公司,汤森路透在新公司中保留 45％的股权。

为了适应数字化时代的工作模式,优化新闻采编工作流程,为不同分销平台提供个性化的产品和服务,实现组织架构从以产品为中心转向以客户为中心,2019 年,路透社总编辑斯蒂芬·阿德勒表示,9 月起将对全球采编体系进行重大调整,建立未来新闻编辑中心。原有的亚洲采编中心、欧洲采编中心、美洲采编中心将增加到 6 个,新增中东和北非编辑中心、撒哈拉以南非洲编辑中心、拉美编辑中心。同时,削减地区编辑中心的权限,进一步实现稿件处理的"总部集权",以实现新闻报道更加快速简洁、更智能化、更以用户为中心[①]。改革后,报道流程和组织结构兼顾了传统媒体客户与科技公司的差异化需求。调整生产关系,可以大大推动生产力的发展。

4. 推动人才结构数字化转型

2014—2016 年,路透社开展"瘦身计划",裁员 20％左右。减少数量的同时,路透社把提升员工素质、投资员工作为发展的优先选项,注重人才队伍的知识更新,要求员工能够熟练运用先进技术。采编人员占总员工的九成左右,其中,视频报道人才、新媒体人才、数字技术人才占比显著提升。路透社大力培养具有全媒体素养的全能型人才,先后开展移动新

① 陈怡.路透拟建立"全球新闻编辑中心"对全球采编体系进行重大调整[J].传媒动向与对策研究,2019(31).

闻创作、摄影、可视化图表等多种技能培训,旨在借助新开发的采编软件,让记者更加方便地使用移动设备采集视频图片等素材①。

(二) 美联社:"视频优先+技术创新"推动融合发展

美联社成立于 1846 年,在全球享有盛誉。历经 170 多年的风雨,美联社依然保持不断创新的活力。2018 年,其收入为 5.184 亿美元,尽管与大型科技公司相去甚远,但在传统媒体中已属不易。如今,美联社面向全球 15 000 多家新闻媒体和商业机构服务,可提供从内容创作到发行的、端到端的服务,同时可以为新闻编辑部提供一系列制作工具。它每天可提供 2 000 个新闻故事,每年生产 100 万张照片、7 万条视频,档案库中有 170 万条视频剪辑②。近年来,美联社一直鼓励数据驱动型新闻,并且将视频作为核心业务,相关收入占比近半。为了顺应新闻传播格局和生态环境的变化,美联社一方面优化全球采编力量布局;另一方面,不断推动新技术的应用,巩固核心优势,推动融合发展。

1. 强化视频优先战略

1994 年,美联社增设电视部,通过 6 种语言向全世界电视订户提供视频新闻。1999 年,美联社兼并英国全球电视网。借此,美联社电视成为与路透电视齐名的、全球最大的电视新闻供应商③。2012 年,美联社成立视频中心,以满足数字出版商对视频新闻的需求。当年 5 月,美联社所有视频新闻服务全部采用高清格式。2015 年,美联社把直播业务确定为新的发展重点。2018 年共直播 7 750 场次,合计 1.1 万小时。美联社的直播产品主要包括"美联社直击"和"美联社直播精选"。美联社在 30 多个国家拥有高清演播室,可协助客户进行新闻报道。全球媒体服务已占到美联社收入的 7%④。

为了构建丰富的视频资源库,美联社一方面强化自身"造血功能",打

---

① 文建,陈怡.西方三大通讯社采编力量、人员队伍结构的变化与启示[J].中国记者,2017(5).

② 参见美联社官方网站[EB/OL].https://www.ap.org/about/.

③④ 陈怡.视频优先 直播为要——美联社新媒体时代视频发展战略与启示[J].新闻业务,2019(47).

造配备 iPhone 手机的全能型记者队伍;另一方面,与新闻机构、数字出版商、UGC 等建立广泛的内容合作关系。2015 年,美联社与拥有 50 多年历史、主要从事新闻稿发布和监管信息披露的全球领先公关公司BusinessWire 开展合作。2017 年,美联社与日本网站 Spectee 合作,整合该网站的用户自制视频新闻。2018 年,与 CCTV 旗下国际视频通讯机构CCTV+建立合作。2019 年,与西班牙埃菲社建立视频内容关系。美联社官网显示,其视频合作伙伴已超过 200 家[①]。

2. 利用 AI 技术提升新闻生产能力

早在 2013 年,美联社就开始将 AI 技术应用到体育新闻和财经报告中。作为缺乏互联网基因的通讯社,美联社的技术路线分为两种:一是与科技公司合作,二是自主研发。如今,美联社新闻编辑部使用智能化编辑软件 NewsWhip,可以为记者提供要闻提醒或每日摘要。美联社还与人工智能公司 Automated Insights 开展深度合作,运用自然语言生成技术自动生产新闻内容,同时利用智能化产品 Wordsmith 将原始数据转化成新闻报道。此外,美联社还利用数字地球公司的卫星图像,为东南亚渔业公司奴役劳工的调查报道记录关键证据。该报道在 2016 年获得普利策公共服务奖[②]。

3. 利用区块链技术保护版权并拓展客户

在未来的数字化平台上,订购新闻会不会采用数字加密货币而非传统货币? 如何破解知识产权被侵害或新闻作品被随意篡改的难题? 美联社提前做了战略布局。2018 年 9 月,美联社与区块链初创公司 Civil 达成合作协议,美联社将把新闻发布到该区块链平台。在该平台上的新闻活动,将由基于区块链技术的虚拟货币——CVL 来进行管理。美联社将授权 Civil 平台的所有新闻编辑室使用其内容,双方共同开发区块链技术,运用 Civil 平台的新闻编辑室追踪美联社内容传播动向,并且严格执行内

---

① 陈怡.视频优先 直播为要——美联社新媒体时代视频发展战略与启示[J].新闻业务,2019(47).
② 新华社"人工智能时代媒体变革与发展"课题组.国内外媒体应用人工智能的现状及影响[J].新闻记者,2020(2).

容许可权。通过区块链技术的深度应用,美联社实现了维护内容版权和拓展新客户的双重战略布局①。

4. 与大型科技公司开展全面合作

与 Facebook 开展事实核查业务,巩固和提升美联社影响力。美联社秉持科学、严谨、规范的新闻操守,数十年来一直为其成员新闻机构提供事实核查功能,打击虚假新闻。随着社交平台的崛起,美联社将事实核查业务范围扩大到社交平台,2016 年 12 月开始与 Facebook 合作,帮助其核查 23 种语言的内容,成为其经过认证的事实核查合作伙伴之一,以共同阻止错误信息在平台上的传播。2019 年 4 月,美联社宣布将事实核查范围扩大到 Facebook 上的视频和西班牙语内容②。

与谷歌合作地方新闻共享工具,服务各个成员单位。2019 年,美联社与谷歌合作开发名为"本地新闻共享网络"的平台,以更高效地分享更多地方新闻。这一工具主要是为帮助美联社各个成员单位间共享报道内容和报道计划。美联社副总编诺琳·吉莱斯皮称:"美联社一直是内容提供商,但我们也想成为工具、能力或平台的提供商。"③

---

① 毛伟.美联社积极探索区块链技术深度应用,不断提高内容版权维护与寻找新客户的能力[J].传媒动向与对策研究,2019(48).
② 张宸.美联社将对脸谱上的视频和西班牙语内容进行事实核查[J].传媒动向与对策研究,2019(16).
③ 申琰.美联社和谷歌正在合作开发一款地方新闻共享工具[J].传媒动向与对策研究,2019(36).

附录 1　全球主要 TMT 公司的业务布局和组织架构

一、谷歌公司

谷歌公司（Google）是一家跨国科技公司，为字母表公司（Alphabet）的子公司，业务范围涵盖互联网广告、搜索引擎、云计算等领域。1998 年，谷歌公司成立，总部位于美国加州，创始人为拉里·佩奇、谢尔盖·布卢姆。2004 年，谷歌公司登陆美国纳斯达克证券交易所挂牌交易，股票代码为 GOOG。2019 年，其员工数为 114 096 人。产品和服务覆盖全球 200 多个国家和地区。在 2019 年《财富》世界 500 强排行榜中，谷歌公司的母公司字母表位列第 37 位（较 2018 年上升 52 位）。

（一）核心产品及服务

1. 搜索与浏览内容：全球最大搜索引擎谷歌搜索、谷歌地图、谷歌翻译、Chrome 浏览器

2. 操作系统：Android（安卓系统）

3. 观看与播放内容：YouTube、Google Play

4. 拓展业务工具：Google Ads、Google Analytics

5. 谷歌制造：Pixel 手机、谷歌智能家居、安卓操作系统、AI 实验室 DeepMind(AlphaGo)

6. 其他：Gmail、Google＋、谷歌地图、谷歌翻译、谷歌输入法、Nest Chronicle、VirusTotal、BufferBox、Flutter、谷歌眼镜等

(二) 用户数

谷歌搜索引擎访问次数达 621.9 亿次，用户约 17 亿。2019 年，YouTube 有 19 亿月活跃用户。2019 年 10 月，调查研究表明，谷歌占全球搜索市场份额的 87.96％，必应(Bing)为 5.27％，百度为 0.57％。2018 年，Gmail 有 15 亿活跃用户。

(三) 公司业绩与主要收入来源

2019 年，谷歌公司营业总额为 1 607.4 亿美元，同比增长 18％；2018 年，营业总额为 1 363.6 亿美元，较上年增长 23％。主要收入来源为广告业务。2019 年，广告收入为 1 348.1 亿美元，具体包括两大块：一是谷歌

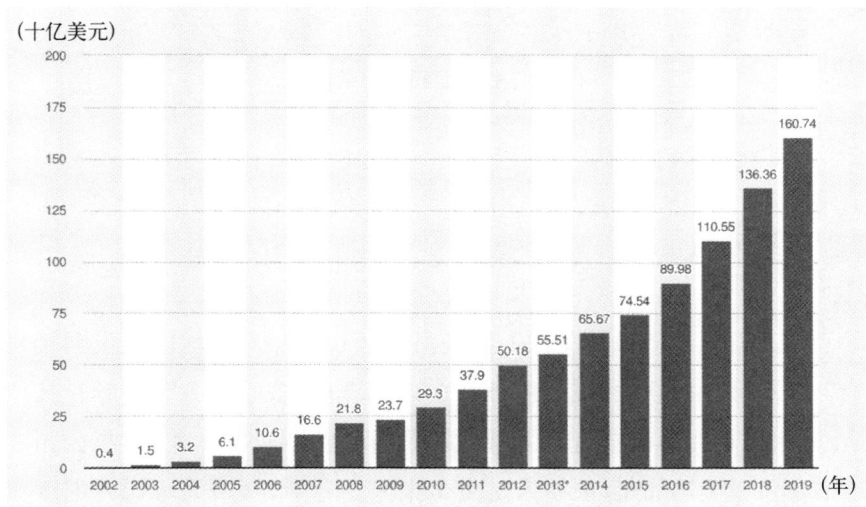

图 6　谷歌公司 2002—2019 年收入

(资料来源：https://www.statista.com/statistics/266206/googles-annual-global-revenue/)

自营网页（网页搜索、Gmail、YouTube、谷歌地图等谷歌网页与服务）的收入；二是联盟成员广告（AdMob、AdSense、DoubleClick 等旗下广告代理平台）的收入。

（四）组织架构

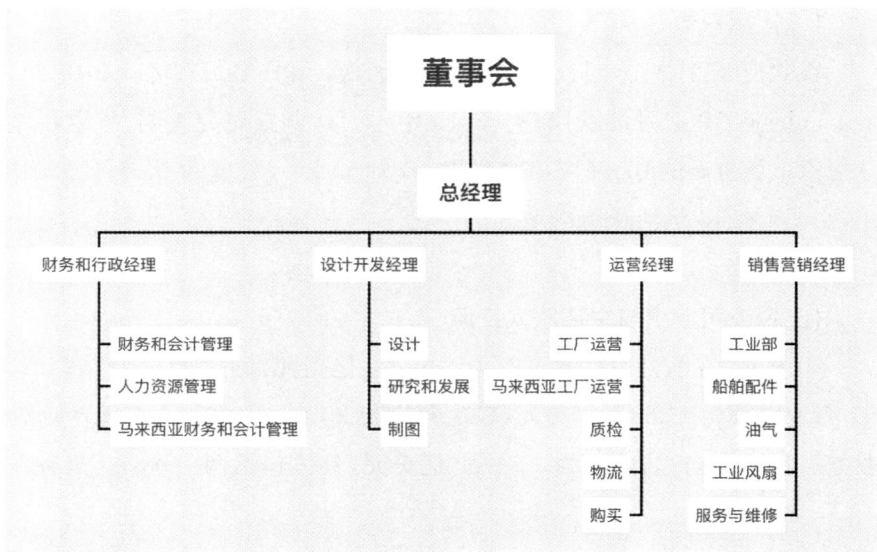

图7　谷歌公司组织架构

（资料来源：维基百科）

二、苹果公司

苹果公司（Apple）是美国一家高科技公司，致力于设计、开发和销售消费电子、计算机软件、在线服务和个人计算机，核心业务为电子科技产品。苹果公司在高科技企业中以创新而闻名世界。1976 年，苹果公司成立，总部位于美国加州，创始人是史蒂夫·乔布斯、斯蒂夫·沃兹尼亚克和罗·韦恩。1980 年，苹果公司登陆美国纳斯达克证券交易所挂牌交易，股票代码为 AAPL。

2019 年,苹果公司员工达 13.7 万。产品和服务覆盖全球 119 个国家和地区。在 2019 年《财富》世界 500 强排行榜中,苹果公司位列第 11 位。

（一）核心产品及服务

1. 硬件：

（1）手机：iPhone

（2）电脑：MacBook Pro、MacBook Air、iMac

（3）平板：iPad Air、iPad mini、iPad Pro

（4）其他：iPod、iPod nano、iPod Touch、AirPods、Apple Watch、Apple Pay

2. 软件：MacOS 操作系统、iOS 操作系统、Final Cut Pro X、Motion、iTunes、Safari、iCloud、FaceTime、Siri

（二）用户数

苹果设备的总活跃用户数即将达到 15 亿,其中,iPhone 总活跃用户数超过 9 亿,中国和美国位居前两位。2019 年,Apple Pay 用户达 4.41 亿。

（三）公司业绩与主要收入来源

苹果公司 2019 年的收入为 2 601.74 亿美元,较上年减少了 2.04%;利润为 552.56 亿美元,同比减少 7.18%。2018 年的收入为 2 655.95 亿美元,较上年增加了 15%;利润为 595.31 亿美元,同比增加 23.12%。

主要收入来源是 iPhone。在 2018 年苹果公司的总收入中,与 iPhone 相关的收入占比高达 62.8%,Mac 和 iPad 的收入分别为 9.6% 和 7.1%。2019 年第三季度财报显示,iPhone 的贡献值首次降到 48%。

（十亿美元）

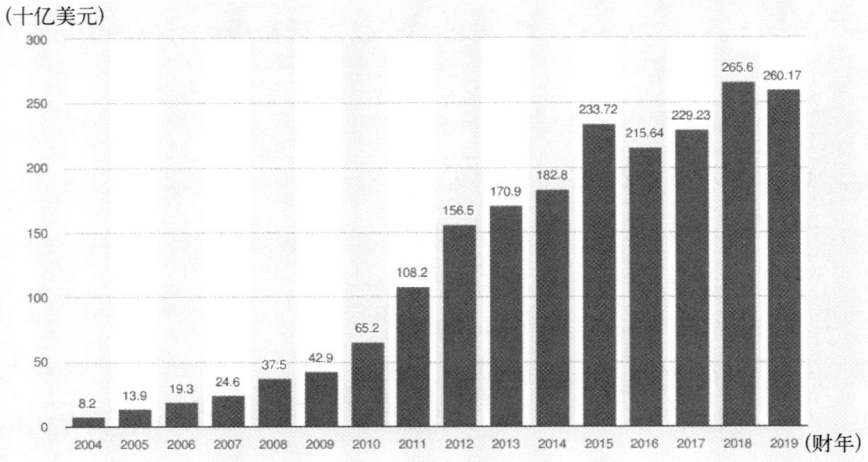

图 8　苹果公司 2004—2019 财年全球收入

（资料来源：https://www.statista.com/statistics/265125/total-net-sales-of-apple-since-2004/）

（四）组织架构

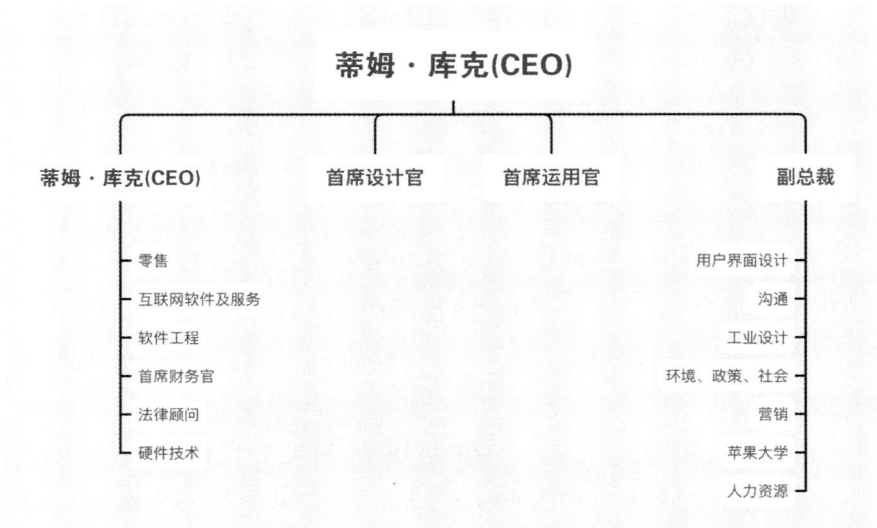

图 9　苹果公司组织架构

（资料来源：苹果公司官网）

三、Facebook

Facebook(脸书)是美国的一个社交网络服务网站,也是世界排名第一的照片分享站点。2004 年,Facebook 成立,总部位于美国加州,创始人是马克·扎克伯格、爱德华多·萨维林。2012 年,Facebook 登陆美国纳斯达克证券交易所挂牌交易,股票代码为 FB。2019 年 12 月,其员工数达44 942 人。产品和服务覆盖全球 170 多个国家和地区。在 2019 年《财富》世界 500 强排行榜中,Facebook 位列第 184 位(较 2018 年上升 90 位)。

(一) 核心产品及服务

Facebook、WhatsApp(全球最多人使用的即时聊天软件)、Instagram(图片分享社交软件)、Facebook Messenger(聊天软件)

(二) 用户数

2020 年,WhatsApp 拥有 16 亿活跃用户,在所有消息传递应用程序中排名第一,紧随其后的是拥有 13 亿用户的 Facebook Messenger 和拥有11 亿用户的微信。截至 2020 年 1 月,Instagram 日活跃用户数达 5 亿,月平均活跃用户数达 10 亿。

2019 年 12 月,Facebook 大约有 25 亿月活跃用户,相较于 1 月的 23.8亿月活跃用户增长了 8%。Facebook 日活跃用户数达 16.6 亿,相较于年初增长了 9%。

(三) 公司业绩与主要收入来源

2019 年,Facebook 总收入约为 707 亿美元,同比增长 26.61%;净收入为 184.85 亿美元,较上年减少 16.4%。2018 年总收入约为 558 亿美元,同比增长 37.35%;净收入为 221.11 亿美元,较上年增长 38.89%。

主要收入来源为广告业务。2019 年,Facebook 广告收入高达 696 亿美元,占总收入的 98.5%。

（百万美元）

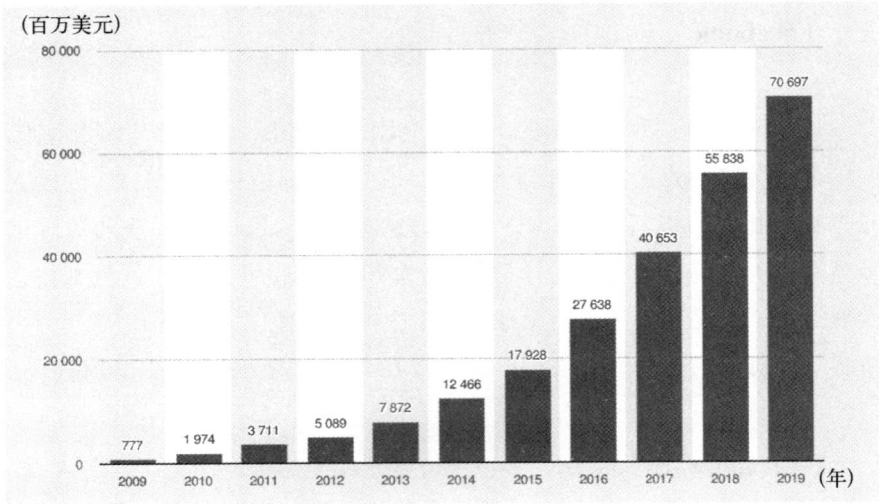

图 10　Facebook 2009—2019 年收入

（资料来源：https://www.statista.com/statistics/268604/annual-revenue-of-facebook/）

（四）组织架构

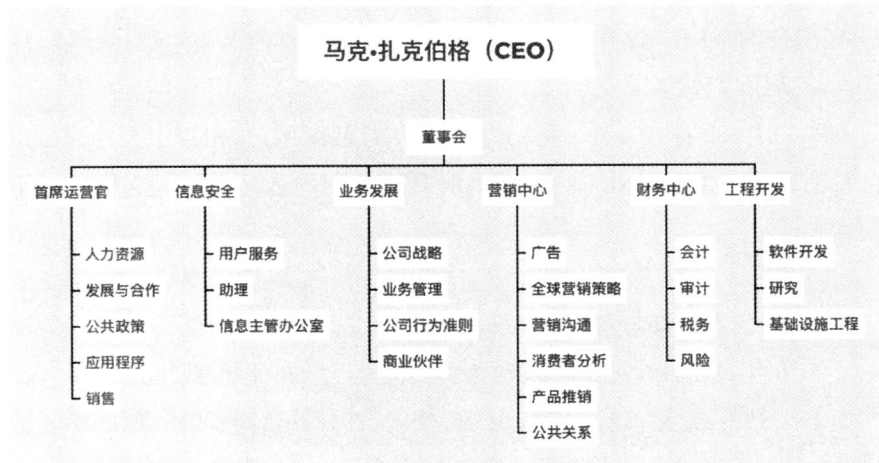

图 11　Facebook 组织架构

（资料来源：Facebook 官网）

四、微软公司

微软公司(Microsoft)是一家跨国科技公司,是世界 PC(个人计算机)软件开发的先导。以研发、制造、授权和提供广泛的电脑软件服务业务为主,是全球最大的电脑软件提供商。1975 年,微软公司成立,总部位于美国华盛顿州,创始人是比尔·盖茨和保罗·艾伦。1986 年,微软公司登陆美国纳斯达克证券交易所挂牌交易,股票代码为 MSFT。2019 年,其员工数为 151 163 人。产品与服务覆盖全球 190 多个国家和地区。在 2019 年《财富》世界 500 强排行榜中,微软公司位列第 60 位。

(一) 核心产品及服务

1. 操作系统:Windows 系列电脑系统、Windows Phone 手机系统

2. 应用软件:IE 浏览器(全世界使用最广泛的浏览器)、Microsoft Office 办公软件、Windows Media Player、Bing 搜索引擎、Skype(即时通信)、LinkedIn(职场社交平台)、Office 365

3. 硬件:Surface 电脑

(二) 用户数

截至 2020 年 3 月,Windows 10 月活跃用户数突破 10 亿。截至 2018 年 10 月,Office365 的月活跃用户数达 1.55 亿。截至 2015 年 5 月,Microsoft Office 的用户数达 12 亿。

(三) 公司业绩与主要收入来源

2019 年,微软公司总收入约为 1 258.43 亿美元,同比增长 14.03%;净收入为 392.4 亿美元,较上年增长 136.8%。2018 年,总收入约为 1 103.6 亿美元,同比增长 14.28%;净收入为 165.71 亿美元,较上年减少 34.99%。

主要收入来源为 Office 软件(占 32%)、Windows 操作系统(占 25%)和 Server 服务器软件。服务器和相关工具共占 26%。

（十亿美元）

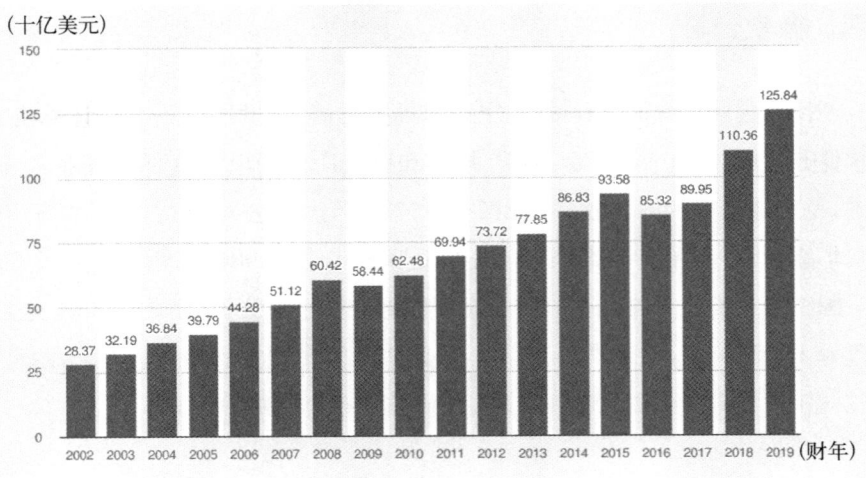

图 12　微软公司 2002—2019 财年全球收入

（资料来源：https://www.statista.com/statistics/267805/microsofts-global-revenue-since-2002/）

（四）组织架构

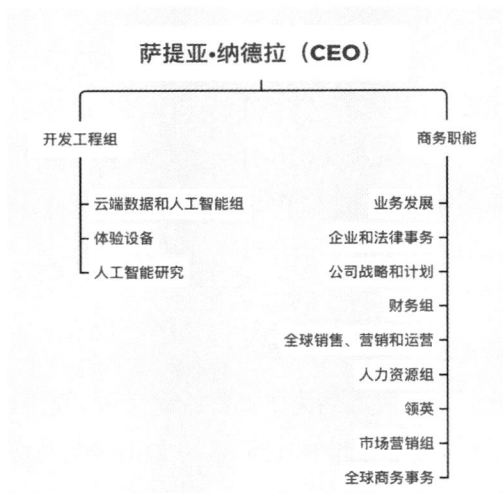

图 13　微软公司组织架构

（资料来源：微软公司官网）

五、亚马逊公司

亚马逊公司(Amazon)是美国最大的网络电子商务公司,是互联网上最早开始经营电子商务的公司之一。一开始只经营网络的书籍销售业务,现在则扩大范围到相当广的其他产品,已成为全球商品品种最多的网上零售商和全球第二大互联网企业。公司名下包括 Alexa Internet、a9、lab126 和互联网电影数据库等子公司。1995 年,亚马逊公司成立,总部位于西雅图,创始人是杰夫・贝索斯。1997 年,亚马逊公司登陆美国纳斯达克证券交易所挂牌交易,股票代码为 AMZN。2019 年,其员工数为798 000 人。产品与服务覆盖全球 180 多个国家和地区。在 2019 年《财富》世界 500 强排行榜中,亚马逊公司位列第 13 位(较 2018 年上升 5 位)。

(一) 核心产品及服务

1. 核心产品:Kindle 电子书、亚马逊网上购物商城、Prime Music、生鲜电商服务 Amazon Fresh、Amazon Alexa AI 助手、Amazon Prime Video

2. 主要业务:

(1) 零售业务:通过实体店和零售网站服务消费者,专注于选择性、价格、便捷性。消费者可以通过亚马逊网站、手机 App、Alexa 和实体店进行购买

(2) 硬件生产:公司制造生产电子设备,包括 Kindle e-reader、fire table、fire TV、Echo devices。公司生产影音内容。亚马逊提供配送服务

(3) 第三方服务:公司为第三方提供平台服务,如电子商务、订单履行、物流配送等

(4) 云服务:通过 AWS 为各类公司、政府机构和学术组织提供计算、存储、数据库等服务

(5) 内容生产:通过公司的 Kindle Direct Publishing(一种线上服务),作家和独立撰稿人可将其作品发布在 Kindle Store,并且拥有作品

70％的版权。该项业务还帮助作家、音乐家、电影制作人、App 开发人等内容生产商在平台销售其内容

（二）用户数

2019 年 3 月,亚马逊应用程序成为美国主要购物应用程序,拥有 1.452 亿活跃的移动用户。2018 年 2 月到 2019 年 1 月,访问亚马逊网站(包括桌面和移动)的总人数为 26.3 亿。仅 Amazon.com 就有超过 3 亿的活跃用户。亚马逊在美国约有 1.03 亿 Prime 用户。

（三）公司业绩与主要收入来源

2019 年,亚马逊公司总收入为 2 805.22 亿美元,同比增长 20.45％;净收入为 115.88 亿美元,较上年增长 15.04％。2018 年,总收入为 2 328.87 亿美元,同比增长 14.28％;净收入为 100.73 亿美元,较上年增长 232.11％。

主要收入来源为网上销售。2018 年,亚马逊公司总营业额的 52.6％来源于在线销售,商户佣金排在第二,占 18.24％。

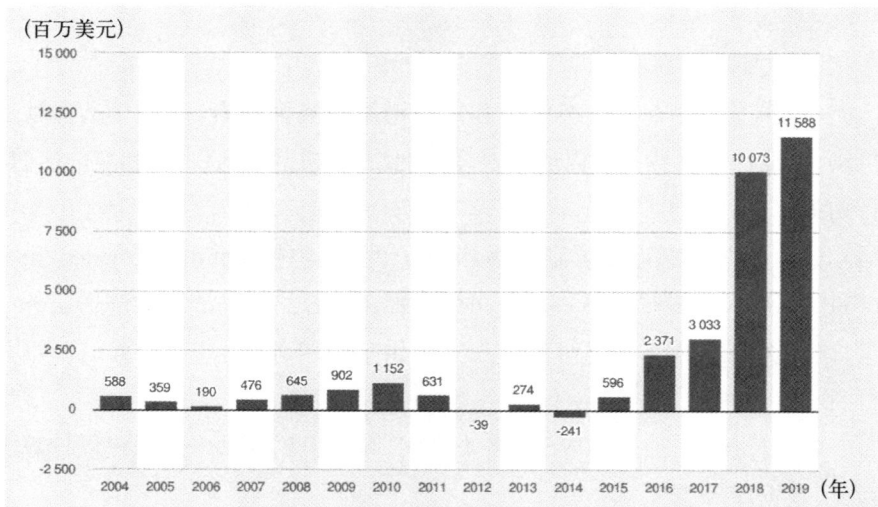

图 14　亚马逊公司 2004—2019 年净收入

（资料来源：https://www.statista.com/statistics/266288/annual-et-income-of-amazoncom/）

（四）组织架构

亚马逊公司下设软件开发、产品销售管理、信息技术、运营和客户服务、财务和行政管理、人力资源、法律事务等部门。

六、Netflix

Netflix(奈飞)是美国一家在线影片租赁提供商,主要提供 Netflix 超大数量的 DVD 并免费递送,1999 年开始推行订阅服务,逐渐发展成为全球流媒体平台巨头。1997 年,Netflix 成立,总部位于美国加利福尼亚州洛斯盖图,创始人是里德·哈斯廷斯(Reed Hasting)。服务覆盖全球 190 多个国家和地区。2019 年,员工数为 6 700 人。2020 年 1 月 22 日,Netflix 名列 2020 年《财富》全球最受赞赏公司榜单第 16 位。

（一）核心产品与服务

1. Netflix 视频网站

2. 月度订阅计划

3. 软件:手机 App、TV App

4. 内容:原创剧集、原创纪录片、原创电影

（二）用户数

截至 2020 年 1 月,Netflix 全球付费用户总数达到 1.69 亿人。Netflix 会员最大的市场仍然是美国和加拿大,但欧洲、中东和非洲地区已成为其第二大市场。截至 2019 年 9 月底,Netflix 在欧洲、中东和非洲地区拥有 4 740 万付费用户,增速达到 40％。

（三）公司业绩与主要收入来源

2019 年,Netflix 总收入为 201.5 亿美元,同比增长 27.63％;净利润为 18.67 亿美元,同比增长 54.13％。2018 年,总收入为 157.94 亿美元,同比增长 35.08％;净利润为 12.11 亿美元,同比增长 116.71％。

Netfilx 的收入来源主要是流媒体收入。2019 年,美国国内流媒体订阅收入占总收入的 46%,海外流媒体订阅收入占总收入的 53%。

(四) 组织架构

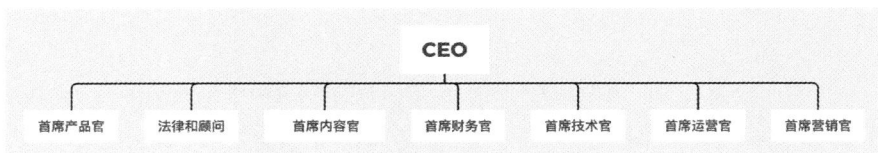

图 15　Netflix 组织架构
(资料来源:Netflix 官网)

七、腾讯

腾讯是中国最大的互联网综合服务提供商之一,也是中国服务用户最多的互联网企业之一。1998 年,腾讯成立,总部位于深圳,创始人包括马化腾、张志东、许晨晔、陈一丹、曾李青。2004 年,腾讯登陆香港证券交易所挂牌交易,股票代号为 00700。2019 年,其员工数为 38 775 人。产品与服务覆盖全球 130 多个国家和地区。在 2019 年《财富》世界 500 强排行榜中,腾讯位列第 237 位(较 2018 年上升 94 位)。

(一) 核心产品
1. 社交:QQ、微信
2. 金融:财付通、微信支付
3. 娱乐:腾讯游戏、阅文集团、腾讯动漫、QQ 音乐、腾讯视频
4. 资讯:腾讯网(中文门户网站)、腾讯新闻客户端
5. 工具:QQ 浏览器、腾讯地图、QQ 邮箱、QQ 阅读

(二) 用户数
截至 2019 年 3 月底,微信及 WeChat 的合并月活跃账户数达 11.12

亿,同比增长 6.9%,QQ 的整体月活跃账户数增至 8.23 亿。截至 2019 年
年底,腾讯理财通服务用户数超过 2 亿。腾讯视频以 5.33 亿的月活跃用
户数和 1.08 亿的用户数位居移动在线视频第二位。

(三)公司业绩与主要收入来源

2019 年营收 3 772.89 亿元,同比增长 21%;净利润为 943.51 亿,同比
增长 22%。2018 年收入为 3 126.94 亿元,同比增长 32%;净利润为 787.2
亿元,同比增长 19%。

主要收入来源为游戏业务。2019 年,腾讯的游戏收入占 40%,腾讯
金融科技及企业服务收入占 39%。金融科技主要指微信支付、理财通等
金融产品。

(四)组织架构

腾讯公司内部设企业发展事业群(CDG)、云与智慧产业事业群
(CSIG)、互动娱乐事业群(IEG)、平台与内容事业群(PCG)、技术工程事
业群(TEG)、微信事业群(WXG)等部门。

八、百度

百度是全球最大的中文搜索引擎,中国最大的以信息和知识为核心
的互联网综合服务公司,全球领先的人工智能平台型公司。2000 年,百度
成立,总部位于北京,创始人是李彦宏。2005 年,百度登陆美国纳斯达克
证券交易所挂牌交易,股票代码为 BIDU。2018 年,其员工数为 42 267
人。产品与服务覆盖全球 150 多个国家和地区。

(一)核心产品及服务

1. 搜索服务:百度(全球最大中文搜索引擎)、百度新闻、百度翻译
2. 导航服务:百度地图
3. 社区服务:百度文库、百度网盘、百科百科、百度贴吧、百度知道

4. 其他：爱奇艺视频、好看视频、百家号、小度（人工智能个人助手）、Apollo 自动驾驶

（二）用户数

截至 2019 年 11 月，百度 App 日活跃用户数达到 2 亿，百度用户规模突破 10 亿，百家号创作者达到 260 万。百度智能小程序是国内唯一完全开源的小程序平台，月活跃用户规模破 3.16 亿。截至 2019 年 7 月，百度移动产品月活设备达到 11 亿。

（三）公司业绩与主要收入来源

2019 年，百度营收 1 074 亿元，同比增长 5%；总利润为 21 亿元，同比下降 92.54%。2018 年，总营收为 1 023 亿元，同比增长 28%；总利润为 276 亿元，较 2017 年同比增长 51%。

主要收入来源为广告业务。2019 年，百度在线广告收入为 781 亿元，占营收比重 72.7%，与 2018 年同期相比增长 80%；包含百度云服务、智能设备在内的其他收入为 294 亿元，占总营收比重为 27.3%。

（四）组织架构

百度公司内部设移动生态事业群（MEG）、智能云事业群（ACG）、智能驾驶事业群（IDG）、智能生活事业群（SLG）、AI 技术平台体系（AIG）和基础技术体系（TG）等部门。

九、阿里巴巴

阿里巴巴是全球 B2B 电子商务的著名品牌，是全球最大的网上交易市场和商务交流社区。1999 年，阿里巴巴成立，总部位于杭州，创始人为马云。2014 年 9 月 19 日，阿里巴巴集团登陆美国纽约证券交易所挂牌交易，股票代码为 BABA。2019 年 6 月，其员工数为 103 699 人。产品与服务覆盖全球 220 多个国家和地区。在 2019 年《财富》世界 500 强排行榜

中,阿里巴巴位列第 182 位(较 2018 年上升 118 位)。

(一)组织架构、核心产品及服务

1. 电商业务:淘宝、天猫、饿了么(2017 年合并百度外卖)、1688、盒马鲜生、闲鱼

2. 金融科技:支付宝、蚂蚁花呗

3. 云计算:阿里云

4. 数字媒体与娱乐业务:

(1)传统媒体:第一财经(参股)、南华早报集团、博雅天下、商业评论、北青社区报

(2)社交媒体:新浪微博、陌陌

(3)视频网站:优酷土豆

(4)科技媒体:虎嗅网、36 氪、UC 浏览器

(5)影视娱乐:华谊兄弟(第二大股东)、光线传媒(第二大股东)、华数传媒、博纳影业、合一影业、向上影业、芭乐传媒

(6)新媒体:封面新闻、无界传媒

(7)数据业务:恒生电子

(8)音乐媒体:虾米音乐、天天动听

5. 创新业务:YunOS、高德地图、钉钉、大麦网(中国最大演出票务平台)、淘票票

6. 物流业务:菜鸟网络

(二)用户数

阿里巴巴集团在全球拥有 9.6 亿活跃用户。截至 2019 年年底,阿里巴巴中国零售市场移动月活跃用户数达 8.24 亿。

(三)公司业绩与主要收入来源

2019 财年阿里巴巴集团收入为 3 768.44 亿元,同比增长 51%;2018 财年,收入为 2 502.66 亿元,同比增长 58%。电商业务是阿里巴巴的主要

收入来源,其他业务增长潜力较大。2017 财年电商板块的收入为 1 339 亿元,占总营收的 85%。2019 财年电商销售额达 3 234 亿元,同比增长 51%,占整体销售额的 85.82%。

　　2020 年,IDC 发布的报告显示,阿里云全球市场份额进一步上涨,紧随亚马逊、微软,增速为市场前五中最快。全球云计算市场呈 3A 格局(亚马逊 AWS、微软 Azure 和阿里云),占近七成市场份额。

表 28　阿里巴巴集团业绩

年度(财年)	总营收(亿元)	归母净利润(亿元)
2019	3 768.44	878.9
2018	2 502.66	640.9
2017	1 583	436.8

资料来源:东方财富网。

十、字节跳动

　　字节跳动是最早将人工智能应用于移动互联网场景的科技企业之一。2012 年,字节跳动成立,总部位于北京,创始人是张一鸣。2018 年,其员工约为 4 万人。产品与服务覆盖全球 150 多个国家和地区。

（一）核心产品及服务

1. 境内:

（1）资讯类:今日头条(个性化资讯推荐引擎产品)、懂车帝("看车、选车、买车"一站式汽车媒体和服务平台)、懂房帝

（2）视频类:抖音、西瓜视频、火山小视频

（3）聊天工具:飞聊

（4）社区类:多闪、飞书(新一代企业办公套件)、悟空问答、图虫

（5）教育类:好好学习、Gogokid

（6）其他:Faceu、轻颜相机

2. 海外：

（1）短视频：TikTok、BuzzVideo（西瓜视频海外版）、VigoVideo（火山小视频海外版）、Muscal.ly（收购）

（2）资讯：Topbuzz（今日头条海外版）、BABE、Daily Hunt、News Republic（收购）

（二）用户数

截至 2020 年 1 月,抖音日活跃用户数已经突破 4 亿,并且继续保持高速增长。西瓜视频累计用户数超 3.5 亿,日均播放量超 40 亿。截至 2019 年 7 月,字节跳动旗下产品总月活跃用户数超过 15 亿,日活跃用户数超过 7 亿。

（三）公司业绩与主要收入来源

字节跳动多年保持跨越式增长。主要收入来源为广告业务,以"短平快"的移动广告变现为主。2019 年,字节跳动在数字广告的基础上,又在直播、搜索、知识付费、电商、游戏联运等业务上扩大收入来源。其中,抖音成为字节跳动长期主要营收来源。字节跳动 2019 年上半年收入约为 480 亿元,其中,抖音收入达 200 亿元,占比超过 41.7%。

2019 年度,TikTok 的全球营收约为 1.77 亿美元,是 2018 年的五倍多。TikTok 的下载量达 16.5 亿次,每月有 8 亿活跃用户。尽管 2019 年 4 月下旬 TikTok 在印度被禁,但印度市场仍是其第一大市场,占总下载量的 44%。

Google Trends 数据显示,2019 年第一季度,TikTok 新增用户数达 1.88 亿,成为当季表现最好的 iOS App。

（四）组织架构

字节跳动没有采用事业部编制,而是基于用户增长、技术和商业化等部门搭建中台,形成网状架构。公司内部大致为"1-14-106"人才架构。字节跳动 CEO 直接领导 14 名高管,14 名高管分别负责不同的核心人物。

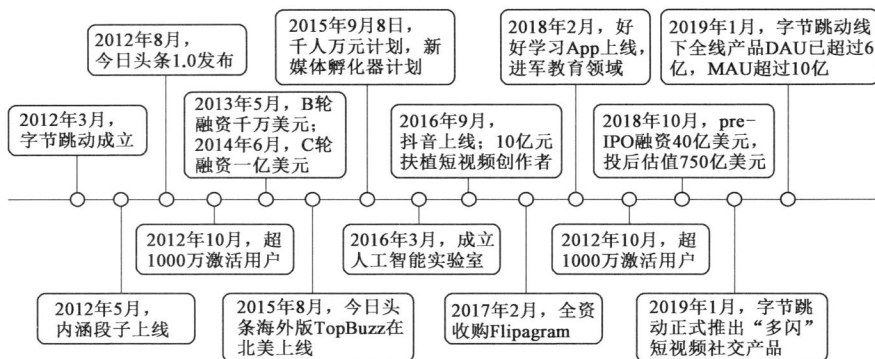

图 16　字节跳动大事记

（资料来源：中信建投研究发展部）

十一、京东

　　京东是中国最大的自营式电商企业。1998 年,京东成立,总部位于北京,创始人为刘强东。2014 年,京东集团登陆美国纳斯达克证券交易所挂牌交易,股票代码为 JD。2019 年,其员工数为 17.9 万。产品与服务覆盖全球 200 多个国家和地区。在 2019 年《财富》世界 500 强排行榜中,京东集团位列第 139 位(较 2018 年上升 42 位)。

　　（一）核心产品及服务

1. 京东品牌：京东商城、京东金融、京东云、JIMI 机器人

2. 线下销售：京东之家、京东专卖店、京东便利店

3. 配送服务：极速达、自提柜、无人机

　　（二）用户数

　　2019 年,京东活跃购买用户数从 2018 年的 3.053 亿增至 3.620 亿,增幅为 18.6%。

　　（三）公司业绩与主要收入来源

　　2019 年,京东集团收入为 5 769 亿元,同比增长 24.9%;净利润为 107

亿元,同比大幅增长 211%。2018 年,收入为 4 620 亿元,同比增长 27.5%。

主要收入来源为产品销售收入和服务收入。其中,产品销售收入占九成以上。

（四）组织架构

京东集团包括京东商城、京东物流、京东金融、运营研发、职能部门等。

十二、华为公司

华为公司是全球领先的 ICT(信息与通信)基础设施和智能终端提供商,致力于把数字世界带入每个人、每个家庭、每个组织,构建万物互联的智能世界。1987 年,华为公司成立,总部位于深圳,创始人是任正非。2018 年,其员工数超过 18 万。产品与服务覆盖全球 170 多个国家和地区。截至 2019 年 9 月,华为已申请 3 325 件 5G 必要专利,位列其后的三星为 2 846 件。在 2019 年《财富》世界 500 强排行榜中,华为公司位列第 61 位(较 2018 年上升 11 位)。

（一）核心产品

1. 硬件

（1）手机：华为荣耀系列、P 系列、Mate 系列、Nova 系列

（2）电脑：HUAWEI MateBook 系列

（3）平板：华为平板 M6、HUAWEI MatePad Pro

（4）手表：HUAWEI Watch GT2、华为儿童手表

（5）耳机：HUAWEI FreeBuds、HUAWEI Sound X

（6）眼镜：HUAWEI 与 Gentle Monster 合作智能眼镜、HUAWEI VR 眼镜

（7）其他：华为智慧体脂秤、灵眸手机云台、AI 音箱

2. 软件：华为官方应用市场 AppGallery、华为移动服务（HMS）（华

为云服务合集)

3. 操作系统：Emui(华为基于安卓开发的情感化操作系统)、鸿蒙OS (2019年8月发布,一款基于微内核的面向全场景的分布式操作系统,可适配手机、平板、电视、智能汽车、可穿戴设备等多终端设备)

4. 大数据服务：华为云

(二) 用户数

截至2019年年底,华为终端全球月活跃用户数达5.7亿以上,全球注册开发者数量超过120万。2019年,华为智能手机发货量超2.4亿台,用户量突破4亿。华为运动健康App注册用户累计超过1亿,华为终端云服务月活跃用户数已达4亿。截至2018年12月,华为终端云服务用户数突破5亿,其中月活跃用户数达2.62亿。截至2020年3月,华为HMS月活跃用户数超过4亿。

(三) 核心业务

1. 运营商业务：一是通信设备供应商,包括中国移动、中国联通、中国电信在内的全球运营商都会采购华为的通信设备搭建基站。二是4G、5G无线通信网络解决方案,主要竞争对手是高通。在通信设备与5G通信领域,华为位居全球第一

2. 企业级业务：一是企业网络设备,如交换机、专业级服务器、企业用路由器等,主要竞争对手是思科、IBM等。二是企业级智能解决方案,面向企业的数字化转型,为企业搭建智能化平台,主要竞争对手是思科。在企业网络设备和智能解决方案领域,华为已做到全球第二,仅次于思科

3. 消费者业务：面向大众消费者,包括智能手机、平板电脑、笔记本电脑、智能穿戴、家用路由器等。华为已做到世界第三,仅次于苹果和三星

4. 华为云业务：包括云计算服务器、云电脑、云存储、云虚拟网络、云数据库、云安全中心、云端解决方案等。主要竞争对手是亚马逊、谷歌、微软、阿里巴巴

（四）公司业绩与主要收入来源

2019 年，华为公司全面销售收入为 8 588 亿元，同比增长 19.1％；净利润为 627 亿元，同比增长 5.6％。2018 年，销售收入为 7 311 亿元，同比增长 21％；净利润为 593 亿元，同比增长 25.1％。

2018 年，消费者业务收入（主要是手机）反超运营商业务，占据其总营收的 48.4％，全年营收 3 489 亿元，同比增长 45.1％，成为华为第一大营收来源。2019 年，消费者业务收入占比 54.4％，同比增长 34％。

2019 年下半年，由于在海外销售的华为手机上不能预装谷歌 GMS 服务，华为打造了自主可控的 HMS 移动服务。

（五）组织架构

图 17 华为公司组织架构

（资料来源：根据公开信息整理）

十三、小米公司

小米公司是一家专注于智能硬件和电子产品研发的移动互联网公司，同时也是一家专注于高端智能手机、互联网电视和智能家居生态链建设的创新型科技企业。2010 年，小米公司成立，总部位于北京，创始人是雷军。2018 年,小米公司登陆香港证券交易所挂牌交易,股票代码为 01810。2019 年,其员工数为 16 683 人。产品与服务覆盖全球 80 多个国家和地区。在 2019 年《财富》500 强排行榜中,小米公司首次上榜(第 468 位)。成立仅 9 年的小米公司是榜单中最年轻的公司。

(一) 核心产品

1. 硬件:手机、笔记本、品牌电脑、小米电视及盒子、小米路由器

2. 智能家居:米家空气净化器 Pro、米家 PM2.5 检测仪、米家 IH 压力电饭煲、米家扫地机器人、智能插座

3. 软件:MIUI 操作系统、小米社区、米聊、小米商城、米家 App(家庭智能硬件管理平台)

(二) 用户数

2019 年小米公司售出手机 1.25 亿台,活跃用户已覆盖全球 5 亿人。截至 2019 年年底,MIUI 的月活跃用户数达 3.1 亿。截至 2018 年 12 月,小米智能电视及小米盒子的月活跃用户数达 1 860 万。

(三) 公司业绩与主要收入来源

2019 年,小米公司总营收为 2 058.4 亿元,同比增长 17.7%;净利润为 115 亿元,同比增长 34.8%。2018 年,小米总营收为 1 749 亿元,同比增长 52.6%;净利润为 86 亿元,同比增长 59.5%。

"手机＋ AIoT"是小米公司收入的双引擎。2019 年,手机收入占比 59.3%,IoT 与生活消费产品收入占比超过 30.1%。2019 年,IoT 与生活消费产品收入增长 48%,成为未来小米公司收入的主要动力,小米公司已明确"5G＋AI＋IoT 下一代超级互联网"的战略发展方向。2019 年,小米手机出货量为1.25 亿台,市场份额稳居全球第四。智能电视出货量稳居中国第一、全球第五。

根据 Counterpoint 公布的 2019 年手机品牌中国海内外市场占比报告,小米手机国外销量占比 76%,国内占比 24%。印度已成为小米最大

的市场,印度市场连续 10 个季度市场占有率第一。

2019 年,小米在印度智能电视的市场份额为 27％,比 2018 年增长 3％。小米已在印度设立 2 000 家 Mi Home 商店。

（四）组织架构

2018 年 9 月,小米公司调整组织架构,改组电视部、生态链部、MIUI 部和小米互娱部,重组为 10 个新的业务部。

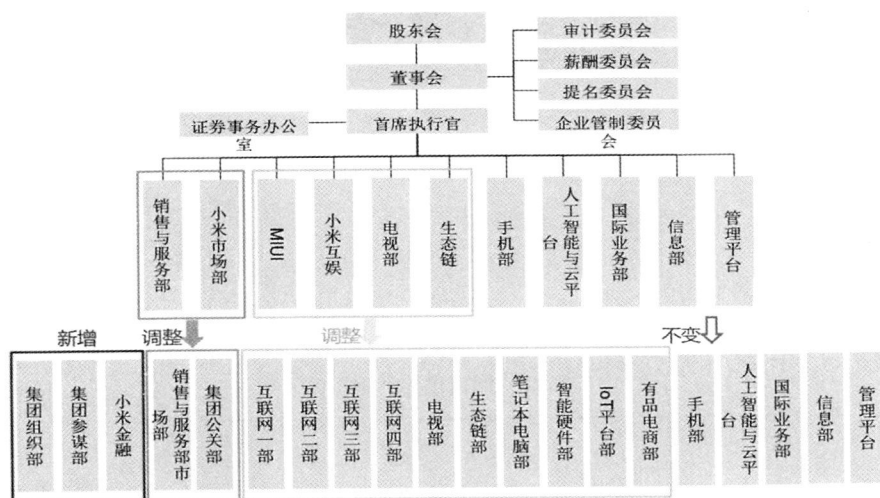

图 18　小米公司组织结构

（资料来源：中信证券研究部）

>>> 附录 2 国内外已休刊报纸 （不完全统计）

一、中国部分

表 28 国内已休刊报纸

省区市	年份(年)					
	2020	2019	2018	2017	2016	2015 及以前
北京 (16 份)		《法制晚报》 《北京晨报》 《中国测绘报》 《中国技术市场报》 《北京文摘》	《京郊日报》 《北京娱乐信报》 《人民公安报·消防周刊》 《环球军事》	《京华时报》	《战友报》	《程序员》(2015) 《瑞丽时尚先锋》(2015) 《中国足球报》 《中华新闻报》(2009) 《市场报》(2008)
上海 (13 份)	《上海金融报》	《生活周刊》	《申江服务导报》 《上海译报》 《I 时代报》	《东方早报》	《新视线》 《外滩画报》	《上海商报》 《上海壹周》(2015) 《新闻晚报》 《天天新报》 《房地产时报》(2014)

（续表）

省区市	年份(年)					
	2020	2019	2018	2017	2016	2015 及以前
辽宁 （6份）	《本溪晚报》	《华商晨报》 《新商报》	《地铁时报》		《前进报》 《时代商报》	
安徽 （6份）		《亳州新报》	《黄山日报·黄山晨刊》 《大别山晨刊》 《皖南晨刊》	《九华晨刊》 《淮北晨刊》		
广东 （5份）			《汕头都市报》 《汕头特区晚报》 《羊城地铁报》		《战士报》	《南方体育》 （2005）
天津 （5份）	《城市快报》		《渤海早报》 《采风报》 《假日100天》 《球迷》			
浙江 （5份）	《浙中新报》		《台州商报》		《今日早报》 《都市周报》 《天天商报》	
山东 （4份）	《生活日报》	《新晨报》 《今晨6点》			《前卫报》	
甘肃 （4份）			《西部商报》 《白银晚报》 《西凉晚刊》		《人民军队》	
湖南 （4份）			《郴州新报》 《晨报周刊》 《湘潭晚报》			《长株潭报》 （2015）
江西 （4份）				《赣西晚报》 《新余晚报》 《上饶广播电视报》	《九江晨报》	
江苏 （3份）			《淮海晚报》 《无锡商报》		《人民前线》	

（续表）

省区市	年份(年)					
	2020	2019	2018	2017	2016	2015 及以前
黑龙江 （3 份）	《北方时报》 《退休生活》	《黑龙江晨报》				
重庆 （3 份）		《重庆时报》		《临空都市报》 《重庆晨报·永川读本》		
江西 （3 份）	《吉安晚报》	《赣州晚报》	《江西商报》			
云南 （3 份）	《七都晚刊》	《春城地铁报》			《昭通日报-鹤都晚刊》	
新疆 （3 份）			《伊犁晚报》 《新疆都市报》		《战旗报》	
河南 （2 份）			《安阳晚报》		《河南青年报》	
四川 （2 份）	《自贡晚报》 《天府早报》					
湖北 （2 份）	《武汉晨报》			《楚天金报》		
山西 （2 份）		《三晋都市报》 《发展导报》				
贵州 （2 份）			《西部开发报》	《贵州商报》		
河北 （1 份）						《杂文报》 （2014）
内蒙古 （1 份）		《北方周末报》				
广西 （1 份）	《百色早报》					
宁夏 （1 份）		《新知讯报》				

（续表）

省区市	年份（年）					
	2020	2019	2018	2017	2016	2015 及以前
西藏 （1 份）	《拉萨晚报》					
吉林、陕西、海南、青海 （0 份）						
总计 （105 份）	**14**	**19**	**32**	**12**	**15**	**13**

资料来源：根据公开信息整理。

注：2013 年，全国共停办 68 种期刊。此后两年多，《风尚周报》《风尚志》《都市主妇》《壹读》等相继停刊。2016 年，《瑞丽时尚先锋》纸质版休刊。

二、外国部分

表 29　外国已休刊报刊

国　家	年份（年）				
	2019	2018	2017	2016	2015 及以前
美国 （13 份）	《芝加哥卫报》		《悦己 Self》*	《坦帕论坛报》	《纽约太阳报》（2008） 《落基山新闻报》（2009） 《西雅图邮报》（2009） 《基督教科学箴言报》（2009） 《安娜堡新闻报》（2009） 《读者文摘》*（2009） 《远东经济评论》*（2009） 《新闻周刊》*（2012） 《PC World》*（2013） 《The Daily》（2013）
英国 （6 份）			《InStyle》*	《独立报》	《世界新闻报》（2011） 《威尔士周报》（2014） 《Easy Living》*（2013） 《MacUser》*（2015）

（续表）

国 家	年份(年)				
	2019	2018	2017	2016	2015 及以前
法国 （2 份）					《欧洲日报》(2009) 《法兰西晚报》(2011)
日本 （1 份）					《电击 HOBBY》* (2015)
爱尔兰 （1 份）					《Metro Herald》(2014)
德国 （3 份）					《纽伦堡晚报》(2012) 《法兰克福论坛报》 (2012) 《德国金融时报》 (2012)
黎巴嫩 （3 份）		《安瓦尔报》 《情网》* 《狩猎者》*			
新加坡 （1 份）			《今日报》		
马利西亚 （1 份）		《马来邮报》			
泰国 （1 份）	《国家报》				
总计 (32 份)	**2**	**4**	**3**	**2**	**21**

资料来源：根据公开信息整理。
注：＊为杂志。

>>> 附录3　移动互联网时代传播效果评价指标

一、网络术语和名词解释

ADPV(advertisement page view)：载有广告的页面流量。

ADimp(AD Impression)：单个广告的展示次数。

Bidding Advertisement：竞价广告。根据实时竞价，在信息流中以不固定位置出现，并且按照广告效果付费的广告形式。竞价广告是一种通过调整价格来进行排名，按照广告效果付费的新型网络广告形式。竞价广告分手动和自动。手动竞价是指自己设定点击价格；自动竞价则由广告主设定价格上限，系统将在价格上限之内自动调整点击价格，保证排名。

CPA (cost per action)：每次行动成本。按广告投放实际效果来计费的定价模式和计价方式，即引导用户浏览后注册、下载、购买等行动成功后支付广告佣金的计费方式。因为广告被点击后是否会触发网友的消费及其他后续行为并不完全取决于网站媒体，而在于该产品本身的众多因素，所以越来越多的网站媒体在经过实践后拒绝 CPA 模式。CPA＝消费量/转化量＝(CPC ＊点击量)/(CVR ＊点击量)＝CPC/CVR。

CPC（cost per click 或 cost per thousand click through）：每点击成本。按广告被点击的次数计费，通常广告主会要求其广告条目中嵌入代码，后来可精准统计点击人数。关键词竞价一般采用这种模式，在信息流广告中较常见。CPC 可避免部分无效流量，但是对于机器代打的网络水军则难以过滤。与此同时，因为浏览者也可能看到广告但没有点击，这些流量就不会产生费用，于传统网站而言有所损失。

CPD(cost per download)：每下载成本。CPD 只适用于需要下载的产品，按用户完成 App 下载计费，在应用商店、积分墙、流量联盟中比较常见。

CPD(cost per day)：按照天数进行收费。

CPI(cost per install)：每安装成本。按用户激活 App 计费，渠道按这种模式结算比较少，通常只作为广告主内部衡量广告投放效果的指标之一。

CPL(cost per leads)：以搜集潜在客户名单多少来收费。CPL 是效果营销方式的一种，是我们通常所称的"引导注册"。

CPM(cost per mille 或 cost per thousand impressions)：每千人成本，按千次展现计费，每千次印象费用。CPM 是国际上最常用的网络广告定价模式之一。它指的是在广告投放过程中，听到或看到某广告的每人平均分担到多少广告成本。传统网站多采用这种计价方式。CPM 取决于"印象"尺度。只要向足够量级的用户展示广告内容，广告主就要为此付费。按此计费的广告，一般以品牌展示和产品发布为主，如新闻客户端的开机页面广告等。CPM＝（消费量/展现量）＊1 000。

CPO (cost per order)：单笔订单成本。也称为 cost per transaction，即根据每个订单/每次交易来收费的方式。

CPP(cost per purchase)：每购买成本。只有网络用户点击广告并进行在线交易后，广告主才按销售笔数付给网站费用，即形成购买才予付费。

CPR(cost per response)：每用户反馈成本。以浏览者的每一个回应计费。这种广告计费充分体现了网络广告及时反应、直接互动、准确记录的特点。但是，由于不同品牌自身的用户反馈程度不同，于广告站点而言，并非最合理的计价模式。

CPS(cost per sale)：按照销售成功支付佣金的计费方式。按完成订单的用户数量结算，高质量垂直渠道、返利网站比较喜欢采用这种模式。

CPT(cost per time)：按时长计费。CPT 是包时段投放广告的一种形式，网站主决定每一个广告位的价格。广告主选择广告位和投放时间，以固定价格买断一段时间内的广告位，展示费用与广告点击量无关。

CPTM (cost per targeted thousand impressions)：经过定位的用户（如根据人口统计信息定位）的千次印象费用。CPTM 与 CPM 的区别在于，CPM 是所有用户的印象数，而 CPTM 只是经过定位的用户的印象数。

CTR (click through rate)：点击率。即该广告的实际点击次数除以广告的展现量(show content)。CTR＝点击量/展现量。

CVR (click value rate)：转化率。衡量 CPA 广告效果的指标。即用户从点击广告到成为一个有效激活或者注册甚至付费用户的转化率。CVR＝转化量/点击量。

GD(guarentee delivery)：保证交付量广告。即担保式保量投放，按展示量定价。广告主在投放广告时已经向媒体确认投放一定量广告，媒体已经确认会播放这些广告，并且在广告投放前已经约定好广告的价格和投放量。GD 广告可以帮助广告主按照约定的曝光量进行投放，适合追求曝光的品牌客户。

GMV(gross merchandise volume)：网站成交总金额。属于电商平台企业成交类指标，主要指拍下订单的总金额，包含付款和未付款两部分。

MCN(multi-channel network)：多频道网络的产品形态，内容创作从个体户生产模式转向规模化、科学化、系列化的公司制生产模式。

OCPA(optimized cost per action)：优化行为出价，本质还是按照CPA 付费。当广告主在广告投放流程中选定特定的优化目标（如移动应用的激活、网站的下单），提供愿意为此投放目标而支付的平均价格，并且及时准确回传效果数据，将借助转化预估模型，实时预估每一次点击对广告主的转化价值,自动出价,最终按照点击扣费;同时,转化预估模型会根据广告主的广告转化数据不断自动优化。

OCPC(optimized cost per click):优化点击付费,本质还是按照 CPC 付费。采用更科学的转化率预估机制的准确性,可帮助广告主在获取更多优质流量的同时提高转化完成率。系统会在广告主出价的基础上,基于多维度、实时反馈及历史积累的海量数据,根据预估的转化率以及竞争环境智能化的动态调整出价,进而优化广告排序,帮助广告主竞得最适合的流量,降低转化成本。

OCPM(optimized cost per mille):优化千次展现出价,本质还是按照 CPM 付费。采用更精准的点击率和转化率预估机制,将广告展现给最容易产生转化的用户,在获取流量的同时,提高转化率,降低转化成本,跑量提速更快。

PPC(pay per click):根据点击广告或者电子邮件信息的用户数量来付费的一种网络广告定价模式。

PPL(pay per lead):根据每次通过网络广告产生的引导付费的定价模式。例如,广告客户为访问者点击广告完成了在线表单而向广告服务商付费。这种模式常用于网络会员制营销模式中为联盟网站制定的佣金模式。

PPS(pay per sale):根据网络广告所产生的直接销售数量而付费的一种定价模式。

PV(page view):页面访问量。页面每打开一次,计数加一。基于此,PV 单价指每次页面访问的对应收入,是衡量页面流量变现能力的指标。

PFP(pay for performance):按业绩付费。与 CPM(每千次展现)不同,PFP 强调网页浏览行为带来的业绩。如果浏览者不采取任何实质性的购买行动,广告商无需付费。

ROI(return on investment):广告投放中的投资回报率。ROI=订单额/消费量(广告费用)=(单均额 * 转化量)/(CPA * 转化量)=单均额/CPA

RPS(revenue per search):每搜索产生的收入。衡量搜索结果变现能力指标。

UV(unique visitor)：独立访客。一台终端为一个访客。

点赞率：传播内容的总点赞数,除以总阅读数后得到的数值。点赞率越高,说明作品受到受众的关注度越高。

公域/私域流量：公域流量也叫平台流量,是各大平台进行销售推广所获取的流量,每次获取都要支付流量成本,典型的如信息流、微博热门等。与之相对的私域流量是不依赖于平台,自主掌控力较强,可以任意时间、任意频次,直接触达用户的渠道,典型的如微信公众号和朋友圈。

关注率：账号关注人数(粉丝数)除以总网民数。严格地讲,关注率有相对关注率和绝对关注率两种,前者要高于后者。相对关注率是在单一平台上,账号关注人数(粉丝数)除以单一平台的总下载量。绝对关注率则是指账号关注人数(粉丝数)除以所有平台的总网民数量。

评论率：观看作品并主动发表评论的人数,占浏览作品总人数的百分比。受众评论的方式包括在评论区留言或在画面上发弹幕。评论率反映的是受众对作品的关注度。

拖拽率：观看视频作品并主动拖拽的人数,占浏览作品总人数的百分比。一般而言,拖拽率越高(低),反映出受众对作品的兴趣越低(高)。

完播率：观看完视频作品的人数,占浏览作品总人数的百分比。完播率越高,说明作品受用户关注度越高,市场价值也更大。作品完播率取决于时效性、作品长度、节目质量、展示方式等多重因素。

转发率：观看完视频作品并主动转发的人数,占浏览作品总人数的百分比。转发率越高,说明用户的关注度越高,分享的欲望越强烈。网络平台一般会根据作品的受关注度予以综合打分评测,从而形成正向激励,使关注度高的作品更容易形成病毒式传播,成为热搜。

二、网络广告评价指标的相互关系

CPM、CPC、CPA 是网络广告计费最常用的三种方式：CPM 按照展现收费,CPC 按照点击收费,CPA 按照实际效果收费。CPM 处于第一层,网站只需要将广告向受众展示，即可向广告商收取广告费用。CPC处于第二层，受众看到广告并进行点击后，媒体向广告商收取费用。CPA处于第三层，受众看到广告并点击广告后，在广告主的网站完成某些特定行为（如下载、注册、付款消费等），才可向广告商收取费用。

1. 测算网络广告展示效果的结算方式

包括CPM（每千人成本）、CPT（每时间段成本）、CPC（每点击成本）等。

2. 测算网络广告转化效果的结算方式

CPA是按投放实际效果计价的广告模式。这种行动成本包含多种类型：CPD（每下载成本）、CPI（每安装成本）、CPS（每销售成本）、CPT（每时间段成本）等。

一般来说，强势品牌以提升曝光度为目的，选择CPM或以时间计价的CPT较多。以获客为目的的效果类广告，更多需要考虑后端转化和成本控制，CPA性价比高，风险更小。但是，很少有媒体会以CPA结算。相比而言，CPM对网站有利，而CPC、CPA、CPR、CPP、PFP则对广告主有利。比较流行的计价方式是CPM和CPC，最流行的则是CPM。

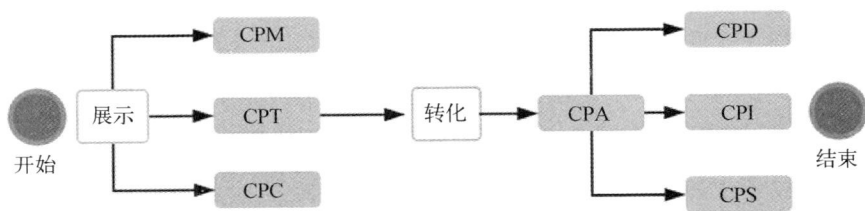

图19　测算网络广告转化效果

（资料来源：https://www.zhihu.com/question/26506736/answer/149801034）

>>> 参考文献

1. 比约·布劳卿,拉斯·拉克,托马斯·拉姆什.大数据变革:让客户数据驱动利润奔跑[M].沈浩,译.北京:机械工业出版社,2014.

2. 布拉德·斯通.一网打尽:贝佐斯与亚马逊时代[M].李晶,李静,译.北京:中信出版社,2014.

3. 查尔斯·亚瑟.数字战争:苹果、谷歌、微软的商业较量[M].余淼,译.北京:中信出版社,2013.

4. 查克·马丁.决胜移动终端:移动互联时代影响消费者决策的6大关键[M].向坤,译.杭州:浙江人民出版社,2014.

5. 陈淮.过剩经济!过剩经济?——形势与对策[M].北京:经济科学出版社,1998.

6. 程士安.广告调查与效果评估[M].上海:复旦大学出版社,2003.

7. 城田真琴.大数据的冲击[M].周自恒,译.北京:人民邮电出版社,2013.

8. 陈威如,余卓轩.平台战略:正在席卷的商业模式革命[M].北京:中信出版社,2013.

9. 方洁.数据新闻概论:操作理念与案例解析[M].北京:中国人民大学出版社,2015.

10. 冯国华,尹靖,伍斌.数字化:引领人工智能时代的商业革命[M].北京:清华大学出版社,2018.

11. 冯启思.数据统治世界:如何在数据统计中挖掘商机与做出决策[M].曲玉彬,译.北京:中国人民大学出版社,2013.

12. 胡迪·利普森,梅尔芭·库曼.3D打印:从想象到现实[M].赛迪研究院专家组,译.北京:中信出版社,2013.

13. 胡珺喆.移动互联网之巅:移动 VS 阿里巴巴[M].北京:人民邮电出版社,2014.

14. 胡世良,钮钢,谷海颖.移动互联网:赢在下一个十年的起点[M].北京:人民邮电出版社,2011.

15. 互联网实验室.第三浪:互联网未来与中国转型[M].北京:华文出版社,2009.

16. 刘积仁,史蒂夫·佩珀马斯特.融合时代[M].北京:中信出版社,2013.

17. 陆学艺.当代中国社会阶层研究报告[M].北京:社会科学文献出版社,2002.

18. 罗伯特·G·皮卡德,杰弗里·H·布罗迪.美国报纸产业[M].周黎明,译.北京:中国人民大学出版社,2004.

19. 罗伯特·斯考伯,谢尔·伊斯雷尔.即将到来的场景时代[M].赵乾坤,周宝曜,译.北京:北京联合出版公司,2014.

20. 马丁.决战第三屏:移动互联网时代的商业与营销新规则:专家评注版[M].唐兴通,张延臣,郑常青,译.北京:电子工业出版社,2013.

21. 迈克尔·塞勒.移动浪潮[M].邹韬,译.北京:中信出版社,2013.

22. 上海市人民政府新闻办公室.文化上海[M].上海:上海科学技术出版社,2016.

23. 沈拓.重生战略:移动互联网和大数据时代的转型法则[M].北京:企业管理出版社,2014.

24. 史安斌.中国传媒产业发展报告(2019)[M].北京:社会科学文献出版社,2019.

25. 宋杰,等.移动互联网成功之道:关键要素与商业模式[M].北京:人民邮电出版社,2013.

26. 维克托·迈尔-舍恩伯格.删除：大数据取舍之道[M].袁杰,译.杭州：浙江人民出版社,2013.

27. 吴晓波.腾讯传(1998—2016)：中国互联网公司进化论[M].杭州：浙江大学出版社,2017.

28. 徐志斌.社交红利：如何从微信微博 QQ 空间等社交网络带走海量用户、流量与收入[M].北京：北京联合出版公司,2013.

29. 约翰·奈斯比特,多丽丝·奈斯比特.掌控大趋势：如何正确认识、掌控这个变化的世界[M].西江月,译.北京：中信出版社,2018.

30. 曾航,刘羽,陶旭骏.移动的帝国：日本移动互联网兴衰启示录[M].杭州：浙江大学出版社,2014.

31. 赵大伟.互联网思维独孤九剑[M].北京：机械工业出版社,2014.

32. 朱春阳.新媒体时代的政府公共传播[M].上海：复旦大学出版社,2014.

33. 朱晓明.走向数字经济[M].上海：上海交通大学出版社,2018.

>>> **后 记**

本书是国家社会科学基金一般项目"移动互联网条件下新闻传播发展新趋势研究"(项目编号：14BXW037)的最终成果。2014 年至 2020 年，由新华社上海分社和复旦大学新闻学院联合组成的课题组，围绕移动互联网时代的技术变革、内容生产、用户关系、行业格局、商业模式、政府规制等，详细探讨了传统传媒业的数字化转型路径，剖析了新闻传播业发展的新趋势。本书研究的核心问题是：在移动互联网时代，传统媒体如何应对数字化的冲击，完成数字化转型？

在以 5G、人工智能、大数据、云计算、物联网等为引领的新一轮科技革命的驱动下，电信业、传媒业、科技业的界限逐渐模糊，新闻传播行业跌宕起伏、大浪淘沙，新兴媒体不断迭代、一日千里。国外科技巨头 FAANG(Facebook、Apple、Amazon、Netflix、Google)和国内互联网领军企业 BAT(百度、阿里巴巴、腾讯)等飞速成长，给传统媒体带来巨大的竞争压力。放眼移动互联网整个产业链("云—管—端")，硬件制造商(如华为、小米等)和电信运营商等都在跑步入局，搅动传媒业的传统格局。在中美贸易摩擦的背景下，舆论战、科技战相互缠绕，意识形态之争、科技升级之战彼此交织，使得传媒竞争格局更加动荡不安。在全球政治、经济、科技、文化等多重因素的影响下，中国传媒业的成长路径生发出多种可能性,也演化出相似的进化方向——移动化、智能化、社交化、平台化。课题组试图描绘移动互联网时代新闻传播业呈现的多元化图景。

本书的可贵之处在于,它汇聚业界和学界的声音,浓缩官方媒体和商业媒体的改革经验,追踪传统媒体和新兴媒体的发展轨迹,兼顾现实问题和前瞻思考。全书既有理性思辨,也有实证研究;既扎根本土研究,也具有国际视野。可视化新闻、数据新闻、算法新闻、数字经济、流量经济、网红经济、直播带货……当下许多学术热点问题,本书都有所涉及。不管是媒体内容生产者,还是技术运营者、经营管理者,都会从本书中发现亮点、汲取营养。

本书总体分工如下:

"绪论",朱春阳、曾培伦执笔;

"第一章　移动互联网的技术演进趋势",高少华执笔;

"第二章　移动互联网时代新闻内容生产机制的变迁",梁智勇、郭紫薇执笔;

"第三章　移动互联网时代新型主流媒体的建设",朱春阳执笔;

"第四章　移动互联网时代传播效果评价体系的重构",梁智勇、李树蕙执笔;

"第五章　移动互联网时代传媒商业模式的创新",梁智勇、靳子亭执笔;

"第六章　移动互联网时代传媒业的政府规制",梁智勇、邓侃执笔;

"第七章　移动互联网时代新闻传播创新案例",梁智勇、邓侃、郭紫薇、李树蕙执笔;

"附录",梁智勇整理;

梁智勇统稿。

在此,衷心感谢新华社上海分社姜微社长的指导和支持。特别感谢所有为课题提供鼎力支持的专家学者,感谢上海交通大学张国良教授、李本乾教授,上海大学严三九教授、郑涵教授,新华社新闻研究所唐润华研究员。感谢复旦大学出版社的高效工作。

2020 庚子年是个极不平静、极不平凡的年份。愿新冠肺炎疫情早日结束，山河无恙、天下皆安。

是为记。

本书课题组
2020 年 6 月于上海

图书在版编目(CIP)数据

移动互联网时代新闻传播发展趋势研究/梁智勇等著. —上海：复旦大学出版社，2020.9
ISBN 978-7-309-15237-1

Ⅰ.①移… Ⅱ.①梁… Ⅲ.①新闻学-传播学-研究 Ⅳ.①G210

中国版本图书馆 CIP 数据核字(2020)第 144536 号

移动互联网时代新闻传播发展趋势研究
YIDONG HULIANWANG SHIDAI XINWEN CHUANBO FAZHAN QUSHI YANJIU
梁智勇 等 著
责任编辑/朱安奇

复旦大学出版社有限公司出版发行
上海市国权路 579 号　邮编：200433
网址：fupnet@ fudanpress.com　http://www.fudanpress.com
门市零售：86-21-65102580　团体订购：86-21-65104505
外埠邮购：86-21-65642846　出版部电话：86-21-65642845
上海盛通时代印刷有限公司

开本 787 × 1092　1/16　印张 17.5　字数 251 千
2020 年 9 月第 1 版第 1 次印刷

ISBN 978-7-309-15237-1/G·2143
定价：56.00 元